KB232419

칼빈과 예배

John Calvin

고 신 대 학 교
개혁주의학술원

칼빈과 예배

개혁주의 신학과 신앙 총서5

발행일 _ 2011년 2월 28일 발행
발행인 _ 김성수
펴낸곳 _ 개혁주의학술원
　　　　　 부산시 영도구 동삼동 149-1
　　　　　 Tel. 051)990-2266/2267
　　　　　 www.kirs.kr
　　　　　 kirs@kosin.ac.kr

발 간 사

이번에 본 고신대학교 개혁주의 학술원에서 개혁주의 신학과 신앙 총서 5집을 '칼빈과 예배'라는 주제로 펴내게 된 것을 기쁘게 생각합니다. 개혁주의 학술원은 2005년 설립된 이래 개혁주의 신학과 신앙에 관련된 여러 학술활동을 전개해왔고, 개혁주의 신학 특히 칼빈의 신학을 소개하고자 힘써왔습니다. 이 일을 위하여 이환봉 교수가 지난 5년간 원장으로 많은 수고를 감당하였고 그의 수고의 결실로 오늘의 단계에 이른 것이라고 생각합니다. 이환봉 교수는 2010년 11월 27일부로 임기가 만료되었고 또 연구년을 맞게 되어 부족한 제가 원장직을 맡게 되었습니다. 앞으로 독자 여러분의 기도와 후원을 부탁드리며 이 일을 잘 감당하도록 지원해 주시고 충고해 주시기를 부탁드립니다.

저는 앞으로 고신대학교가 개혁주의 학술원을 설립한 정신과 취지를 살려나가되 칼빈을 비롯한 16세기 교회개혁운동과 그 결실로 나타난 개혁주의 신학과 그 전통을 연구하고 교육하는 일에 우선순위를 두고, 연구결과들을 단행본으로 출판하며 신학적 혼란을 겪고 있는 한국사회에 다소 기여할 수 있도록 노력하고자 합니다. 저는 개인적으로 16세기와 개혁신학 전통에 관심을 가지고 있었으나 눈앞의 시급한 연구 주제로 이 분야 연구를 게을리 하였으나 개혁주의 학술원장직을 맡게 된 것은 이 분야에 대해서도 깊이 연구하라는 부름으로 알고 있습니다. 저는 앞으로 우리 후배 혹은 후학들 가운데서 이 분야 연구자를 개발하고 후원하는 일에도 관심을 기울여 개혁신학이 고신의 확고한 신학 전통이 되도록 힘쓰고자 합니다.

칼빈과 예배

개혁주의학술원

이번에 펴내는 총서 5집에서는 칼빈 혹은 개혁신학과 예배에 관한 아홉 편의 글을 싣게 되었습니다. 개혁교회는 신학적 전통을 중시하기 때문에 교회사 전통에서 예배가 어떻게 인식되어 왔는가 하는 문제는 중요한 문제라고 하겠습니다. 예배라는 형식(型式)은 하나님에 대한 인식의 반영이기 때문에 예배가 어떠한가 하는 점은 그 개인이나 집단의 하나님 인식을 반영한다고 할 수 있습니다. 개혁교회 전통에서는 그리스도인의 삶 전체를 예배적 삶으로 이해하는 예배개념을 발전시켜 왔습니다. 그 대표적인 경우가 '하이델베르그 신앙문답서'(1563)인데, 이 신앙문답서는 로마서의 구조를 답습하여 신자의 삶 전체는 예배, 곧 하나님께 대한 순종과 경배의 표현이라고 말하고 있습니다. 칼빈도 이런 광의의 예배개념을 말했는데, 흥미로운 사실은 이 점을 로마서 12장 1절에 근거하여 말하고 있다는 점입니다.[1]

또 아브라함 카이퍼도 삶의 체계로서의 칼빈주의(Calvinism as a life-system)라는 강연에서 이 점을 강조했습니다. 즉 그는 "예배란 삶의 전 영역에서 하나님을 섬기는 행위"라고 말하고, "교회에서 하나님을 찬양하고, 세상(교회 밖)에서 하나님을 섬기는 것이 상호 영감을 주는 힘"이라고 말한 바 있습니다. 이런 점에서 이번에 소개하는 아홉 편의 논문이 개혁교회 전통에서 예배 이해를 확립하는데 도움이 되시기를 바라는 바입니다. 옥고를 주신 필자들에게 감사를 드립니다.

개혁주의 학술원장 이 상 규

---

1) Klaas Runia, "The Reformed Liturgy in the Dutch Tradition," *Worship: Adoration and Action*, ed. D. A. Carson (Grand Rapids: Baker, 1993), 97.

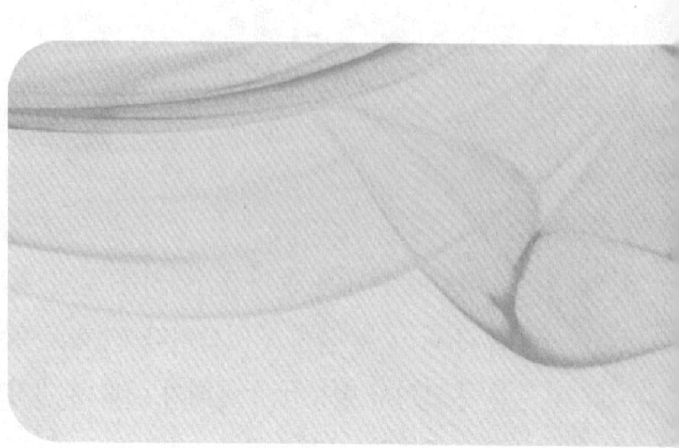

목차

CONTENTS

CONTENTS

• 약어 해설 •

CO = Ioannis Calvini Opera quae supersunt omnia
　　=칼빈작품전집

OS = Joannis Opera Selecta = 칼빈작품선집

COE = Ioannis Calvini Opera Exegetica = 칼빈주석집

CSEL = Corpus Scriptorum Ecclesiasticorum Latinorum

LW = Luther's Works Ed. Jarosla Pelikan

NPNF = Nicene and Post-Nicene Fathers
　　　= 니케아 공회 시대 교부들과 그 이후 교부들

Comm. = Com. = Commentary = 주석

PG = patrologia Graeca (ed. by Migne)

PL = patrologia Latina (ed. by Migne)

WA = Martin Luthers Werks (Weimar Ausgabe)

ZW = Zwinglis Werke

삼위일체 하나님과 예배

이 승 구 교수 (합동신학대학원대학교)

예배와 관련하여 삼위일체 하나님을 생각한다는 것은 그 자체로도 매우 중요하고, 특히 (형식적으로는 삼위일체와 연관되어 있지만 실질적으로는 삼위일체에 대한 고려가 적은) 한국 교회의 상황과[1] 관련하여 생각할 때는 더욱 중요한 일이라고 하지 않을 수 없다. 모든 것을 성경의 가르침을 따라서 생각해 보려는 칼빈의 견해를 생각할 때 이 문제와 관련해서 무엇보다 먼저 다음 세 가지 측면이 현저하게 나타나므로, 이 논문에서는 특히 다음 세 가지 측면을 중심으로 삼위일체 하나님과 예배의 관계에 대해서 논의하고자 한다. 첫째는, 우리의 예배의 대상이 되는 삼위일체 하나님을 분명히 해야 하니, 이는 삼위일체 하나님에 대한 바른 이해를 가지는 것이 바른 예배를 위한 토대가 되기 때문이라는 점이다. 둘째는, 진정한 예배는 삼위일체적이므로 예배의 삼위일체적 구조를 잘 드러내는 것이 참되고 진정한 예배

---

1) 그러나 이것이 한국 교회의 문제만이 아님은 대부분의 서구 예배의 "단순한 단일신론"(mere monotheism)을 말하는 레땀의 표현으로부터 짐작할 수 있다. Cf. Robert Letham, The Holy Trinity: History, Theology, and Worship (Phillipsburg, N. J.: P & R, 2004), part 4.

의 토대가 된다는 것이다. 셋째로, 삼위일체 하나님께서는 성경에 규정하신 일정한 방식에 따라 경배 받으실 것을 원하신다는 점이다. 이 세 가지 요점을 중심으로 삼위일체와 예배에 대한 칼빈의 성경적 생각을 드러내고, 그것을 한국 교회의 예배에 적용해 보려는 것이 이 소논문의 궁극적 목적이다.

1. 예배의 대상이신 삼위일체 하나님

칼빈은 하나님에 대한 바른 지식이 있을 때 하나님에 대한 바른 예배가 있다는 것은 거의 공리처럼 말하며 강조한다. 이것은 하나님에 대한 바른 지식이 없이는 참된 예배란 있을 수 없다는 말이기도 하고, 하나님에 대한 바른 예배가 나타나지 않는 것은 근본적으로는 하나님에 대한 바른 인식이 없음을 드러낸다는 뜻이기도 하다. 이와 같이 칼빈에게는 바른 신지식(神知識)과 바른 예배는 불가분리적(不可分離的)이다.[2]

먼저 칼빈은 하나님에 대한 바른 지식이 있어야만 하나님에 대한 바른 예배가 나온다는 것을 강조한다. 하나님께 대한 지식은 예배를 수반하기 마련이라고 칼빈은 거듭 말한다.[3] 바울의 아테네 아레오바고에서의 설교에 대한 주석에서도 칼빈은 이렇게 말한다:

> 어리석은 사람들이 스스로를 얼마나 만족스럽게 생각하든지와 상관없이, 지식과 진리가 결여된 종교는 하나님을 기쁘시게 할 수 없고 거룩한 것이나 합

---

2) 이 점을 칼빈의 신앙 이해와 관련하여 설명한 논의로 이승구, "칼빈의 신앙 이해", 『21세기 개혁신학의 방향』 (서울: SFC, 2005), 65-94, 특히 67-68을 보라.
3) *Inst.* 1.2.2; 1.5.6. 또한 *Inst.* 1.5.6, 9-10; 1.12.1 등도 보라.

당한 것으로 여겨질 수도 없는 것이다...... 하나님께서는 (바르게) 알려지신
후에야 바르게 경건한 방식으로 경배 받으신다.[4]

이와 같이 칼빈은 하나님을 바르게 알지 않고 경배한다고 하는 것
은 하나님에 대한 참된 예배가 아니라고 생각한다. 하나님에 대한 바
른 지식에 의해서만 하나님께 대한 예배가 가능하며 내세의 소망이
상승되며, 용기가 북돋아진다고 칼빈은 말한다(*Institutes*, 1. 5. 10).
이교도들의 예배가 참 예배가 아니고 우상 숭배로 정죄되는 이유가
바로 여기에 있다. 칼빈은 잘못된 예배는 인간이 자신의 망상으로 하
나님을 만든 데서 나온 것임을 강조한다(*Institutes*, 1. 4. 3). 따라서
칼빈은 하나님에 대한 참된 지식이 하나님에게 대한 참된 경외와 의
존과 바른 예배를 가져다준다는 것을 강조한다.[5]

그런데 칼빈에게는 하나님을 온전하게 바로 알 수 있는 것은 오직
성경을 통해서만 이루어진다.[6] 물론 일반계시가 있으나 그것이 온전
해지려면 항상 특별 계시를 필요로 하는 것이며 더구나 인간이 타락
한 이후에는 후에 성경에 성문화된 특별 계시들을 통해서만 하나님을
바로 알게 되는 것이다. 이런 의미에서 칼빈은 이렇게 말한다: "우리
는 하나님의 거룩한 말씀 외의 다른 곳에서 하나님을 찾으려 하지 말
아야 하고 하나님의 말씀의 인도를 떠나서는 하나님에 대한 그 어떤

---

4) *Com. on Acts* 17:22-23. 칼빈 주석 인용에 대한 학계의 관례를 따라 이와 같이 인용하기
   로 한다.
5) *Inst.* 1.2.2.
6) 칼빈의 신학이 하나님의 말씀인 성경에 토대를 두고 있음에 대한 강력한 논의로 Richard
   A. Muller, "The Foundation of Calvin's Theology: Scripture as Revealing God's
   Word", Duke Divinity School Review 44/1 (1979): 14-23. 이 논문은 신정통주의적 성
   경관을 비판하면서, 칼빈에게는 성경에 주어진 하나님의 말씀이 모든 기독교적 가르침과
   따라서 교회의 생명과 건강의 토대요 원천임을 잘 드러내고 있다.

것도 생각하지 말아야 하며 그 말씀에서 취해진 것 외에는 그에 대해서 그 어떤 것도 말해서는 안 된다"(*Institutes*, 1. 13. 21). 그런데 성경에 주어진 하나님에 대한 바른 이해는 결국 삼위일체 하나님에 대한 이해이다. 칼빈을 비롯하여 성경을 따르는 사람들에게는 하나님을 삼위일체 하나님(the triune God)으로 알지 않는 것은 하나님을 바르게 아는 것이라고 할 수 없다. 한 분의 참되신 하나님은 본래적으로 삼위일체적이고 따라서 그는 다르게 알려질 수 없기 때문이다.[7] 성경이 자증하시는 하나님은 바로 삼위일체 하나님이시다. 칼빈은 삼위일체 개념은 성경 전체가 증거하며 보증하는 사상이므로 이것은 결코 부인될 수 없다고 한다(*Institutes*, 1. 13. 3). 하나님께서 자신이 영원부터 삼위로 존재하심을(as existing in three persons) 분명히 하신다는 것을 칼빈은 강조한다.[8] 그리고 이 삼위(三位) 각각이 온전히 하나님이시며,[9] 동시에 삼위 하나님은 한 분이시라는 것은 매우 분명하다고 말한다(*Institutes*, 1. 13. 2).

물론 삼위일체(Trinity)라는 용어와 위(位, *persona*, *hypostasis*, *subsistentia*)라는 용어, 그리고 동일본질(*homoousios*)라는 용어는 성경에 나타나는 용어들은 아니지만 이는 성경적 진리를 잘 표현하는 데 도움을 주는 말이라고 한다(*Institutes*, 1. 13. 3, 4). 그리하여 칼빈은 이렇게 말한다: "하나님의 한 본질 안에 위격들의 삼위일체가 있다(in the one essence of God there is a Trinity of persons)고

---

7) 칼빈의 삼위일체론을 제시하는 분들은 누구나 이를 강조한다. 대표적인 예로 Thomas F. Torrance, "Calvin's Doctrine of the Trinity", in Calvin Theological Journal 25/2 (Nov., 1990): 165–93, 특히 167을 보라: "… one true God is actually and intrinsically truine and cannot be truly conceived otherwise."

8) *Inst.* 1.13.2, 16, 29; *Com. on Matt.* 28:19.

9) Cf. *Inst.* 1.13.2: "The Son contains in himself the whole being of God, not just partially or derivatively, but in unimpaired perfection."

말하라. 그러면 당신은 성경이 진술하는 것을 한마디로 말하면서 공
허한 잔소리를 다 줄일 수 있을 것이다"(*Institutes*, 1. 13. 5).[10] 우리
가 사용하는 용어를 가지고 싸우지 말고 그 용어들이 표현하려는 바
에 주목하라는 것이 칼빈의 논의의 핵심이다. "성부, 성자, 성령님이
한 하나님이시나 성자는 성부가 아니요, 성령은 성자가 아니요, 성부
성자, 성령이 특정한 특성(a certain property)으로 구별된다는 이 신
앙이 보편적으로 수립될 수 있다면 나는 기꺼이 (이를 표현하는) 용어
들을 아래로 묻을 수도 있다"(*Institutes*, 1. 13. 5).[11] 그러므로 하나님
과 관련하여 하나라고 할 때는 그 "본질과 존재의 하나됨"을 생각하
고, 셋이라는 말을 하거나 들을 때는 "이 삼위일체 안의 각 위(位)들
을"(the Persons in this Trinity) 뜻하는 것으로 생각해야 한다는 것
이다(*Institutes*, 1. 13. 5).

이와 같이 칼빈은 성부, 성자, 성령은 구별은 되되 동시에 본질이
하나임이 분명히 인식되고 표현되어야 한다는 것을 고대 교부들을 따
라서 확언하는 것이다(*Institutes*, 1. 13. 6, 17). 이와 연관해서 칼빈
이 인용하고 있는 갑바도기아 교부의 한 사람인 나지안주스의 그레고

---

10) 또한 *Inst.* 1.13.16. 이런 점에 대한 논의로 이승구, "존재론적 삼위일체와 경륜적 삼위일
체의 관계에 대한 개혁주의적 입장", 『개혁신학 탐구』(서울: 하나, 1999), 특히 58을 보라.
11) 이런 말을 할 때 칼빈은 힐러리와 어거스틴의 태도를 따라가고 있는 것이라고 할 수 있다.
다음 힐러리와 어거스틴의 말을 들어 보라: "다른 사람들의 오류는 우리들로 하여금 조용
한 가운데서 마음에 존중하는 마음으로 묻어두어야만 하는 것을 감히 인간적 용어들로 구
체화하려는 오류에로 나아 가도록 한다. ... 그들의 반역은 성경의 진술을 넘어서서 더 명확
한 선언을 하도록 하는 어렵고도 위험한 위치를 가지도록 하게 하는 것이다"(Hilary, De
Trinitate, 2.2.5); "이와 같이 중요한 문제들을 표현하기 어려운 인간의 말의 가난함 때문
에, [위격, hypostasis이라는] 이 말은 하나님께서 어떤 분이신지를 표현하기 위해서가 아
니라 성부, 성자, 성령께서 어떻게 하나이신지에 대해서 말하지 아니할 수 없기 때문에 어
쩔 수 없는 필요에 의해서 사용된 말이다(Hilary, De Trinitate, 7.4.7). 힐러리의 표현이
오해 되지 않고 어거스틴의 말과 같은 함의를 전달한다면 그것이 바로 칼빈의 의도를 표현
한 것이라고 할 수 있다. 이 두 가지 인용문과 칼빈을 연결시킨 논의로 Torrance,
"Calvin's Doctrine of the Trinity", 169를 보라.

리(Gregory of Nazianzus, 330-89)의 다음 같은 말은 매우 의미심장하다: "한 분 하나님을 생각하는 즉시 삼위일체의 광채에 싸이게 되고, 삼위를 구별하여 보는 즉시 다시 한 하나님으로 되돌아가게 된다."[12] 그러므로 하나님을 삼위일체 하나님으로 알고 삼위일체 하나님께 경배해야만 참된 경배를 하나님께 드리는 것이 된다.

칼빈에게 있어서는 일단 삼위의 각 위가 예배의 대상으로 인정되고 언급된다. 기독교 전통에서는 성부 하나님에 대한 경배가 의심되는 일은 드물었다. 그런데 아리우스주의 이단은 성자 하나님께 경배하는 것이 합당한가에 대하여 의문을 제기하였다. 그리하여 아리우스주의자들은 성자는 "우리의 영예를 받으시기에는 합당하나 우리의 경배의 대상일 수는 없다"는[13] 이상한 결론을 제시하였다. 이러한 아리우스주의자들을 강하게 비판하면서,[14] 칼빈은 성자 하나님이 우리의 경배의 대상이 된다는 것을 강조한다(*Institutes*, 1. 13. 13). 칼빈은 로고스이신 성자, 즉 "불변하시는 말씀은 태초부터 자존하시고, 불변하시며, 영원히 하나님과 같으시며, 하나님 자신"이라고 말한다(*Institutes*, 1. 13. 7). 칼빈은 아리우스주의자들을 말씀의 신성을 노골적으로 부인하지는 않으면서 은밀하게 그의 영원성을 제거하려고 시도하는 자들이라고 비판한다(*Institutes*, 1. 13. 8). 그러면서 칼빈은 로고스는 하나님으로부터 영원히 나신 바 되었고, 영원부터 성부와 함께 거하셨다고 하면서 이런 방식으로 그의 참된 본질과 영원성과 신성이 확립된다고 말한다(*Institutes*, 1. 13. 8). 칼빈은 여호와라

---

12) Gregory of Nazianzus, "Serm. de Sacro Baptis", cited in *Inst.* 1.13.17.
13) 아리우스주의의 이런 입장에 대한 설명과 비판으로는 Herman Bavinck, The Doctrine of God (Grand Rapids: Eerdmans, 1951; reprint, Baker Book House, 1977), 286= 『개혁주의 신론』 (서울: CLC, 1988), 420을 보라.
14) Cf. *Inst.* 1.13.4, 8, 16, 22.

는 말이 성자에게도 적용되며(*Institutes*, 1. 10. 2; 1. 13, 19), 이사야가 "나 외에는 다른 신이 없느니라"고 한 말도 성부 하나님과 동등하신 분인 그리스도에게도 적용된다는 것을 분명히 말한다(*Institutes*, 1. 13. 24). 그리하여 칼빈은 "하나님에 의해 시간의 시작 너머에서 낳아지신 말씀은 아버지와 함께 영원히 계시는 것"이라고 말한다(*Institutes*, 1. 13. 8).

이런 점에서 1537년에 칼빈을 아리우스주의자로 몰려고 했던 삐에르 까롤리(Pierre Caroli)의 시도가[15] 얼마나 근거가 없는 것이며, 칼빈을 어이없게 만들었는지를 충분히 짐작할 수 있다. 칼빈에게는 성자의 하나님 되심, 성부와의 동일 본질이심, 따라서 우리의 경배를 받아 마땅한 분이심에 대한 이해가 분명했던 것이다. 칼빈은 율법에서 하나님께만 적용되던 예배가 그리스도께도 적용된다는 것을 강하게 말한다(*Institutes*, 1. 13. 24).

따라서 칼빈은 성자 하나님께 기도할 수 있으며 기도해야 한다는 것도 분명히 말한다. 기도는 하나님의 절대적 위엄에 속하는 것인데 구원을 위해 그리스도의 이름을 부른다는 것은 그가 바로 여호와시라는 증거라고 칼빈은 강조하는 것이다(*Institutes*, 1. 13. 13). 또한 바울이 성자에게도 성부에게와 같은 축복을 간구한다는 것도 언급한다

---

15) 까롤리의 이 시도에 대해서는 다음을 보라: Benjamin B. Warfield, Calvin and Calvinism(Oxford: Oxford University Press, 1931), 204-23; Williston Walker, John Calvin: The Organizer of Reformed Protestantism, 1509-1564(New York: Schocken Books, 1906), 195-202; T. H. L. Parker, John Calvin: A Biography(London: J. M. Dent & Sons, 1975; Philadelphia: Westminster Press, 1975), 65-66=김지찬 옮김, 『죤 칼빈의 생애와 업적』(서울: 생명의 말씀사, 1986), 142-43; 김재성, 『칼빈의 삶과 종교 개혁』(서울: 이레서원, 2001), 250-53; Willem van't Spijker, Calvin: Biographie und Theologie(Gttingen: Vandenboek & Ruprecht, 2001), 박태현 역, 『칼빈의 생애와 신학』(서울: 부흥과 개혁사, 2009), 95-97.

(*Institutes*, 1. 13. 13). 그러므로 '하나님'이라는 이름을 성부에게만 한정하고 성자에게는 배제한다는 것은 아주 비합리적이고 부당하다는 것을 칼빈은 강조한다(*Institutes*, 1. 13. 20, 24, 26).

그 후에 칼빈은 성령님이 하나님이시며,[16] 성부 성자와 동일 본질을 지니셨으며, 따라서 우리의 경배의 대상이 된다는 것을 아주 명확히 한다. 칼빈에 의하면 성령님은 만물에 생기를 불어 넣으시고 그것들에게 본질과 생명과 운동을 주시니 그가 하나님이시다(*Institutes*, 1. 13. 14). 성령의 하나님이심에 대해서 칼빈은 성경이 성령님께 하나님의 호칭(the name of God)을 사용하면서 (1) 하나님의 영이 우리 안에 거하실 때 우리를 하나님의 성전이라고 하는 것은 성령이 하나님이시기 때문이라고 하고, (2) 성령님을 속인 것을 하나님을 속인 것이라고 했으며(행 5:4), (3) 때때로 말씀하시는 만군의 하나님과 성령님을 동일시하고 있으며(시 33:6, 사 6:9-10, 11:4, 행 28:35-26, 벧후 1:21), (4) 하나님의 노하심과 성신의 노하심을 같은 것으로 여기고(사 63:10), (5) 성령님을 훼방하면 오는 세상에서도 사하심을 얻지 못한다고 했다는 점을 들고 있다(*Institutes*, 1. 13. 15). 칼빈의 성령님에 대한 인식과 관련하여 한 가지 강조할 점이 있다면, 그것은 성령님께서는 우리를 위하여 우리에게서 일종의 점검(test)를 받으시는데, 다른 것에 앞서서 성령님은 성경에 기록된 형상대로 인식되기를 원하신다는 점이다(*Institutes*, 1. 9. 2). 왜냐하면 성령님은 성경의 저자이시고, 변하실 수 없으며, 따라서 성경에서 자신을 나타내 보이신 그대로 영원히 존속하시기 때문이다. 따라서 이렇게 말하는 것은 성령님에 대한 모욕적 언사가 아니라는 것을 칼빈은 강조한다(*Institutes*, 1.

---

16) *Inst.* 1.13.14; *Com. on John* 17:3.

9. 2). 칼빈이 이를 강조하는 것은 무엇보다도 성경의 말씀과는 다른 계시를 말하는 칼빈의 이른 바 "광신자들"(ενθουσιασταί), 즉 신령주의 자들(spiritualists) 때문이었다고 할 수 있다. 칼빈에게 있어서 이런 영광주의자들은 "하나님의 말씀을 경솔하게 저버리고 결별하면서 자신들 마음에 일어나는 몽상들을 붙잡는" 것이다(*Institutes*, 1. 9. 3). 그러나 진정으로 성령님의 인도하심을 받는 사람들은 사도들 안에 거하셨고, 사도들을 통해 말씀하시는 성령님 이외에 다른 영은 참 성령이 아님을 알고, 따라서 성경의 진리를 떠나서는 성령님을 떠나게 되는 것임을 분명히 한다(*Institutes*, 1. 9. 3).

더 중요한 것은 성부, 성자, 성령의 한 하나님이심을 명확히 하면서 우리가 세 하나님들이 아니라 한 하나님께 경배한다는 것을 칼빈이 분명히 한다는 점이다. 믿음이란 삼위로 존재하시는 한 분 하나님을 바라보는 것이요, 세례를 통해 한 분 하나님과 연합하는 것이라고 칼빈은 말한다(*Institutes*, 1. 13. 16). 이처럼 칼빈은 삼위일체 하나님께 경배하면서 삼위일체에 대한 명확한 이해를 가지는 것은 매우 중요한 것으로 여겨졌다. 칼빈이 가르치고 있는 삼위일체 이해는 단순하게 말해서 다음과 같은 것이다. 이는 정통적 삼위일체 이해를 잘 표현한 것이며, 그 이전의 모든 정통적 삼위일체론자들이 생각한 바와 같은 것을 생각하면서 그것을 좀더 성경적으로 바르게 표현하려고 한 것이다.

삼위일체 하나님 이해에서 칼빈의 독특한 기여는 역시 워필드와 머레이를 비롯한 여러 사람들이 잘 지적한 바와 같이, 성자께서 그 스스로 하나님이심(αύτοθεότης)을 강조하고 잘 드러내어 준 것이라고 할 수 있다.[17] 칼빈은 "성자는 하나님이시므로 자존하시되, 성자로서의 위(person)로서는 성부로부터 낳아지신 것임을 분명히 말한다

(*Institutes*, 1. 13. 25, 강조점은 덧붙인 것임). 즉, 칼빈의 입장은 위격적 구별에 관한 한 성자는 성부로부터라고 말할 수 있으나 신성에 관한 한 성자도 자존적(*ex se ipso esse*)이시라는 것이다.[18] 다시 말하자면, "그리스도께서도 한 영원하신 하나님(the one eternal God)이라고 옳게 불려질 수 있으니, 그는 자존하신다(*a se ipso existentem*)고 하는 것이다."[19] 또 다른 말로 칼빈은 이렇게 말한다:

> 그러므로 성부와 아무 관련 없이 단순히 성자에 대해서만 말할 때에는 그를 가리켜 자존하시는 분으로 말하는 것은 매우 타당한 것이다. 그리고 이런 이유에서 우리는 그분을 유일한 근원이라고 부르는 것이다. 하지만 성자와 성부의 관계를 이야기 할 때는 성부가 성자의 근원이라고 말하는 것은 정당하다(*Institutes*, 1. 13. 19).
> 성부께서 하나님이 아니시라면 그는 성부가 아니실 것이다. 또한 성자께서

---

17) Cf. Benjamin B. Warfield, "Calvin's Doctrine of the Trinity", in Calvin and Augustine (Philadelphia: P & R, 1956), 189-284, 특히 235-84; Benjamin B. Warfield, "The Biblical Doctrine of the Trinity", in Biblical and Theological Studies(Philadelphia: P & R, 1952), 58-59; John Murray, "Systematic Theology", Westminster Theological Journal 25 (1963): 141=Collected Writings of John Murray, vol. 4: Studies in Theology (Edinburgh: The Banner of Truth Trust, 1982), 8.

18) 이 점에 대한 강조로 Murray, "Systematic Theology", 141=Collected Writings of John Murray, vol. 4: Studies in Theology, 8을 보라. 그러나 이를 주목하면서 삼위일체에 대한 칼빈을 비롯한 개혁자들의 관점이 "이전에 나타났거나 이후에 등장했던 어떤 관점과도 근본적으로 다르다"고 말하는 제랄드 브레이 (Gerald Bray, The Doctrine of God [Downers Grive, Ill.: IVP, 1993], 197, 200)나 로버트 레이몬드는(Robert L. Reymond, A New Systematic Theology of the Christian Faith [Nashville: Thomas Nelson Publishers, 1998], xxi, 327) 조금 지나치게 나아간 것이라고 하지 않을 수 없다. 오히려 워필드나 다른 교리사가들이 그렇게 보듯이 터툴리안, 아타나시우스, 어거스틴과 함께 칼빈이 삼위일체론을 정확하고 생동적으로 진술하는데 공헌한 사람의 하나라고 하는 것이 더 나을 것이다(Warfield, "The Biblical Doctrine of the Trinity", 59). 이런 점에 대한 필자의 좀더 자세한 이전 논의로『전환기의 개혁신학』(서울: 이레서원, 2008), 187-88을 보라.

19) Calvin, Adv P. Caroli Calumnias, in *CO* 7:322, cited in Torrance, "Calvin's Doctrine of the Trinity", 183, n. 68.

하나님이 아니시라면 그도 성자가 아니실 것이다. 그러므로 우리는 신성은 절대적으로 그 자체로부터 존재한다(*absolute ex se ipsa*)고 말한다. 따라서 우리는 성자께서도 하나님이시므로 그 자신으로부터(*ex se ipso esse*) 존재하신다고 확언하는 것이다. 물론 이는 그의 위격에 대한 말이 아니다. 위격에 관한 한 그는 성자이시므로 성부로부터라고 말할 수 있다. 그러나 그의 존재 자체는 근원(*principium*)이 없는 것이 아니다. 그의 위격의 근원(*principium of his Person*)은 하나님 자신(God himself)이라고 할 수 있다(*Institutes*, 1. 13. 25).

이런 입장에서 칼빈은 성자께서 성부로부터 하나님 되심을 받는 듯이 생각하거나 말하는 것을 즐겨 하지 않았다. 칼빈은 니케아 신조의 표현들이 그와 같은 식으로 오해 되는 것에 대해서 심각하게 우려하였다. 니케아 신조의 표현을 오해하는 표현 방식에 대하여 칼빈은 다음과 같이 비판한다:

> 어떤 악한 자들은 … 성부만이 진실로 또한 당연히 유일한 하나님이시며, 이 하나님께서 성자와 성령을 지으시고 자신의 신격을 주입하셨다고 해석하였다. 실로 저들은 이 가공스런 말을 삼가지 아니하고 여전히 성부만이 본질의 수여자이시고, 이와 같은 특성 때문에 성부는 성자와 성령과는 구별되신다고 주장하였다(*Institutes*, 1. 13. 23)

이런 이단자들에 반하여 칼빈은 "성자가 자신의 본질을 성부에게서 받았다고 주장하는 사람들은 누구든지 성자의 자존성을 부정하는 것이 된다"고 하면서 "성령님께서는 이를 반대하고 성자에게 여호와라는 명칭을 부여하신다"고 말하기도 한다(*Institutes*, 1. 13. 23). 그러므로 성부가 성자를 "하나님으로 만드시는 분"(deifier)으로 생각해서는 안된다는 것이다(*Institutes*, 1. 13. 24). 이와 같이 칼빈은 성부나 성자나 성령님께서 다 그 스스로 하나님이심(*divinitatis ex se ipso*)을 강조하며, 그러나 동시에 이 삼위가 한 하나님이심을 잘 드러내고 있는 것이다. 그러나 하나님 안에 여러 근원이(*principia*) 있는 듯이 생각해서는 안 되고, 하나님 안에는 한 근원(*principium*)이 있으니 성부와 성자가 함께 한 근원이신 것이다(*Pater et Filius simul principium*).[20]

이렇게 하나님을 삼위일체 하나님으로 바르게 이해한 사람들은 참으로 이러한 삼위일체 하나님께 바르게 경배하게 되고, 또한 반드시 경배해야만 한다. 칼빈은 하나님을 바르게 이해한 사람들은 하나님을 경배하는 것을 인간이 이 세상에서 행하는 모든 활동의 유일한 목표로 삼고 갈망하면서 일체의 미신을 몰아내어야 한다고 한다(*Institutes*, 2. 8. 16). 칼빈에 의하면 하나님을 섬기는 예배는 성화의 최고 형식이다. 그런 바른 경배는 과연 어떤 특성을 지니는 것일까? 이 질문과 함께 우리는 다음 논의에로 넘어 가기로 한다.

2. 바른 예배와 예배의 삼위일체적 특성

성경을 철저히 따르는 사람들은 누구나 그러하거니와 칼빈도 역시 바른 예배는 성경적 예배임을 분명히 한다. 이 때 성경적 예배라는 말은 (우리가 다음 절에서 논의 하려고 하는 바와 같이) 성경이 제시하는 예배의 규정적 원리를 따르는 예배라는 뜻도 되지만, 동시에 성경

---

20) 이 점에 대한 강조와 문헌적 근거로 Torrance, "Calvin's Doctrine of the Trinity", 182를 보라.

의 가르침에 충실한 예배라는 뜻이기도 한다. 교회 공동체는 자주 모여야 하는데, 이런 모임의 첫째 목표는 신자들이 하나님을 경배하고 그것을 훈련하며, 나아가 이렇게 경배하도록 서로를 자극하고 고무하기 위한 것이다.[21]

성경의 가르침에 충실한 예배는 결국 예수 그리스도의 십자가의 구속에 철저히 의존하는 예배일 수밖에 없다. 그러므로 참된 예배는 성자 하나님의 구속 사역에 의존하여 드려지는 예배가 되는 것이다. 한 순간도 성자의 구속 사역에 의존하지 않는 예배는 하나님께서 받으실 만한 예배가 아니다. 진정한 예배는 항상 성자의 구속 사역에 의존하여 드려지는 것이고, 인간의 공로와 힘씀에 의존하여 드려질 수 있는 것이 아니다.

천주교회의 종교 행위들과 개신교회의 종교 행위의 근본적 차이가 여기서 나타난다. 천주교회의 신인협력적(神人協力的) 반(半)-펠라기우스주의(semi-pelagianism)는 그들의 구원론에서만 나타나는 것이 아니라, 그들의 종교 행위 전반에 대한 이해에도 나타난다. 그러므로 천주교회에서는 주입된 은혜에 근거한 인간의 종교적 행위는 어떤 의미에서든지[22] 하나님 앞에 공로가 될 수 있는 것이라고 여기는 것이다. 그러나 개신 교회에서는 구원 이해에서 철저히 그리스도의 공로

---

21) *Com. on Psalms.* 22:23.
22) 지당한 공로든지(a meritum de condigno), 아니면 그렇게 돌려지는 공로(a meritum de congruo)이든지 말이다. 천주교 안에서 이런 공로의 성경에 대한 논의에 대해서는 Louis Berkhof, Systematic Theology (Grand Rapids, 1941), 541f.를 보라. 천주교회에서는 선행으로 말미암아 은혜의 증가, 영생, 그리고 영광의 증가로 공로로 얻을 수 있다고 한다. Cf. The Church Teaches, Documents of the Church in English Translation, by John F. Clarkson et al. (St. Louis: B. Herder, 1955), 246. 이에 대한 좋은 논의로 Calvin, "On the Necessity of Reforming the Church", in Tracts and Treatises, vol. 1 (Grand Rapids: Eerdmans, 1965), 133-37; Anthony A. Hoekema, Saved by Grace (Grand Rapids: Eerdmans, 1989), 163-66을 보라.

로만 구원이 이루어지고, 우리가 그 사실을 받아들이는 믿음으로 칭의함을 얻는다는 것을 강조한다. 이런 이신칭의적 이해는 구원론에서만 작용하는 것이 아니라, 종교적 행위들에 대한 개신 교회의 이해에도 나타난다. 그러므로 개신교회에서는 우리의 어떤 종교적 행위, 예배나 기도나 금식이나 그 어떤 종교적 행위도 그것이 하나님께 공로가 되거나 그것이 하나님께서 받으실만한 것이라고 도무지 생각하지 않는다(오늘날 상당히 많은 개신교도들이 우리의 종교적 행위가 하나님 앞에 어떤 공로를 내는 것이라는 생각을 하고 있는 것은 이 소위 개신교도들이 얼마나 개신교의 원리로부터 멀리 떨어져 있는지를 잘 보여주는 단적인 예라고 하지 않을 수 없다).

그러므로 칼빈을 비롯한 개혁자들은 우리의 예배가 하나님 앞에서 그 어떤 공적 거리가 된다고 생각하지 않을 뿐만 아니라, 도무지 하나님 앞에서 의로운 것이라고 여겨질 수도 없다는 것을 아주 분명히 한다. 그렇다면 우리의 예배가 어떻게 하나님께 받아들여질 수 있게 되는가? 여기서 다시 그리스도의 십자가에서 이루신 공로에 대한 의존이 나타나게 된다. 그러므로 처음에 그리스도의 십자가에 의존하는 우리들은 끝까지 그리스도의 십자가에 의존할 수 밖에 없는 것이다. 그러므로 그리스도인들은 처음부터 영원까지 그리스도의 십자가에만 의존하는 사람들이다. 그리스도의 구속 사역이 없이는 우리가 도무지 하나님 앞에 나아갈 수 없기 때문이다.

그리스도의 십자가 없이는 우리가 하나님 앞에 설 수 없다. 그 누가 하나님의 사유하심이 없이 하나님 앞에 감히 설 수 있단 말인가? 주께서 죄를 감찰하신다면 그 누구도 하나님 앞에 설 수 없다.[23] 죄 있는 모습 그대로 하나님 앞에 나아가는 자는 죽음을 자초할 뿐이다. 그런데 어떻게 죄인인 우리가 하나님께 서서 경배할 수 있는가? 그리스도의 십자가에서 이루신 구속이 온전한 것이 되어 우리를 감싸 주므로 우리는 그리스도의 피의 공로에 의존하여 그것으로 싸여져서 속함을 얻고 감히 하나님 앞에서 경배할 수 있는 것이다. 기도도 그것이 받아 들여지려면 그것이 먼저 그리스도의 피로 정화되고 거룩해 져야 한다 는 것을 칼빈은 강조한다.[24] 우리의 기도 그 자체는 아무런 가치가 없 고, 하나님께서 기도를 들어 주시는 것은 중보자의 희생제를 통해 주 시는 하나님의 은혜에 달려 있는 것이다.[25] 그러나 기도만이 아니라 우리의 예배 행위 전체가 모두 다 그리스도의 희생제사에 의존하며 그것에 근거해서 드려지는 것이다. 우리의 기도 찬양, 감사, 예배의 모든 것이 종국적인 더 큰 제사인 예수 그리스도의 구속 사역에 의존 한다는 것을 칼빈은 매우 강조한다(*Institutes*, 4. 18. 16).

그런데 그리스도의 십자가의 구속 사역에 의존하기 위해서는 우리 가 성령님께 온전히 의존하지 않으면 안 된다. 그리스도의 십자가 사 건과 우리는 시간적 공간적 거리를 가지고 있기에 성령님께서 우리를 연결시켜 주셔야만 우리가 그 십자가의 공로를 우리의 것으로 할 수 있기 때문이다. 특히 예배는 우리가 하나님 앞으로 나아가야 하는 것 인데, 우리를 하나님께로 들어 올려주시는[26] 이 일을 성령님께서 행 하시는 것이다. 예배의 한 부분인 기도의 경우에도 칼빈은 성령님께 서 우리의 기도를 인도해주지 않으시면 우리는 하나님의 뜻을 깨달아 바르게 기도할 수 없게 된다는 것을 강조한다.[27] 그러나 기도만이 아 니라 예배 전체가 성령님의 인도와 감화 가운데서만 가능한 것이다.

---

23) *Com. on Psalms*, 130:3. 여기서 천주교회에서 어떻게 다르게 생각하는지에 대한 비판도 보라.
24) *Com. on Psalms* 20:4.
25) *Com. on Psalms* 119:108
26) 이점에 대한 강조로 *Com. Psalms* 24:7.
27) *Com. on Micah* 3:4

이것이 칼빈이 말하는 "영적"(spiritual)이라는 말의 본래적 의미이다.[28]

그러므로 예배에서도 우리는 성령님께 철저히 의존할 수밖에 없다. 성령님께 의존하지 않는 것은 결국 그리스도의 십자가에 의존하지 않는 것이 되고 말기 때문이다. 우리는 성령님에게 의존해서만 그리스도의 십자가의 구속을 적용받을 수 있다. 성령과 연결된 사람만이 그리스도의 십자가와 연결된 사람이다. 그러기에 칼빈은 예배 중에서 하나님께서 함께 하심을 믿지 않으면서 그 상징만을 사용하는 것은 문제라고 강하게 지적한다.[29] 따라서 칼빈에게 있어서 참된 영적 예배를 하는 사람은 하나님을 철저히 의존하고 그를 부르며, 자신을 부인하고 순전한 양심을 가지지 않을 수 없는 것이다.[30] 그 어떤 방식으로라도 자신과 자신이 하는 것을 의지하는 사람은 영적 예배를 하는 것이 아니니, 영적 예배는 성령님을 의존함으로만 가능하기 때문이다.

---

28) 칼빈에게서 "영적"이라는 말이 (신)-플라톤주의적이라는 Carlos Eire, War Against the Idols: The Reformation of Worship from Erasmus to Calvin (New York: Cambridge University Press, 1986), 특히 31f., 48, 52, 197ff., 205-16의 논의에 반박하면서 칼빈에게서 "영적"이라는 말은 근본적으로 성령님과 따라서 성경과 연관되어 있는 것이라는 강한 논의로 Philip W. Butin, "Constructive Iconoclasm: Trinitarian Concern in Reformed Worship", Studia Liturgica 19/2 (Fall, 1989): 133-42, 137-38; Philip W. Butin, Revelation, Redemption, and Response: Calvin's Trinitarian Understanding of the Divine-Human Relationship (New York: Oxford University Press, 1994), 제 6장; 그리고 P. W. Butin, "John Calvin's Humanist Image of Popular Late-Medieval Piety and Its Contribution to Reformed Worship", Calvin Theological Journal 29 (1994): 422를 보라. 부틴은 특히 다음과 같은 전거들을 언급한다: *Com. on John* 4:23-24; *Com. on 1 Cor* 2:14, 15:44; *Com. on 1 Pet 1:10; Com. on Phil* 3:3; *Inst.* 3.1.1ff.; "Last Admonition to Joachim Westfall", in Tracts and Treatises, vol. 2 (Grand Rapids: Eerdmans, 1965), 445.

29) *Com. on Psalms* 132:7 또한 Herman J. Selderhuis, Gott in der Mitte: Calvins Theologie der Psalmen (Leipzig: Evangelische Verlag, 2004), 장호광 역, 『중심에 계신 하나님: 칼빈의 시편 신학』 (서울: 기독교서회, 2009), 287-89도 보라.

30) *Com. on Phil* 3:3.

요약하자면, 우리는 성령 하나님을 통하여 성자 하나님께서 이루신 구속에 근거하여 삼위일체 하나님께 경배하는 것이다. 이와 같이 진정한 경배는 삼위일체적 사건이다.[31] 이런 특성은 설교 전에 하는 조명을 위한 기도에서도[32] 잘 드러나는 바, 칼빈의 설교 전에 한 기도의 한 예를 인용해 보기로 한다:

> 전능하시고 은혜로우신 아버지여! 우리의 구원 전체가 당신님의 거룩하신 말씀을 아는 지식에 근거하오니 이제 당신님의 성령님으로 우리를 강하게 하여 주셔서 우리의 마음들이 모든 세상적 생각들과 육체의 집착들로부터 벗어나게 하여 주시어, 우리가 당신님의 거룩하신 말씀을 듣고 받아들이게 하여 주시며, 우리들에 대한 당신님의 은혜로운 뜻을 인정하게 하시며, 우리가

---

31) 이 표현은 설교를 삼위일체적 사건이라고 표현한 칼빈 연구자 필립 부틴의 표현을 나름대로 수정하여 표현한 것이다. Cf. Phillip W. Butin, "Preaching as a Trinitiarian Event", in *Trinitarian Theology for the Church: Scripture, Community, Worship*, eds., Dabiel J. Treier and David Lauber (Downers Grove, Ill.: IVP, 2009), 204-24. 부틴은 칼빈의 교회론과 은혜 이해도 삼위일체적인 것으로 본다. Cf. P. W. Butin, *Reformed Ecclesiology: Trinitarian Grace according to Calvin* (Princeton, N.J.: Princeton Theological Seminary, 1994).
칼빈만이 아니라 개혁신학 일반에 근거해서 비슷한 시도를 한 글로 Robert Retham, "The Holy Trinity and Christian Worship", *Mid-American Journal of Theology* 13 (2002): 87-100; James Eglinton and John S. Ross, "Unity and Uniformity: Towards a Trinitarian Theology of Worship", in *Scottish Bulletin of Evangelical Theology* 27/2 (Aut., 2009): 131-54를 보라.
그러나 이에서 더 나아가 예배를 삼위일체의 행위로 말하거나(cf. Jim Bushur, "Worship: The Activity of the Trinity", Logia 3/3 (July, 1994): 3-12), 예배하는 삼위일체(cf. Robin Parry, Worshipping Trinity: Coming Back to the Heart of Worship [Paternoster Press, 2004])등의 용어를 사용하는 것은 심각한 문제를 일으킬 수 있다고 여겨진다.
32) "거룩하고 영원한 말씀을 우리에게 열어주소서"라고 기도하던 훌드리히 쯔빙글리의 1525년 예배전 설교와 마틴 부써, 윌리엄 화렐, 그리고 칼빈에게서 잘 나타나는 이런 "조명을 위한 기도"(prayer for illumination)에 대한 좋은 논의로 Hughes Oliphant Old, The Patristic Roots of Reformed Worship (Zurich: Theologischer Verlag, 1975), 208-18을 보라.

> 우리 주 예수 그리스도 안에서의 진지한 기쁨과 찬양으로 당신님을 사랑하
> 고 섬기게 하시며, 당신님을 영광스럽게 하게 하소서.[33]

이렇게 삼위일체 하나님께 경배한 후에는 우리 안에서 이 일을 이루신 삼위일체 하나님에 대한 진정한 감사가 있지 않을 수 없다. 그런 뜻에서 예배는 삼위일체 하나님에게서 나와서 삼위일체 하나님에게로 돌아가는 행위의 한 부분이다. 삼위일체 하나님께서 이루신 구속이 열매를 내는 이 삼위일체적 예배에서 하나님의 온전하신 뜻이 드러나게 된다.

3. 우리는 삼위일체 하나님께 어떻게 예배할 것인가?

(1) 예배 방식

칼빈은 하나님께서 요구하시는 예배의 일정한 방도가 있다는 것을 강조한다. 그는 "율법 가운데서 규정된 적합한 예배"(legitimate worship as is prescribed in the law)가 있다고 하면서(*Institutes*, 1. 2. 2), 하나님께서는 인간이 일정한 규범을 따라 자신을 예배하시기를 원하신다고 말하고 있다(*Institutes*, 1. 12. 3).[34] 예배를 비롯한

---

33) Bard Thompson, *Liturgies of the Western Church* (Philadelphia: Fortress, 1961), 209, Butin, "Preaching as a Trinitiarian Event", 220–21에서 재인용, 강조점은 주어진 것임.
칼빈이 사용한 다른 "조명을 위한 기도"를 또 하나 언급해 보면 다음과 같다: "가장 은혜로우신 하나님, 하늘에 계신 우리 아버지여! 당신님에게만 빛과 지혜가 충만하옵나이다. 당신님의 성령님으로 우리의 마음을 밝히시어 우리들로 당신님의 말씀을 바로 이해하게 하여 주시옵소서. 우리가 이 말씀을 참으로 경외하는 마음과 참된 겸손으로 받아들일 수 있도록 은혜를 주시옵소서"(Charles W. Baird, The Presbyterian Liturgies [Grand Rapids: Baker, 1957], 37).

모든 문제에 대해서 칼빈은 "나는 성경에서 도출된, 따라서 전적으로 신적인 하나님의 권위에 근거한 제도들만을 시인할 뿐이다"고 말하고 있다(*Institutes*, 4. 10. 30). 이와 같이 칼빈에게는 "성경만이 바른 예배를 위한 유일한 시금석"이다.[35] "교회 개혁의 필요성"에서도 칼빈은 이점을 아주 분명히 한다: "하나님의 말씀은 참된 예배와 부패되고 오염된 예배를 구별하는 시금석이다.... 하나님의 명령에 의해 재가 받지 않은 것은 그 어떤 예배의 방식이라도 거부하기에 충분한 것이다."[36]

따라서 칼빈은 하나님 말씀에 근거하지 않은 관습은 신앙을 촉진하지 않고 퇴색시킨다는 것을 강조한다. 따라서 그런 예배는 참된 예배가 아니라 "부패하고 오염된"(vitiated) 것이고, "허구적인"(fictitious) 것이며, "미신적인"(superstitious) 것이라고 한다.[37] 오직 우리의 심령에 하나님의 진리를 각인할 때만 예배의 관습이 도움이 된다는 것이 칼빈의 생각이다.[38] 그러므로 이런 칼빈의 가르침을 따르는 개혁파 교회에서는 하나님께서 성경에 가르치신 것만을 중심으로 하나님을 경배하려고 노력해 왔다.[39] 다른 일에서와 같이 하나님을 경배할 때도 사람이 주도권을 가지고 하나님께 어떤 순서를 마련해 드려서는

---

34) 이에 대하여 또한 *Inst.* 4.10.1("하나님의 정하신 규범을 따라 드리는 합당한 예배")도 보라.

35) 이 표현은 Butin, "John Calvin's Humanist Image of Popular Late-Medieval Piety and Its Contribution to Reformed Worship", 430에서 온 것이다.

36) Calvin, "On the Necessity of Reforming the Church", 132-33; *Com. on Rom* 12:2.

37) Calvin, "On the Necessity of Reforming the Church", 128.

38) 시편 주석에서 칼빈이 이 점을 어떻게 강조하는 지에 대한 좋은 논의로 Selderhuis, 『중심에 계신 하나님: 칼빈의 시편 신학』, 283f을 보라.

39) 이 점에 대한 자세한 논의로 이승구, "성경적 공예배를 지향하며", 『한국교회가 나아 갈 길』(서울: SFC, 2007), 39-71을 보라. 특히 칼빈의 공예배 이해에 대한 논의로는 50-54의 논의와 그 안에 인용된 것들을 참조하여 보라. 또한 이은선, "목회자로서의 칼빈", 『칼빈과 한국 교회』, 오정호 편 (서울: 생명의 말씀사, 2009), 109-67, 특히 128-43도 보라.

안 되고, 하나님께서 그의 말씀에서 가르치신 것에 순종해야 한다는 것이 칼빈의 근본적 생각이다. 따라서 칼빈을 따르는 개혁교회는 "예배 방식과 요소들에 있어서 하나님 말씀의 공인이 있어야만 한다"는 원칙에[40] 늘 충실해 왔다.

기본적으로 칼빈은, 루터와 함께, 하나님을 표상하는 상들(images)을 사용하는 것을 강하게 반대하였다.[41] 칼빈은 "하나님의 가시적 형상들을 추구하는 사람들은 하나님으로부터 떠나는" 것이라고 한다(*Institutes*, 1. 11. 2). 또한 하나님께서는 "모든 모양들, 그림들, 그리고 미신적인 사람들이 그것을 통해 하나님께 가까이 할 수 있다고 생각하는 다른 표징들(signs)을 모두 다 옳지 않다고 반박하신다(*Institutes*, 1. 11. 1).[42]

그런데 루터와는 달리 칼빈은 이와 같은 상(象, image)의 문제만이 아니라 예배의 다른 요소들도 다 성경의 지지가 있어야만 한다고 생각하였다. 그리고 칼빈에게 있어서 말씀에 충실하다고 할 때 그는 기본적으로 신약의 말씀을 생각하였다. 칼빈은 신약의 성숙한 시기에 비교하여 구약 시기를 어린이 같은 시기라고 생각하면서[43] 구약의 예배의 요소들을 통해 신약 예배를 규정하려는 것을 강하게 반대한다. 구약 교회의 예배와 신약 교회의 예배는 형태는 다르고 본질에서만

---

40) John Murray, "Worship", in Collected Writings of John Murray, vol. 1: The Claims of Truth (Edinburgh: The Banner of Truth Trust, 1976), 168.
41) 칼빈에게서 아주 자명한 것이므로 모든 사람들이 이를 잘 지적하고 있지만 이 문제를 특별히 논의한 글과 논문으로 Eire, War Against the Idols; Butin, "Constructive Iconoclasm: Trinitarian Concern in Reformed Worship", 133–42; Butin, "John Calvin's Humanist Image of Popular Late-Medieval Piety and Its Contribution to Reformed Worship", 419–31, 특히 419–20를 보라.
42) 또한 *Com. on Gal* 3:1ff.도 보라.
43) *Com. on Psalms* 92:1; *Com. Ps.* 33:2.

동일한 것이다.[44] 본질적으로 동일한 예배가 신약에서는 간소하고 단순화되어,[45] 신약에 가르친 요소들만을 중심으로 구성되어야 한다는 것이 칼빈의 의견이다. 전적으로 옛언약에 지배되던 백성에게 고유한 것을 우리가 그대로 받아들인다면 그것은 잘못된 계승이라는 것이다.[46] 예를 들어서, 다윗은 하나님을 하프로 찬미하라고 했지만 칼빈은 이것이 구약에만 해당한다고 한다.[47] 또한 신약 시대에는 성전과 언약궤가 사라졌으나 그 자리에 설교와 성례전이 있다고 한다. 칼빈은 예배의 모든 요소들이 신약적 근거를 가지고 있어야만 한다고 생각하는 것이다. 그래서 칼빈은 그렇게 하려고 하지 않는 것은 결국 하나님을 찾는다고 하면서도 구원과 다른 모든 선한 것을 하나님 이외의 것에서 찾으려고 하는 것이라고 강하게 이야기하기까지 한다.[48]

예배의 몇 가지 요소에 대한 칼빈의 논의를 간단히 언급해 본다면 다음과 같다.[49]

칼빈이 생각하는 예배의 가장 중요한 요소는 역시 말씀이다. "당연

---

44) *Com. on Psalms* 50:14.

45) *Com. on Psalms* 50:14.

46) *Com. on Psalms* 149:2.

47) *Com. on Psalms* 33:2.

48) Calvin, "On the Necessity of Reforming the Church", 129: "They say, indeed, that they seel salvation and every other good in [God alone]; but it is mere pretence, seeing they seek them elsewhere.".

49) 좀 더 구체적으로 칼빈의 예전을 제시한 것으로 William D. Maxwell, An Outline of Christian Worship (London: Oxford University Press, 1960), 114-15; James Mackinnon, Calvin and Reformation (London: Longman's Green & Co., 1936), 83-84; Baird, The Presbyterian Liturgies, 35-44; Henry Beveridge, Selected Works of John Calvin: Tracts & Letters, vol. 2 (Grand Rapids: Baker, 1983), 100-12; Hugh T. McElrath, "Some Reformation Resources for Worship from John Calvin and Hid Circle", Review and Expositor 86 (1989): 65-75; W. de Greef, The Writings of John Calvin, trans. Lyle D. Bierma (Grand Rapids: Baker, 1993), 126-33; 이승구, "성경적 공예배를 지향하며," 50-54의 논의와 그 안에 인용된 것들; 이은선, "목회자로서의 칼빈",『칼빈과 한국 교회』, 128-43; 주승중, "칼빈과 예배",『칼빈과 21세기』, 전광식 편 (서울: 부흥과 개혁사, 2009), 17-54도 보라.

히 말씀이 언제나 본질적인 요소이다."[50] 말씀과 바른 교리(*doctrina*)에 대한 선포가 없으면 예배는 외식으로 변질 된다고 칼빈은 강하게 말한다.[51] 모임에서 믿음과 경건에 박차를 가하는 하나님의 음성을 듣지 않는다면 함께 모이는 것은 무의미하다는 것의 칼빈의 입장이다.[52]

둘째는 예배 중의 회중 찬송을 회복시킨 일을 언급할 수 있다. 하나님 앞에서 합당하고 엄숙한 태도와 조화를 이룬 노래를 하는 것은 거룩한 행동에 확실한 위엄과 운치를 더하며 기도를 하겠다는 진한 열성을 일으키는 데 도움이 된다고 하면서 칼빈은 예배 중에 찬송하는 일을 강조한다. 칼빈은, 고린도전서 14:15 말씀을 따르면서, 찬송을 일종의 기도로 이해했다. 제네바 시편(1543)에 붙인 서문에서 칼빈은 이렇게 말한 바 있다: "공적 기도에는 두 종류가 있으니, 어떤 기도는 말로만 하는 것이고, 어떤 기도는 노래와 같이 하는 것이다."[53] 그러므로 우리가 찬송으로 기도할 때에는 (1) 곡조에 더 치우쳐서 가사의 영적인 의미에는 마음을 덜 기울이는 일이 없어야 한다고 하고, (2) 감미로운 느낌과 귀의 즐거움만을 목적으로 작곡한 노래는 교회의 존엄에 합당하지 않으며 하나님을 지극히 불쾌하게 한다는 것을 지적한다. 그래서 아타나시우스가 말한바 "음성에 억양을 적게 붙여서 노래한다기보다는 말하는 것 같이 하라"고 했던 바를 존중하면서 찬송할 것을 권한다(*Institutes*, 3. 20. 32). 칼빈은 또한 생각 없이 일종의 의례적인 미신으로 퇴락하는 노래하기를 경고한다. 그래서 칼빈은 찬송

---

50) Selderhuis, 『중심에 계신 하나님: 칼빈의 시편 신학』, 285.
51) *Com. on Psalms*. 81:2.
52) *Com. on Psalms* 81:9.
53) Oliver Strunk, Source Readings in Music History (New York: W. W. Norton & Co., 1950), 346, cited in McElrath, "Some Reformation Resources for Worship from John Calvin and Hid Circle", 68.

할 때는 하나님의 이름이 참된 찬양 대신에 괴성으로 더렵혀지는 것을 막기 위해 우리는 언제나 찬송의 내용에 대해서 깊이 생각해야 한다는 것을 강조한다.[54] 또한 우리의 찬송이 실제로 하나님에 대한 찬양인지는 마음의 상태에 의해 정해진다는 것을 칼빈은 강조한다. 하나님과 화해해 있음을 잘 알고, 영원한 축복에 대한 희망으로 우리의 마음이 평온하고 기쁠 때만 하나님이 온전히 찬양된다는 것이다.[55] 그러나 또한 진정한 찬양은 진정한 성화의 삶이 동반되어야 한다는 것도 칼빈은 강조한다. 왜냐하면 "경건한 행위로 드러나지 않으면 혀로 하나님을 찬미하는 것으로는 충분하지 않기" 때문이다.[56]

셋째로 이와 함께 "예배의 중요한 부분"으로 언급되는 공동체의 기도에(*Institutes*, 3. 20. 29) 대한 칼빈의 견해는 다음과 같다. 공중 기도에서는 "회중이 통용하는 언어를 사용해야 한다"고 말하면서 이와 달리하는 것은 "교회에 유익이 되지 못한다"고 한다. 따라서 교회의 예배나 모임에서 방언으로 기도하지 말아야 한다는 것을 칼빈은 강조한다(*Institutes*, 3. 20. 33). 또한 사적인 기도에서와 같이 많은 말로나 유창한 말로 하나님의 귀를 자극하려 하거나 하나님을 설득하려고 하는 것은 예수님께서 마태복음 6:7에서 말씀하신 중언부언하는 것(the vain speaking, $\beta\alpha\tau\tau o\lambda o\gamma\iota\alpha\nu$)으로 허용되어서는 안 된다는 것을 강조한다(*Institutes*, 3. 20. 29). 그러므로 기도에서는 외식을 보여서는 안 되고, 명성을 얻으려고 해서도 안 되며, 짧은 말을 되풀이해서도 안 된다고 하며, 태산 같은 말로 자기선전을 하지도 말고, 사람들에게 보이려고 하지 말고, 속마음을 보시는 하나님만을 의식하며

---

54) *Com. on Psalms* 47:6.
55) *Com. on Psalms* 67:4.
56) *Com. on Psalms* 105:44.

기도할 것을 강조한다(*Institutes*, 3. 20. 29).[57]

넷째로 칼빈은 우리의 경배가 하나님을 영적으로 경배해야 할 것임을 강조하면서 "하나님에 관하여 속되고 어리석기 그지없는 관념들로 가득 차 있는 위험천만한 숭배를 만들어 내기보다는 하늘 영광중에 계신 그리스도를 영적으로 경배해야 옳은 것"이라고 강조한다(*Institutes*, 4. 17. 36). 우리의 경배는 영적인 경배여야 한다는 것이다. 칼빈은 하나님이 영적으로 경배되지 않고 모든 외형적 행위들이 가장 중요한 헌신인 하나님 찬양에 맞춰져 있지 않다면 예전은 전혀 무의미한 놀이에 지나지 않는다고 한다.[58] 칼빈이 이 점을 강하게 말하는 이유는 "인간에게는 믿음과 마음의 정결함이 없이 외식에 머무르려고 하는 경향이 있기" 때문이다.[59]

(2) 예배일

그렇다면 과연 어떤 날 모여서 삼위일체 하나님께 예배해야 하는가? 칼빈은 옛사람들이 구약 교회가 지키던 안식일을 주의 날(the Lord's day)로 대치한 것은 안식일의 모형이 우리 주님의 부활에서 실현된 것을 신중하게 고려했기 때문이며, 그림자에 불과했던 의식을 고수하지 말라는 경고로 받아들였다(*Institutes*, 2. 8. 34). 칼빈이 반대한 것은 이 날만이 구별된 날인 것처럼 생각하는 것이다. 그런 생각에 대해 저항하면서 칼빈은 유일한 날로 구별하여 안식일을 지킨다면 분명히 잘못이라고 하면서(*Institutes*, 2. 8. 33) 그러나 칼빈이

---

57) 기도에 대한 칼빈의 가르침에 대한 논의로 이승구, "칼빈과 신앙생활", 전광식 편, 『칼빈과 21세기』, 206-14를 보라.
58) *Com. on Psalms* 134:1. 또한 *Com. on Psalms* 40:7도 보라.
59) *Com. on Psalms* 50:1.

매주일에 쉬는 것을 나쁜 것으로 여기지는 않았다. 이 날이 쉬는 것이 필요한 이유는 자유롭게 하나님께 예배하기 위한 것이라는 것을 칼빈은 매우 강조하였다. 그러므로 칼빈에게는 안식하는 이유가 바르게 예배하기 위한 것이었다(Cf. *Institutes*, 2. 8. 34). 칼빈에게는 예배가 더 중요한 것이었다는 말이다. 다른 날 엄숙히 모이는 것도 상관없다고 했고(*Institutes*, 2. 8. 34), 이 하루만의 독특성을 고집하는 것을 안식일 미신이라고도 말하며 비판한다(*Institutes*, 2. 8. 34).[60]

그러면서도 칼빈은 모든 시대에 적용되는 것을 언급하면서 우리는 일정한 날에 모여서 말씀을 들으며 신비의 떡을 떼고, 공중 기도를 드려야 한다고 하며, 하인들이나 노동자들을 노동으로부터 쉬게 해야 한다고 명확히 한다(*Institutes*, 2. 8. 32). 그는 이 두 가지 일은 우리에게 여전히 적용된다는 것을 거듭 강조하면서 이는 하나님의 말씀이 종교적 집회들을 우리에게 명령하기 때문이며, 우리들의 일상 경험으로도 이런 모임이 필요하다는 것을 알 수 있다고 한다(*Institutes*, 2. 8. 32). 물론 날들을 폐지하고 매일 모일 수 있으면 더욱 좋으나 그렇게 할 수는 없는 실정이므로 사도가 말한 대로 모든 것을 적절하게 하고 질서 있게 해야 하니(*Institutes*, 2. 8. 32), 우리 주께서 부활하신 날에(*Institutes*, 2. 8. 34) 모여 예배하는 것은 합당하다고 한다. 그러나 안식의 진정한 실현이신 그리스도께서(*Institutes*, 2. 8. 31) 구속을 성취하신 이후에 있는 우리는 구약에서와 같이 날을 구별하여 안식을 지키는 것이 아니고, 그리스도인들이 주일을 지키는 이유는 교회와 사회의 질서를 위해서이고, 거룩한 연구와 묵상을 위해서이

---

60) 이런 점을 의식하면서 칼빈의 주일에 대한 태도를 잘 논의하고 있는 양용의, Jesus and Sabbath in Matthew's Gospel (Sheffield: Sheffield Academic Press, 1997), 수정 증보 한역판, 『예수와 안식일 그리고 주일』 (서울: 이레서원, 2000), 480-81을 보라.

며, 의식으로 날을 지키는 것이 아니라 교회의 질서 유지를 위해 그리하는 것이라는 것을 칼빈은 강조한다(*Institutes*, 2. 8. 33). 특히 우리들 가운데서 경건이 쇠퇴하는 것을 막기 위해서 집회에 부지런히 출석하며, 하나님께 대한 경배를 증진시키게 해주는 외적인 수단들을 잘 이용해야 한다고 칼빈은 말한다(*Institutes*, 2. 8. 34). 특별히 이 예배일에 하인들이나 노동자들을 노동으로부터 쉬게 해 주는 것의 중요성을 칼빈은 강하게 역설하고 있다(*Institutes*, 2. 8. 32). 노동자들의 쉼에 대한 배려는 인도적 동기에서 나온 것임이 분명하다. 그러나 다시 말하지만 이런 쉼은 결국 예배를 바르게 하도록 하기 위함이라는 것을 잊어서는 안 된다.

4. 마치는 말과 적용

칼빈에게서 나타나는 예배의 대상이 되시는 삼위일체 하나님에 대한 명확한 이해와 진정한 예배 과정과 구조 자체가 삼위일체적이라는 사실은 우리들로 하여금 우리들의 예배를 돌아보도록 한다.

첫째로, 우리는 과연 삼위일체 하나님을 제대로 이해하고, 그 삼위일체 하나님께 이 경배가 드러난다는 것을 명확히 의식하면서 예배하고 있는가 하는 것을 깊이 반성해야 한다. 많은 한국 교회원들은 삼위일체에 대한 이해가 부족하여 상당수가 양태론적인 이해를 가지고 있거나, 좀 나은 분들이 종속론적 이해를 하고 있다. 그리하여 우리들 가운데서는 암묵리에 성부 중심의 예배가 진행 되는 일이 많이 있다. 이를 극복하려면 우리 교회원들이 삼위일체 하나님에 대한 명확한 이해를 가질 필요가 있다. 우리의 경배를 받으시는 분이 삼위일체 하나님이시기 때문이다. 그러므로 한국 교회에서 삼위일체 하나님에 대한 바른 가르침이 잘 가르쳐질 필요가 있다. 그래야 우리의 예배가 바르게 될 수 있다.

둘째로, 우리가 철저하게 그리스도의 십자가에서 이루신 구속의 공로에 근거하여 경배해야 한다. 이렇게 할 때 우리의 경배 행위 자체에 의존하는 일에서 벗어날 수 있고, 오직 모든 것을 이루신 그리스도의 공로에 감사하면서, 심지어 우리의 경배도 그 공로에 근거하여 받으심에 감사하면서 예배 전후에 감사가 넘치는 예배를 할 수 있게 된다. 그리고 어떤 일을 이루기 위한 예배라는 관점과 행위들이 모두 사라져야 한다. 그와 같은 형식주의적 사고방식은 성경이 말하는 진정한 예배와 대조적인 것이다.

셋째로, 우리들은 오직 성령에 의존하여 영 안(in the spirit)에서 경배하려고 해야 한다. 성령님에게 의존하여 성령님에 의해 인도되는 예배만이 십자가의 구속과 연관된 예배이기 때문이다.

넷째로, 따라서 성령님께서 이미 영감하여 우리에게 주신 성경의 가르침에 부합하는 예배를 해야 한다. 과거 개혁자들과 청교도들이 강조한 예배의 규정적 원리를 우리가 중시 하게 되는 이유가 여기에 있다. 이 점이 성령 안에서의 예배와 연관하여 강조 되고, 실천 될 때만 우리의 예배가 하나님 앞에서 바른 것이 될 수 있다.

이와 같이 하여 우리들의 예배가 성령님 안에서 성자 하나님의 구속의 공로에 의존하여 삼위일체 하나님께 하는 예배가 되어야 할 것이다. 그것이 칼빈이 강조한 삼위일체와 예배를 연관시킨 가르침의 적용이며, 성경을 따르는 모든 진정한 그리스도인들의 생각한 바와 실천일 것이다.

16세기 개신교 예배 이해와 칼빈

최 윤 배 교수 (장로회신학대학교)

1. 서론[1]

맥키(A. E. McKee)에 의하면, 예배의 개념이 종종 기록된 예식서에만 제한하여 협의로 이해되어 모호한 점이 없지는 않지만, "예배의

---

1) 김경진, "칼빈 장로교 이념의 예배적 적용,"『제4회 한강목회포럼』(2009.6.29), 20-38; 김경진, "종교개혁과 예배," 대한예수교장로회총회교육부(편),『교육목회』(2000 겨울호) (서울: 한국장로교출판사, 2000), 105-113; 주도홍, "제네바예배모범(1542)," 주승중, "초기교회 예배를 회복하고자 했던 칼빈의 예배-스트라스부르크 예전(1540)을 중심으로-," 김세광, "칼빈과 한국교회 예배갱신," in:『요한칼빈탄생500주년기념학술심포지엄: 제5분과』(2009.6.22); 이정숙, "칼빈과 예배," 백석대학교 신학대학원(편),『백석신학저널』제16권(2009), 31-52 =『요한칼빈탄생500주년기념학술심포지엄: 제6분과』(2009.6.22), 55-67; 이신열, "칼빈의 창조론을 통해 살펴 본 그의 예배 본질 이해,"『요한칼빈탄생500주년기념학술심포지엄: 제4분과』(2009.6.22), 135-145; 이현웅, "장로교예배 모범의 역사와 전망에 관한 연구,"(2003, 장로회신학대학교 대학원 미간행 Th. D. 학위논문); 이현웅,『21세기에 다시 본 존 칼빈의 설교와 예배』(서울: 도서출판 이레서원, 2009); 정장복, "종교개혁기에 등장한 다양한 예배 전통에 관한 분석," 장로회신학대학교출판부(편),『長神論壇』제19호(2003), 235-65; 정장복,『예배학 개론』(서울: 종로서적, 1985), 45-47, 91-111; 최윤배 · 주승중 공저,『교회를 섬기는 청지기의 길(Ⅰ)』(파주: 도서출판 성안당, 2008), 116-27; T. Brienen, *De Liturgie bij Johannes Calvijn* (Kampen: Uitgeverij De Groot Goudriaan, 1987); John H. Leith, *An Introduction to the Reformed Tradition: A Way of Being the Christian Community* (Louisville · London: Westminster John Knox Press, 1981), 174-97= 황승룡 · 이용원 역,『개혁교회와 신학』(서울: 한국장로교출판사, 1989), 208-38; Carlos M. N. Eire, *War against the Idols: The Reformation of Worship from Erasmus to Calvin* (Cambridge: Cambridge University Press, 1986); Pamela Ann Moeller, "Worship of John Calvin's 1559 'Institutes' with a View to Contemporary Liturgical Renewal,"(U.M.I., Diss. Emory University, 1988); Frank C. Senn, *Christian Liturgy: Catholic and Evangelical* (Minnwapolis: Fortress Press, 1997), 362-70; Bard Thompson (Select. & Intro.), *Liturgies of the Western Church* (Philadelphia: Fortress Press, 1961/1980), 183-224.

개혁은 16세기 개신교 종교개혁의 중심이었으며, … 여기서(그녀의 글, 필자) 의도하는 예배의 의미는 우리가 취할 수 있는 모든 형태들 속에서 하나님에 대한 인간의 근본적인 숭앙(崇仰)과, 하나님을 하나님으로 경외하는 인정과, 하나님을 하나님으로 예배하는 것이다."라고 적절하게 말했다.[2]

본고에서는 우리는 16세기 개신교 예배신학의 맥락에서 칼빈의 예배신학의 역사적 배경, 예배의 주요 구성요소들, 칼빈의 1545년 스트라스부르크 예배 의식서를 중심으로 예배예전의 의미와 실천에 대하여 다루고자 한다.

칼빈의 예배신학에 대한 분석과 관련하여 칼빈의 제1차 문헌을 개괄하면 다음과 같다. 칼빈의 예배신학이 이미 그의 『기독교 강요』초판(1536)이나[3] 칼빈 자신이 이 초판을 근거로부터 발췌한 요약본인 『제네바교회가 사용하는 신앙훈련과 고백』(*Instruction et confession de Foy don't on use en l'Église de Genève*, 1537)이나4) 『목회자들에 의해서 시의회에 제안된 제네바에 있는 교회의 조직과 예배에 관한 조항들』(*Articles concernnant L'organisation de l'Église et du Culte a* Genève, *proposés au Conseil par les misnisters* Le 16. Janvier 1537.)에서[5] 부분적으로 나타났다.

---

2) Elsie Anne Mckee, "Context, Contours, Contents: Toward a Description of the Classical Reformed Teaching on Worship," in: *The Princeton Seminary Bulletin* Vol. XVI, Number 2, New Series 1995), p. 173.

3) *OS* 1, 19-283; John Calvin(양낙흥 역), 『기독교 강요(초판)』(서울: 크리스찬다이제스트, 2002).

4) *CR* 50, 32-74; John Calvin(한인수 역), 『칼빈의 요리문답』(서울: 도서출판 경건, 1995), 25-98; John Calvin(이형기 역), 『기독교강요요약』(고양: 크리스찬다이제스트, 2008), 16-74.

5) P. Barth (ed.), *OS* 1, 369-77(= *CR* 10a, 5-14).

그러나 스트라스부르크와 제네바에서 개정판을 거듭한 『고대교회의 관습에 따라 성례전집례와 결혼의식의 방법과 함께 있는 교회기도와 찬송의 형태』(*La Forme des Prieres ey Chantz ecclesiastiques, auec la maniere d'administrer les sacramens, et consacrer le Mariage: selon la constume de l'Eglise abcienne.* 1542)에는 그의 예배신학이 더욱 분명하게 발견된다.[6] 그런데 바로 이 『고대교회의 관습에 따라 …』의 "초판(1539년 또는 1540년, 필자)은 분실되었고, 재판은 칼빈의 후계자인 삐에르 브륄리(Pierre Brully)에 의해 1542년에 출판되었고, 칼빈 자신에 의하여 편집된 제3판(1545, 필자)은 스트라스부르크에서 출판되었다."[7]

위의 작품 외에도 『교회법안』(1541, *Project d'ordonnances ecclésiastical Ordinances*)과[8] 『제네바교회의 요리문답』(1541/1542, *Le Catéchisme de L'Église de Genève*)과[9] 『제네바교회의 직제』

---

6) *CO* 6, 173-184(= *OS* 2, 11-58; Bard Thompson (Select. & Intro.), *Liturgies of the Western Church* (Philadelphia: Fortress Press, 1961/1980), 197-210.

7) Bard Thompson (Select. & Intro.), *Liturgies of the Western Church* (Philadelphia: Fortress Press, 1961/1980), 189. 분실된 초판의 연대는 1539년 또는 1540년으로 추측되며, 프랑스어로된 1542년 스트라스부르크판의 서문(골3:16)과 1542년 제네바판의 서문(시150편)도 다르다. 주도홍, "제네바예배모범"(1542), 『요한칼빈탄생 500주년기념 학술심포지엄: 제5분과』(2009.6.22), 19-23; 주승중 · 최윤배, 『교회를 섬기는 청지기의 길(Ⅰ)』(파주: 도서출판 성안당, 2008), 123. 맥스웰은 초판 예식서가 1539년 말이나 1540년 초에 출판되었다고 주장하면서 여러 개정판들의 내용은 거의 유사하며, 그 구조가 비슷한 1537년~1539년의 부써의 스트라스부르크의 예배의식과, 1540년, 1542년, 1545년의 스트라스부르크에서 발간된 칼빈의 예식과, 1542년, 1547년에 제네바에서 발간된 칼빈의 예배의식을 비교 소개하고 있다, William Maxwell, A *History of Christian Worship: An Outline of Its Development and Forms*, 정장복 역, 『예배의 발전과 그 형태』(서울: 장로회신학대학교 교회 커뮤니게이션연구원/성지출판사, 1994), 155-57.

8) *CR* 10a, 15-38; OS 2, 328-61; *LCC* 22, 36-72.

9) *CO* 6, 1-134; John Calvin(한인수 역), 『칼빈의 요리문답』, 99-219; 최윤배 공저, 『개혁교회의 신앙고백』, 146-86; 박위근 · 조용석 (편저), 『요하네스 칼빈의 제네바 교회의 교리문답』(서울: 한들출판사, 2010),

(1561, *Les ordonnances ecclésiastiques*)와[10] 특별히 『기독교 강요』 최종판(1559)이 우리의 연구를 위하여 매우 중요한 자료다.[11]

2. 16세기 개신교 예배신학: 칼빈의 "중간의 길"(via media)

칼빈의 예배신학의 역사적 배경과 관련하여, 우리는 여러 가지 관점들을 고찰할 수 있겠지만, 크게 세 가지를 언급할 수 있을 것이다.

첫째, 16세기 종교개혁시대에 칼빈은 로마 카톨릭교회의 반동종교개혁과 "급진적" 종교개혁 중간에, 그리고 루터와 츠빙글리 중간에 서 있었다. 반동종교개혁과 급진적 종교개혁에 대한 칼빈의 태도는 루터와 츠빙글리에 대한 태도보다 더욱 비판적이고, 더욱 변증적이었다. 개신교 종교개혁 운동 안팎에서 벌어졌던 16세기의 성찬론 논쟁이 곧 예배신학에 대한 논쟁이라는 도식은 비약된 결론일지라도, 성찬론을 중심으로 16세기 로마 카톨릭교회의 반동종교개혁과 개신교 종교개혁자들(루터, 츠빙글리, 부써, 파렐, 멜랑히톤, 칼빈, 불링거 등)이 취했던 입장은 예배에 대한 그들의 입장과 어느 정도 맥을 같이 하고 있다고 말해도 큰 무리는 없을 것이다.

먼저 개신교 종교개혁 밖의 반동종교개혁과, 제세례파들을 비롯한 급진적 종교개혁 운동을 개신교 종교개혁자들과 비교해 볼 때, 화체설을 주장한 로마 카톨릭교회는 예배 의식(儀式) 자체를 어떤 면에서

---

10) *CO* 10a, 91–124; D. W. Hall & J. H. Hall, ed., *Paradigma in Polity: Classical Readings in Reformed and Presbyterian Church Government* (Grand Rapids: William B. Eerdmans Publishing Company, 1994), 140–55.
11) P. Barth (ed.), *OS* 3–5; *LCC* 20–21; 한글판 『기독교강요』(1559) (크리스찬다이제스트, 생명의 말씀사 등).

는 절대화할 정도로 매우 강조하였다면, 급진적 종교개혁 운동은 예배 의식을 지나칠 정도로 무시하고, 폐기하는 쪽으로 진행되었고, 개신교 종교개혁자들은 양자의 중간에 위치했다고 볼 수 있다. 또한 개신교 종교개혁 안에서 종교개혁자들을 상호 비교해 볼 때, 공재설을 주장한 루터는 로마 카톨릭교회의 예배 의식의 상당 부분을 그대로 답습했다면, 기념설 내지 상징설을 주장한 츠빙글리는 예배 의식, 특별히 성찬론 부분을 약화시켰지만, 영적 임재설(성령론적 임재설)을 주장한 부써와 칼빈은 양자의 중간에 서 있었다고 볼 수 있다.

바로 이점에서 맥키(A. E. McKee)가 "개혁파"(reformed) 전통을 츠빙글리와 부써 · 칼빈이라는 양 진영에 적용시키면서도, "부써 · 칼빈 또는 스트라스부르크 · 제네바의 조류(潮流)는 마르틴 루터와 츠빙글리로부터 흘러나왔지만, 그것은 '칼빈주의' 개혁파(Reformed)라고 불러지게 되었다. 왜냐하면 가르침과 실천에 대한 칼빈의 체계적 형성은 이후 세기들에 거쳐 가장 강력하게 영향을 미쳤기 때문이다."라고 정확하게 간파한 바 있다.[12]

"부써는 아직도 복잡한 루터의 예배와 너무나도 간단한 츠빙글리 예배의 중간 지점에서 개혁교회 예배의 기틀을 마련하였다."[13] "1530년 부써(Bucer)가 그 지역의 책임을 맡으면서부터 독자적인 개혁 노선을 걷는 도시로 등장하게 되었다. 그때 부써는 지금껏 루터계의 바탕 위에 있던 예배 속에 츠빙글리의 사상을 도입하기 시작했다. 그 결과 스트라스부르크에서 사용된 독일어 미사는 루터와 츠빙글리의 중

---

12) Alsie Anne McKee, "Context, Contours, Contents: Towards a Description of the Classical Reformed Teaching on Worship," *The Princeton Seminary Bulletin* (Volume XVI Number2 New Series 1995), 172, Footnote 1, 참고 172-201.
13) 주승중 · 최윤배, 『교회를 섬기는 청지기의 길(Ⅰ)』(파주: 도서출판 성안당, 2008), 117.

간적 성격을 띠게 되는 양상을 가져 왔다."[14] "칼빈의 예배에 관한 입장은 루터와 쯔빙글리의 중간 정도로 보면 정확할 것이다."[15]

둘째, 칼빈은 파렐과 부써, 특히 부써로부터 긍정적인 큰 영향을 받았다. 주승중은 칼빈의 "예배의 두 스승"으로서 파렐과 부써를 손꼽는다. "1531년 츠빙글리의 사망 후에 개혁파 전통의 창조적인 예봉은 취리히에서 스트라스부르크로 이동했다. 과격했던 츠빙글리의 사후에 개혁교회는 두 번째 국면을 맞이하게 되었는데, 그 국면을 지배한 사람은 존 칼빈과 그의 예배의 두 스승이라고 할 수 있는 윌리엄 파렐(Willam Farel, 1489~1565)과 마틴 부써이다."[16] "존 칼빈이 제네바에 처음 도착했을 때, 예배는 윌리암 파렐이 1524년에 츠빙글리의 노선(路線; lines)에 따라 작업했던 예전에 의해 진행되었다. 예전은 본질적으로 설교를 하는 예배였고, 주님의 성찬은 가끔씩 집례 되었을 뿐이다."[17]

칼빈은 제1차 제네바 시절(1536-1538)에 파렐이 직접 작성한 예배서인 『백성들이 하나님의 말씀을 듣기 위하여 모였을 때, 설교 시(時) 준수되어야 할 방법』(*La maniere et Fasson quon tient … es lieux que Dieu de sa grace a visites,* 1524; Jenny의 설명과 복사로 1538년 재판)을 직접 경험하고,[18] 파렐을 비롯하여 다른 목회자들과

---

14) 정장복, 『예배학 개론』(서울: 예배와 설교 아카데미, 2003), 136

15) 이현웅, 『21세기에 본 존 칼빈의 설교와 예배』(서울: 이레서원, 2009), 115.

16) 주승중 · 최윤배, 『교회를 섬기는 청지기의 길(Ⅰ)』(파주: 도서출판 성안당, 2008), 120, 참고, 정장복, "종교개혁기에 등장한 다양한 예배 전통에 관한 분석," 장로회신학대학교출판부(편), 『長神論壇』제19호(2003), 255-256.

17) John H. Leith, *An Introduction to the Reformed Tradition: A Way of Being the Christian Community* (Louisville · London: Westminster John Knox Press, 1981), 188.

18) "La manier et Fasson"(1524, The Manner Observed in Preaching When the People Are Assembled to Hear the Word of God), in: Bard Thompson (Select. & Intro.), *Liturgies of the Western Church* (Philadelphia: Fortress Press, 1961/1980), 216-18.

함께『목회자들에 의해서 시의회에 제안된 제네바에 있는 교회의 조직과 예배에 관한 조항들』(*Articles concernnant L'organisation de l'Église et du Culte a Genève, proposés au Conseil par les misnisters Le 16. Janvier 1537.*)을 제네바 시의회에 제출했다.[19]

디볼트 쉬바르츠(Diebold Schwarz)는 스트라스부르크에서 미사를 개정하여 예식서를 만들었는바, 이것은 1524년 2월 16일 스트라스부르크 성 로렌스 (St. Laurence) 교회의 성 요한 채플(John's Chapel)에서 독일어로 처음 집례 되었다.[20] "독일어로 된 쉬바르츠의 개정본은 1524년 스트라스부르크에서 사용되었으며, 마르틴 부써에 의해서 인도된 아주 유능한 신학자들의 지도력으로 1539년까지 보존적이면서도 창조적으로 적어도 일곱 번 개정작업이 계속되었다."[21] 1537년에 개정되기 이전의 정보(情報)는 부써의 작품『근본과 원인』(*Grund und Ursach*, 1524)에서 찾아볼 수 있고,[22] 1537년부터 1539년 사이의 변화는 1539년 판에서 찾아 볼 수 있다.[23] 부써의 1537년의『예식서』(*Psalme und geistliche Lieder, Form und gebett, zum*

---

19) P. Barth (ed.), *OS* 1, 369-377(= *CR* 10a, 5-14); *LCC* 22, 48-55.

20) William Maxwell, *A History of Christian Worship: An Outline of Its Development and Forms*, 정장복 역, 『예배의 발전과 그 형태』(서울: 장로회신학대학교 교회 커뮤니게이션연구원/성지출판사, 1994), 122-25.

21) John H. Leith, *An Introduction to the Reformed Tradition: A Way of Being the Christian Community* (Louisville · London: Westminster John Knox Press, 1981), 181.

22) Robert Stupperich (Hrg.), "Grund und Ursach aus gotlicher schrifft der neüwerungn an den nachtmal des herren, so man die Mess nennet, Tauff, Feyrtagen, bildern und gesang in der gemein Christi, wann die zů sammenkompt, durch und auff das wort gottes zů Strasburg fürgenommen 1524," *Martin Bucers Deutsche Schriften Band I: Frürschriften 1520-1524* (Gütersloh: Gütersloher Verlagshaus Gerd Mohn, 1960), S. 185-278.

23) William Maxwell, *A History of Christian Worship: An Outline of Its Development and Forms*, 정장복 역, 『예배의 발전과 그 형태』(서울: 장로회신학대학교 교회 커뮤니게이션연구원/성지출판사, 1994), 140-53.

*eynsegen der EE, den heiligen Tauff Abentmal, besuchung der Krancken und begrebnisz der abgestrobnen, 1537)*와,[24] 그의 1539년의 『예식서』(*Psalter mit aller Kirchenübing, 1539*)에서[25] 미사의 구조와 형태가 여전히 보존되었다. 그리고 "이 두 예식서들 사이에 존재하는 차이점들은 너무나도 근소하여, 우리는 이 두 예식서들을 함께 논의할 수 있다."[26]

또한 칼빈은 스트라부르크 시절(1538-1541)에 부써의 예배의식도 직접 경험했다. 비록 스트라스부르크의 예식서가 미사로부터 파생되었을지라도, 칼빈은 쉬바르츠와 부써의 작품이 초대교회(primitive church)의 실천들을 따르고 있는 것이라고 믿었다. "이 모든 것들에 대한 관점에서 대부분의 학자들은 칼빈이 십계명과 같은 그러한 것을 추가하고, 많은 다양한 부분들을 축소시키면서, 여기저기에서 부써의 작품을 고쳤을 뿐이라고 말했다."[27] "스트라스부르크에서의 예배개혁은 칼빈이 이곳에 망명와 불어권 회중들을 목회하면서 완전한 정착을 가져왔다. 부써의 환영을 받으면서 이곳에서 1541년 제네바로 다시 돌아가기까지 약 3년 동안 지내면서 칼빈은 부써의 예배개혁에 많은 영향을 받게 된다. 그에게 있어서 부써가 작성한 예배 모범(Service book)은 매우 중요했다. 그가 예배 인도자로서 이곳에서 활동하는 동안 부써의 예배 모범을 사용하였고, 나중에도 약간의 수정을 가한 예

---

24) 주승중·최윤배, 『교회를 섬기는 청지기의 길(Ⅰ)』(파주: 도서출판 성안당, 2008), 118-19.

25) Bard Thompson (Select. & Intro.), *Liturgies of the Western Church* (Philadelphia: Fortress Press, 1961/1980), 167-81; Fr. Hubert, *Die Strassburger liturgischen Ordnungen im Zeitalter der Reformation*, Göttingen 1900, S. 90-114.

26) Gerrit Jan van de Poll, *Martin Bucer's Liturgical Ideas* (Assen: Van Gorgum & Comp. N.V., Proefschrift, Rijksuniversiteit te Groningen, 1954), 32.

27) Bard Thompson (Select. & Intro.), *Liturgies of the Western Church* (Philadelphia: Fortress Press, 1961/1980), 189.

배 모범을 발전시켰을 뿐이었다.”[28]

  셋째, 칼빈의 예배신학은 반동종교개혁과 급진적 종교개혁 운동과의 변증적인 상황, 루터와 츠빙글리와의 긍정적 또는 부정적 영향, 그리고 파렐과 부써로부터 상당한 긍정적인 영향 속에서도 형성되었지만, 이것이 다가 아니다. “물론 칼빈의 예배가 스트라스부르크의 개혁자 마틴 부써의 영향을 크게 받은 것은 사실이지만, 칼빈은 그런 배경 속에서 나름대로 자신의 예배를 개발할 수 있었다.”[29] “전체적으로 볼 때 칼빈의 예배가 갖는 특징은 자신의 독창적인 것 보다는 마틴 부써의 영향이 컸음을 알 수 있다. … 칼빈 자신도 ‘주일에 드리는 예배에 있어서 나는 스트라스부르크 예배를 따랐으며, 많은 부분들을 거기에서 빌려왔다.’ 말하였다. … 그럼에도 불구하고 칼빈은 나름대로 자신의 독자적인 예배를 만들어나가게 되었다. 그는 무엇보다도 초대교회에서 이루어졌던 성찬 예전의 단순성을 회복하려고 힘썼다.”[30] 칼빈은 특별히 성서에 근거한 초대교회의 예배회복이라는 신학사상과 방법으로 인해 성서주석으로부터 큰 영향을 받았음에 틀림없다. 위에서 언급한 세 가지 외에도 교부 사상이나 명료성과 경건의 실천을 강조한 기독교 인문주의 등으로부터 받은 칼빈의 영향에 대하여 우리는 얼마든지 논의할 수 있을 것이다.

---

28) 정장복, “종교개혁기에 등장한 다양한 예배 전통에 관한 분석,” 장로회신학대학교출판부
　　(편), 『長神論壇』 제19호(2003), 256.
29) 이현웅, 『21세기에 본 존 칼빈의 설교와 예배』(서울: 이레서원, 2009), 115.
30) 이현웅, 『21세기에 본 존 칼빈의 설교와 예배』, 134.

3. 예배의 주요 구성요소

어떤 칼빈 연구가들은 칼빈의 예배 모범서(1542)에 근거하여 그가 주장한 예배 요소를 세 가지, 즉 말씀선포, 공적 기도, 성례전 집례라고 주장한다.[31] 칼빈은 실제로 그의 예배 모범서의 "독자서신" (Epistre au Lecteur)에서 예배의 주요한 세 가지 요소를 언급하고 있는 것은 사실이다. "지금, 우리 주님께서 우리의 영적인 모임들 가운데서 받아들이기를 명령하셨던 것이 총체적으로 세 가지가 있다. 알아두어야 할 세 가지는 곧, 주님의 말씀의 선포와 공적이고도 엄숙한 기도와 주님의 성례전의 시행이다."[32]

그러나 우리가 칼빈의 예배신학 자체를 세부적으로 들여다보면, 그의 초기 사상에 해당되는 『기독교 강요』 초판(1536)에서 예배의 주된 세 가지 요소에다가 교제(구제)의 요소를 이미 포함시키고 있음이 발견된다. 칼빈은 『기독교 강요』초판(1536)에서 교회의 표지(*ecclesiae notae*)를 두 가지로 주장한다. "우리는 아직 하나님의 판단에 대하여 확실하게 알지 못하는 가운데 있다. 비록 어떤 사람들이 교회에 속했는지 아닌지를 개인적으로 구별하는 것이 우리에게 허락되어 있지 않을지라도, 그러나 하나님의 말씀이 순수하게 선포되고, 들려지는 것을 우리가 보는 곳과, 그리스도의 제정에 따라 성례전이 시행되는 것을 우리가 보는 곳에 하나님의 교회가 존재한다는 사실은 의심의 여

---

31) 주도홍, "제네바예배모범(1542)," 『존칼빈탄생 500주년기념 학술심포지엄(제5분과)』 (2009.6.22), 22.

32) *OS* 2, 13: "Or, il y a en somme trois choses, que nostre Seigneur nous a commandé d'observer en noz assemblees spirituelles Assavoir, la predication de sa parolle : les oraisond publiques et sonnelles : et l'administration des ses Sacremens."

지가 없다."[33] 두 가지 표지를 가진 교회에서 예배 시(時)마다 말씀이 선포되고, 성례전이 시행되어야함을 칼빈은 우리에게 가르쳐 준다.

또한 칼빈은 주기도문의 각 구절에 대한 구체적인 해설 이전에 먼저 기도에 대한 일반적인 원리를 설명하는 바, 비록 우리는 항상 어디서든지 언제든지 "신령과 진정으로" 예배드릴 수 있고, 예배드려야 하지만, 예배드리기 위해 정해진 공적인 장소가 필요하다. 왜냐하면 신자들의 모임으로서 교회는 공적인 장소에서 기도하고, 말씀을 듣고, 성례전에 참여하기 때문이다. "그러므로 우리가 '성전들' 이라 부르는 공적인 장소들이 정해져왔다. 그러나 성전들의 어떤 비밀스런 거룩함으로 인해 기도를 더 거룩하게 만들거나 그들의 기도가 하나님께 더 잘 상달(上達)되는 원인을 만드는 것은 아니다. 기도하고, 말씀을 듣고, 동시에 성례전에 참여하기 위하여 신자들이 모일 때, 신자들의 모임을 보다 더 편리하게 받아들이기 위한 목적으로 성전들이 의도되었다."[34]

칼빈에 의하면, 공중 기도를 할 때, 자국어로 해야 하는 이유는 서로 알아들음으로써, 하나님께 영광을 돌리고, 신앙고백 등을 통한 성도의 교제가 가능하기 때문이다. "왜냐하면 이 혀는 하나님을 칭송하고, 하나님의 칭송을 선포하기 위하여 분명히 창조되었다. 그러나 혀의 주된 용도는 신자들의 모임에서 진행되는 공중 기도에서 사용되는 것이다. 우리가 한 영과 동일한 신앙으로 예배드림으로써, 신자들의

---

33) *OS* 1, 91: "Quanquam autem, dum adhuc, incertum est nobis Dei iudicium, censere singulatim non licet, qui ad eccelsiam pertineant nec ne, ubi tamen cunque verbum Dei sincere praedicari atque audiri, ubi sacramenta ex Christi institutio administrari videmus."

34) *OS* 1, 102: "⋯ sed quae fidelium congregationem commodius accipiant, dum ad orandum, ad audiendam verbi praedicationem, ad sacramneta suscipienda simul coveniunt".

모임에 의해서 공통된 한 목소리를 가지고, 말하자면, 동일한 입으로 우리 모두 다함께 하나님께 영광을 돌린다. 그리고 모든 사람들은 한 형제로부터 다른 형제에서 상호적으로 신앙고백을 받아들일 수가 있고, 그의 공중 기도의 모범을 통하여 초대되는 일을 우리는 공개적으로 한다."[35] 또한 칼빈이 이해하는 기도는 매우 포괄적이어서 "찬양"도 기도에 포함된다. "(우리가 이 기도라는 용어를 잘 이해하고 있는 것처럼) 기도는 두 부분, 곧 간구와 감사의 행위(*petitio et gratiarum actio*)로 구성되어 있다. 간구를 통해 우리는 먼저 오직 그의 영광을 위해 사용되는 그의 선(善)으로부터 구하면서, 하나님 앞에 우리의 마음의 소원을 드리고, 둘째, 역시 우리의 용도에 필요한 것을 구하는 것이다(딤전2:1). 감사함으로써 우리에게 주신 그의 유익들을 인정하며, 찬양으로 그것들을 고백하며, 그것들이 무엇이든지 간에 모든 선한 것들을 그의 선과 관련시킨다."[36]

『기독교 강요』초판에서 칼빈이 이해한 예배의 구성 요소에 성도의 교제에 포함시킬 수 있는 주제가 포함되고 있다는 사실을 그가 주장한 집사직을 통하여 충분히 추론할 수 있을 것이다. 로마 카톨릭교회가 이해하고 있는 부제품(*diaconi*)이나 칼빈이 이해하고 있는 집사(*diaconus*)나 집사직(*diaconatus*)은 어원적으로는 같으나 그 신학적 의미와 기능은 전적으로 다르다. 로마 카톨릭교회가 이해한 "부제"의 직책은 사제들을 도우는 보조직분이거나 사제가 되기 위한 예비 과정에 있는 견습 직분에 불과하다.[37] 그러나 칼빈은 사도행전 6장과 디모데전서 3장에 대한 주석을 근거로 집사직의 참된 의미와 직무에 대하

---

35) *OS* 1, 103.
36) *OS* 1, 101.
37) *OS* 1, 219.

여 다음과 같이 주장한다. "이것이 가난한 자들을 돌아보고 그들의 구제를 관리하는 집사의 직임이며 이로부터 집사직의 명칭이 생겼다."[38]

칼빈의 『사도행전 주석』(1554)이나 『기독교 강요』최종판 (1559)에는 예배의 네 가지 요소가 더욱 분명하게 나타난다. 사도행전 2장 42절에 대한 주석에서 칼빈은 "질서가 잘 잡힌 교회의 상태"를 설명할 수 있는 네 가지 관점 내지 교회의 참되고 진정성이 있는 모습을 구별시켜줄 수 있는 네 가지 표지들을 "사도의 가르침", "서로 교제함", "떡을 뗌", 그리고 "기도"라고 지적한다.

> "누가는 신앙과 헌신 속에 있는 그들의 항구성(恒久性)을 칭찬할 뿐만 아니라, 신앙을 강화시킬 수 있는 이 같은 훈련들에 자신들을 계속적으로 몰두시켰다는 점도 말하고 있다. 다시 말하면, 사도들의 말씀의 경청을 통하여 자신을 증진시키기 위하여 의식적으로 공부하였고, 자신들을 많은 기도에 몰두시켰고, 교제와 떡을 떼는 실천을 유지하는데 주의를 기울였다."[39]

여기서 주석의 내용과 관련하여, 칼빈은 사도의 가르침과 기도하는 것의 의미는 분명하지만, "교제"와 "떡을 떼는 것"에 대한 다양한 해석들을 소개한 후, 다음과 같이 주장한다. "그러므로 나는 교제($\kappa o \iota \nu \omega \nu \iota \alpha$)라는 것은 상호 연합, 구제, 그리고 형제애적인(자매애적인, 필자) 연합을 위한 다른 의무들과 관련시킨다. 차라리 내가 여기서 떡을 떼는 것을 주님의 성찬으로 이해하는 이유는 누가가 공적인 눈에 가시

---

38) *OS* 1, 219: "En diaconorum officium : pauperum cura gerere illisque ministrare; unde nomen habent; sic enim vocantur, quasi ministri."
39) John Calvin, 『사도행전 주석』, 행2:42.

적인 교회의 형태를 구성하는 그와 같은 것들을 기록하고 있기 때문이다. 참으로 누가는 참되고 진정성이 있는 교회의 모습이 구별될 수 있는 네 가지 표지들을 정의하고 있다."[40]

칼빈은 예배의 네 가지 요소 중에서 다른 세 가지 요소들을 말씀 선포의 열매들과 효과들로 간주함으로써, 예배의 다른 요소들보다도 말씀선포에 더 큰 비중을 두고 있는 것으로 판단된다.

> "'서로 교제하며'라는 부분과 '떡을 떼며 오로지 기도에 힘쓰니라'라는 부분은 '사도의 가르침을 받아'의 열매들이나 효과들로서, '사도의 가르침을 받아'로부터 나온다. 왜냐하면 교리는 우리 가운데 있는 형제애적(자매애적, 필자) 교제의 끈이며, 또한 교리는 우리가 하나님을 부를 수 있는, 하나님께 이르는 문을 우리에게 열어준다. 그리고 성찬은 교리에 대한 확증으로서 첨가되었다. 그러므로 누가는 질서가 잘 잡힌 교회의 상태를 우리에게 보여주기 위하여 네 가지 관점들을 모임 가운데서 정당화시켰다. 만약 우리가 하나님과 천사들 앞에 서 있는 교회로 진정으로 판단 받고, 사람들 앞에서 교회의 텅 빈 이름으로 자랑하지 않으려면, 우리는 이 질서를 지키려고 노력해야만 한다. 누가가 공적인 기도에 관하여 말하고 있는 것이 확실하다."[41]

칼빈은 『기독교 강요』(1559)에서 예배의 네 가지 요소는 사도적 교회의 실천이었으며, 교회의 어떤 모임에서도 불변의 규칙이 되어야함을 다음과 같이 역설한다.

---

40) John Calvin, 『사도행전 주석』, 행2:42: "Nam κοινωνία sine adiecto nusquam hoc sensu invenitur. Ego igitur ad mutuam coniunctionem, eleemosynas, aliaque fraternae coniunctionis officia potius refero. Cur Fractionem panis hoc loco de Coena Dominica interpretari malim, haec ratio est, quod Lucas ea commemorat quibus publicus Eccleiae status continetur. Imo hic quatuor notas exprimit, ex quibus vera et genuina Ecclesiam facies diiudicari queat."
41) John Calvin, 『사도행전 주석』, 행2:42.

"누가가 사도행전에서 신자들이 '사도의 가르침을 받아 서로 교제하고 떡을 떼며 오로지 기도하기를 힘쓰니라'라고 말할 때, 그는 이것이 사도적 교회의 실천이었다는 사실을 관계시킨다. 그러므로 교회의 어떤 모임도 말씀(*vervo*), 기도(*orationibus*), 성찬 참여(*participatione Coenae*), 그리고 구제(eleemosynis) 없이 진행되지 않는다는 사실은 불변의 규칙이 되었다."[42]

4. 예배예전의 의미와 실천

칼빈의 1540년(또는 1539년)의 스트라스부르크의 프랑스의 예배의 식서는 [말씀의 예전: 성구낭송(예배의 부름; 시124:8) → 죄의 고백 → 속죄(용서)의 말씀 → 용서(사죄)의 선언 → 키리에와 함께 운률에 맞춘 십계명 찬송 → 성경봉독 → 설교; 성만찬예전: (헌금) → 중보기도 → 주기도문 해설 기도 → 성물준비(사도신경을 노래함) → 성찬기도 → 주기도문 → 성찬제정사 → 권면 → 성체분할 → (분병분잔) → 성찬참여(시편송을 부름) → 성찬 후 기도 → 시므온의 찬미(*Nunc Dimittis*) → 아론의 축도] 순서로 되어 있고,[43] 칼빈의 1542년 제네바 예배의식서, 『고대교회의 관습에 따라 성례전집례와 결혼의식의 방법과 함께 있는 교회기도와 찬송의 형태』(La Forme des Prieres ey Chantz ecclesiastiques, auec la maniere d'administrer les sacramens, et consacrer le Mariage: selon la constume de l'

---

42) John Calvin, 『기독교 강요』(1559), 4 ,17, 44(= OS 5, 410).
43) 주승중 · 최윤배, 『교회를 섬기는 청지기의 길(Ⅰ)』, 123; William Maxwell, *A History of Christian Worship: An Outline of Its Development and Forms*, 정장복 역, 『예배의 발전과 그 형태』, 156-57; 주승중, "초기교회 예배를 회복하고자 했던 칼빈의 예배-스트라스부르크 예전(1540)을 중심으로-," in: 『존칼빈탄생500주년기념학술심포지엄: 제5분과』(2009.6.22), 75-95.

Eglise abcienne. 1542)는 [말씀의 예전: 성구낭송(예배의 부름; 시124:8) → 죄의 고백 → 속죄를 위한 기도 → 시편송(운율에 맞춤) → 성령의 임재를 위한 기도 → 성경봉독 → 설교; 성만찬 예전: (구제 헌금) → 중보기도 → 주기도문 해설 기도 → 성물준비(사도신경을 노래함) → 성찬제정사 → 권면 → 성찬기도(성령 임재를 위한) → 성체분할 → (분병분잔) → 성찬참여(시편 혹은 성경말씀 봉독) → 성찬 후 기도 → 아론의 축도] 순서로 되어 있다.[44]

그리고 칼빈의 1545년 스트라스부르크의 예배의식서는 [성구낭송(예배의 부름); 시124:8) → 죄의 고백 → 성구낭송(용서의 말씀) → 용서(사죄)의 선언 → 십계명(첫째 돌판) → 기도 → 십계명(둘째 돌판)(스트라스부르크 예식에서는 구절 뒤에 끼리에 엘레이손을 부름; 제네바 예식서에서는 시편 낭송) → 성령의 조명을 위한 기도 → 성경봉독과 설교 → 중보기도와 주기도 해설 기도 → 사도신경(신앙고백)과 떡과 포도주(성물) 준비 → 주기도로 마치는 성찬(수찬, 受餐) 기도 → 성찬제정사 → 권면(성찬상 정리) → 배찬(분병, 분잔의 말씀)과 성찬참여 → 시편낭송 → 감사의 기도 → 시므온의 찬미(*Nunc Dimittis*) → 아론의 축도] 순서로 되어 있다.[45]

---

44) 1542년 제네바에서 발간된 예식은 1542년 스트라스부르크에서 발간된 예식과 동일하다.(William Maxwell, *A History of Christian Worship: An Outline of Its Development and Forms*, 정장복 역, 『예배의 발전과 그 형태』, 155); *CO* 6, 173–84(= *OS* 2, 11–58; Bard Thompson (Select. & Intro.), *Liturgies of the Western Church* (Philadelphia: Fortress Press, 1961/1980), 197–210, 참고, 주승중 · 최윤배, 『교회를 섬기는 청지기의 길(Ⅰ)』, 123; William Maxwell, *A History of Christian Worship: An Outline of Its Development and Forms*, 정장복 역, 『예배의 발전과 그 형태』, 156–157; 이현웅, 『21세기에 본 존 칼빈의 설교와 예배』, 189–231; 주도홍, "제네바예배모범"(1542), 『존칼빈탄생 500주년기념 학술심포지엄: 제5분과』(2009.6.22), 19–23.

45) *CO* 6, 173–84(= *OS* 2, 11–58); Bard Thompson (Select. & Intro.), *Liturgies of the Western Church* (Philadelphia: Fortress Press, 1961/1980), 197–210, 참고, John H. Leith, *An Introduction to the Reformed Tradition: A Way of Being the Christian Community*, 182; 이현웅, 『21세기에 다시 본 존 칼빈의 설교와 예배』, 134–157, 189–231.

제네바 예배의식을 살펴보면, 그 구조가 더욱 빈약해지는 것을 볼 수 있는데, 그 이유는 예배의식은 가능하면 간단해야 한다고 주장한 제네바 행정관들의 극단적인 입장에 의한 것이라고 볼 수 있다. 그러므로 우리는 칼빈의 입장이 잘 반영된 예배의식은 제네바에서 만들어진 예배의식 보다는 스트라스부르크에서 만들어진 예배의식으로 볼 수 있을 것이다.[46] "칼빈의 1545년 예배의식서는 용서(사죄)의 선언과 같이 제네바에서 허락되지 않는 몇 가지 행위들을 내포하고 있지만, 이런 이유 때문에, 이 예식서는 예배를 위한 칼빈의 의도에 대한 가장 완전한 진술로 간주될 수 있다."[47] 지면 관계상 우리는 칼빈의 여러 개정 예배예식서에 대한 상호 비교검토 작업은 생략하고, 그의 1545년 스트라스부르크의 예배의식서를 선택하여 각 순서에 대한 예배 신학적 의미와 실천을 간단하게 고찰하고자 한다.[48]

"성구낭독"("우리의 도움은 천지를 지으신 여호와의 이름에 있도다.(시124:8)" 아멘.)은 "예배의 부름"으로서 예배를 시작하면서 인사를 나누는 순서였다. 스트라스부르크에서는 목사가 성찬대에서, 제네바에서는 강단에 서서 하였을 것이다.

---

46) William Maxwell, *A History of Christian Worship: An Outline of Its Development and Forms*, 정장복 역, 『예배의 발전과 그 형태』, 158.

47) John H. Leith, *An Introduction to the Reformed Tradition: A Way of Being the Christian Community*, 181.

48) 1537년 스트라스부르크의 독일어 예배순서와 1540년 스트라스부르크의 프랑스 예배순서와 1542년 제네바예배순서의 비교도표를 위해 다음을 참고하시오: William Maxwell, *A History of Christian Worship: An Outline of Its Development and Forms*, 정장복 역, 『예배의 발전과 그 형태』, 156-57. 그리고 1540년 스트라스부르크의 프랑스 예배순서와 1542년 제네바예배순서의 비교도표를 위해 다음을 참고하시오: 주승중 · 최윤배, 『교회를 섬기는 청지기의 길(Ⅰ)』, 123. 그리고 1540년 스트라스부르크의 프랑스 예배순서에 대한 설명을 위하여 다음을 참고 하시오: 주승중, "초기교회 예배를 회복하고자 했던 칼빈의 예배-스트라스부르크 예전(1540)을 중심으로-," in: 『존칼빈탄생500주년기념학술심포지엄: 제5분과』(2009.6.22), 79-94. 그리고 칼빈의 1545년 스트라스부르크 예배순서에 대한 해설은 다음을 참고 하시오: 이현웅, 『21세기에 다시 본 존 칼빈의 설교와 예배』, 135-69.

"죄의 고백"을 하는 동안 성도들은 무릎을 꿇는데, 전통적으로 로마 카톨릭교회에서는 개인적으로 사제에게 가서 고해성서를 했지만, 한 몸으로서의 교회 공동체가 죄인으로서 자신들의 죄를 하나님께 고백하고, 용서받음으로써 하나님께 나아갈 수 있다고 칼빈은 생각했다.

"성구낭송(용서의 말씀)과 용서(사죄)의 선언"에서 칼빈은 몇 가지 사용 성구들을 안내하고, 부써는 몇 가지 성구들(요3:16; 3:35-36; 딤전2:1-2)을 제시한다. 칼빈의 경우, 죄의 용서의 능력은 특별한 사람에게 있는 것이 아니라, 복음의 말씀과 약속 자체에 있다고 믿고 시행하였지만, 제네바 행정관들은 이것을 로마 카톨릭교회의 사제들에 의한 사죄선언과 연관시켰기 때문에 강한 거부감을 가진 것으로 보인다.[49]

"십계명송"은 전반부(하나님 경배와 사랑)와 후반부(이웃사랑)로 나누어 불러졌는데, 각 구절이 끝날 때마다 "끼리에 엘레이손"(kirye eleison; 주여 불쌍히 여기소서)이 함께 불러졌다. 칼빈의 경우, 십계명은 죄의 고백과 사죄의 선언 뒤에 위치하고 있는데, 그 이유는 죄 사함받은 그리스도인은 감사와 감격으로 율법의 제3사용을 통해 성화의 삶에로 부름받기 때문이다.

"성령의 조명을 구하는 기도"는 회중이 십계명 후반부를 부르는 동안 강단으로 올라간 목사에 의해서 행해졌다. 성경봉독과 설교 전에 이루진 이 기도는 목사의 재량에 따라 진행되었는데, 칼빈은 몇 가지 예를 지시하여 활용토록 했다.

"성경봉독과 설교"와 관련하여 부써는 몇 가지 지침을 제시하지만, 칼빈은 그렇지 않다. 종교개혁자들은 로마카톨릭교회가 매 주일 설교에서 사용토록 선택한 성구가 담긴 책인 "성서일과"(lectionary)를 사용하지 않고, 성서 전체를 읽기 위하여 "연속적 읽기"(*lectio continua*)

---

49) Bard Thompson (Select. & Intro.), *Liturgies of the Western Church*, 190.

방법을 택하여 설교에 적용하였다. 칼빈은 지난 번 설교 본문 다음 몇 구절을 선택하여 읽고 주로 강해설교를 한 시간 가량 했다. 주일 아침에는 주로 복음서, 가끔 서신서를, 그리고 주일 오후에는 주로 서신서나 시편을, 주중에는 주로 구약을 설교했다. 종교개혁에 찬성한 도시에서는 주 중 설교예배가 종종 있었고, 주중에 며칠 또는 매일 있었다.

"중보기도"에서 목회자는 모든 행정관들, 모든 목회자들, 모든 교회들, 세상의 모든 사람들, 그리고 가난, 투옥, 질병, 추방 중에 있는 자들과 영육으로 고통을 당하며 십자가의 고난과 시련 속에 있는 자들 및 모인 회중을 위해 기도했다. 그리고 연이어 "주기도문 해설"에서 주기도문의 여섯 가지 단락의 내용에 대해 해설하는 식으로 기도가 진행되었다.

성만찬이 없는 주일예배는 시편송을 부르고, 목사의 축도와 함께 폐회했다.

성만찬이 있는 경우, 한 주일 전에 회중들에게 몇 가지 주의사항이 주어졌다. 스트라스부르크 예전에서는 성만찬 예전은 성만찬의 의미와 특성, 예배 전체와 "구제헌금"에 대한 설명으로 시작된다. 칼빈은 교제와 사랑(교회 안과 밖)이 예배에서 꼭 필요한 것으로 생각하였고, 구제헌금을 통해 세상의 가난한 자들에 대한 사랑을 실천했다. 칼빈의 예전에는 구제헌금 순서가 기록되어 있지 않지만, 여러 가지 정황을 통해 볼 때, 구제헌금이 성물 준비 전에 틀림없이 드려졌을 것이다.

"성물준비"를 위해 목사는 성찬상 위에 성물, 즉 빵과 포도주를 준비한다. 목사가 성물을 준비할 때, 회중은 "사도신경"으로 노래를 부르면서 "신앙고백"을 한다.

"성찬 기도"에서 성물준비를 마친 목사는 성찬기도를 하는데, 주기도문으로 마친다. 이 기도에서 목사는 주님의 몸과 피에 대한 실제적 교통과 유익을 강조하며, 칼빈이 이해한 성만찬은 로마카톨릭교회가 이해하는 희생제사가 아니라, 하나님께서 교회에 주시는 선물이다.

"성찬제정사"가 목사에 의해서 제네바예전에서는 고전11:23-29절이, 스트라스부르크에는 고전11:23-26절이 읽혀졌다.

"권면"에 대해 1542년 스트라스부르크 예전 규정은 그 지침을 제시하고 있다. 칼빈의 권면의 내용은 부도덕한 자의 성찬 참여에 대한 경고와 함께 하나님에 대한 신앙과 이웃사랑을 독려하고, 하나님의 자비에 근거한 성찬 참여에로의 초대의 내용을 담고 있다.

"배찬과 성찬참여"에서 1542년 제네바 예전에서는 목사들이 회중들에게 빵과 잔을 나눈 것으로 언급하고, 다른 자료들에서는 목사가 다른 집사(deacon)나 장로의 도움을 받은 것으로 나타난다. 1542년 스트라스부르크와 제네바 예전에서는 목사나 집사가 배찬을 하면서 하는 말(목사 – "받으라, 먹으라, 이는 너희를 위하여 죽으신 예수님의 몸이라"; 집사 – "이것은 너희를 위해서 흘리신 예수님의 피로 맺은 새 언약의 잔이라")이 발견되지 않는다. 집사는 가난한 자와 병든 자를 돌보고, 헌금수집을 담당하고, 성찬에서 목사를 돕는 역할을 한다. 지금도 네덜란드 개혁교회에서는 집사는 칼빈 당시와 동일한 직무를 수행하고 있다.

"시편송"에서 성찬을 받는 동안 회중은 시편으로 찬양한다. "찬양과 감사"는 시편 138편을 노래한 것이다. 제네바에서는 성찬이 진행되는 동안 모두 시편을 부르거나 성서의 적당한 부분을 낭독하였다.

"성찬 후 감사기도"에서 예배의 핵심으로서의 감사는 하나님께 드리는 제사라는 것이 칼빈과 그의 계승자들의 주요 사상이다. 감사기도 후 "시므온의 찬미"(*Nunc Dimittis;* Maintenant Seigneur Dieu! = 지금, 주 하나님이시여!; 눅2:29-32)가 불러졌는데, 이 시므온의 찬미는 1549년까지 제네바 예전에서는 나타나지 않았다. "축도"는 주일 예배 시에 아론의 축도(민6:24-26)로 폐회되었다.

5. 결론

칼빈의 예배신학의 역사적 배경과 관련하여 우리는 종교개혁 안과 밖에서 로마 카톨릭교회, 재세례파들을 비롯한 과격파 종교개혁, 루터, 츠빙글리, 파렐, 부써 등을 언급하였다. 특히 부써로부터 받은 영향이 칼빈에게 두드러지게 나타났다. 그러나 칼빈은 성서주석과 교부 문헌을 통한 자신의 독자적인 길도 개척하였다.

칼빈이 주장한 예배의 네 가지 주된 요소는 말씀선포, 성례전집례, 기도(찬양), 교제(구제)이다. 이 네 가지 요소의 균형을 유지하려고 칼빈은 힘썼지만, 뒤의 세 가지 요소들은 말씀선포의 결과와 영향이라는 점에서 말씀선포의 우위성이 발견된다.

칼빈의 예배신학의 성경주석적인 근거는 오늘날의 주석적 관점에서도 여전히 유효하다는 사실에 우리는 다시 한 번 그의 예배신학의의 탁월성에 놀라움을 금치 못한다.

"초대교회의 예배의 특징은 다음 네 가지로 요약될 수 있다. 첫째, 예수 그리스도 중심성, 둘째, 종말 지향성, 셋째, 교회 중심성, 넷째, 세상 지향성이다. … 초대교회는 무에서 유를 창조하시고 죽은 자를 살려내시는 하나님의 거룩한 영이 충만히 역사하였던 성령의 공동체였다. 이 최초 기독교인들의 공동체는 예수 부활의 기쁨으로 충만해 있었고, 공동체 속에 성령으로 현존하고 계시는 주님에 대한 사랑과 감사로 넘쳐 있었으며, 기도와 찬양과 말씀 선포 그리고 전도와 구제와 성례전 속에서 성령께서 뜨겁게 살아 역사했던 '성령 주도적 예배 공동체'였다."[50]

---

50) 성종현, 『신약성서의 중심주제들』(서울: 장로회신학대학교출판부, 1998), 148-49.

특별히 칼빈의 예배신학에 특징적으로 나타난 하나님에 대한 영광과 우리의 죄성과 구원에 대한 상관성은 후대 개혁교회의 신앙고백서인 『웨스트민스터 신앙고백』(1648) 등에서[51] 계속 이어지고 있다.

---

51) 『웨스트민스터 소요리문답서』(*The Westminster Shorter Catechism*), 〈문1과 답〉, in: 대한예수교장로회총회(편), 『대한예수교장로회 헌법』 (서울: 한국장로교출판사, 1998), 246; 이형기 (편역), 『세계개혁교회의 신앙고백서』(서울: 한국장로교출판사, 2003), p. 330; 최윤배 공저, 『개혁교회의 신앙고백』(서울: 한국장로교출판사, 2007), p. 348.

예배의 구성 요소에 대한 칼빈의 이해와 실천

주 종 훈 교수 (풀러신학대학원)

1. 칼빈과 예배의 구성 요소에 대한 핵심 이슈

예배와 관련한 가장 중요하고 현실적인 질문 가운데 하나는 '어떻게 예배할 것인가?' 이다. 대부분의 현대 교회들은 예배를 갱신하기 위해서 끊임없이 새로운 방식의 예배에 대한 관심을 갖고 나름대로 실천하고 있다.[1] 이러한 예배 갱신은 예배의 본질과 예배자에 대한 태도와 함께 예배의 유형 또는 형식에 관심을 갖게 했다. 실제로 예배 갱신과 관련해서 많은 교회들이 예배의 구성 요소에 더욱 많은 관심을 갖고 각각의 구성 요소를 새로운 형식으로 변화시키기 위해서 노력하고 있다. 이들의 주된 관심은 '예배의 구성 요소에 대한 변화를 통해 어떻게 예배를 갱신할 것인가?' 이다. 그런데, 예배의 구성 요소와 관련해서 한 가지 분명한 것은 교회 역사와 교회의 실제 모습에서 잘 알 수

---

1) 1960년대 초 제 2 바티칸 공의회(Vatican Council II) 이후 카톨릭교회 뿐만 아니라 개신교의 많은 교단들도 문화에 대한 새로운 이해와 적용을 고려하면서 예배의 갱신을 위해서 노력해왔다. 개혁주의 전통에 속한 미국의 교단들의 경우도 예외는 아니다. 우리나라의 경우, 예배의 갱신은 이른바 '경배와 찬양' 과 구도자 예배와 같은 문화적 수용과 관련해서 본격화되었고, 최근에는 각 교단과 기관에서 끊임없이 예배의 갱신을 위해서 노력하고 있다.

있듯이, 교단과 신학적 전통에 따라 서로 다른 이해와 실천을 갖고 있다는 점이다. 즉, 개혁주의 신앙고백을 하는 교회의 예배는 그 신앙고백에 부합한 예배의 구성 요소 및 그에 따른 실천 원리를 지니고 있다.

따라서, 이러한 신앙고백과 실천의 일치성을 고찰하지 않고 교회 예배의 갱신을 일반적으로 제시하는 방안은 부분적인 도움을 줄 수 있지만 모두에게 해당하는 가장 적절한 대안이라고 볼 수는 없다. 특별히 현대 교회에서 이루어지고 있는 예배 갱신의 방안들 가운데 이른바 '옛것과 새것의 통합 예배'라 불리우는 로버트 웨버(Robert Webber)의 제안[2]이나 문화적 고려와 이해를 통해 시도하고 있는 '구도자 예배' 또는 그 이후 대안으로 등장한 '이머징 예배'[3] 등은 많은 점에서 주목받고 있지만 근본적으로 모두가 따라야할 갱신의 원리가 되기에는 한계들을 지닌다. 이들의 노력들은 기독교 전체를 통합적으로 이해하고 문화에 대한 중요한 측면들을 고려해서 예배의 구성 요소에 대한 새로운 제안들을 하지만, 각각의 예배가 그 예배참여자들의 신앙고백에 부합한 형태가 되어야 한다는 점을 깊이 고려하지 못한다. 따라서 예배 갱신의 핵심 요소로서 예배의 구성 요소에 대한 이

---

2) 로버트 웨버는 예배 갱신과 관련해서 이른바 전통과 현대의 균형 잡힌 적용을 강조했다. 현대 포스트모던 사회 문화에 속한 사람들이 초대교회(1-4세기)의 예배적 유산들을 구체적으로 연결시키는 것이 가장 바람직한 갱신의 원리로 보았다. 웨버의 갱신 원리는 사실상 특정 교단에의 입장이라기보다는 에큐메니칼 입장에서 예배의 갱신을 제안한 것이다. 그의 대표적인 책들 즉 Ancient-Future Faith (Grand Rapids: Baker Books, 1999), Ancient-Future Time (Grand Rapids: Baker Books, 2004), Ancient-Future Worship (Grand Rapids: Baker Books, 2008)은 바로 전통과 현대의 균형 잡힌 통합을 위해서 기획된 것들이다.
3) 미국 캘리포니아의 산타 쿠르즈(Santa Cruz)에 위치한 단 킴벌(Dan Kimball)이 사역하고 있는 교회(Vintage Faith Church)의 예배가 이머징 예배로 가장 잘 알려져 있다. 하지만, 그의 예배는 현재 새로운 교회 개념 즉 선교적 교회(misisonal church)의 개념에 따라, 예배의 의미와 형태에 대해서 이전과는 많이 달라져있다. 아울러, 구도자 예배를 창시한 윌로우크릭교회의 경우에도 이미 1990년대 중반에 이른바 아넥스 예배(annex worship)라 불리우는 이머징 예배를 시도했으나, 그리 주목받지 못했다.

해와 그에 따른 실천을 위해서는 먼저 예배가 예배 공동체의 신앙고백과 그것의 일치된 표현이라는 전제에서 시작되어야 한다.

이 글은 개혁주의 신앙고백을 하는 교회들이 어떻게 그들의 신앙고백을 적절하게 드러내는 예배 구성 요소에 대한 이해를 갖고 또 실천할 수 있는지에 대해서 다룬다. 개혁주의 신앙은 그 원리를 성경에 근거해서 찾는다. 역사적으로 이러한 원리에 근거해서 신앙을 이해하고 실천하기 위해서 중요한 초석을 마련한 신학자이자 목회자는 요한 칼빈(John Calvin, 1509-1564)이다. 칼빈은 성경에 근거하여 초대교부들에 대한 이해[4]를 갖고 중세 교회를 개혁한 인물이다. 특별히, 그의 개혁 활동은 교회의 예배에 집중되어 있었다.[5] 칼빈이 예배를 어떻게 이해했는지 그리고 그 예배를 어떻게 실천했는지에 대한 개괄적인 이해를 이 글에서 모두 다룰 수는 없다. 이 글은 칼빈의 예배와 관련한 다양한 주제들 가운데 예배의 구성 요소에 관해서 다룬다. 특별히, 칼빈이 1541년 이후 두 번째 제네바에서 목회할 때, 실천한 예배를 기준으로 예배 구성 요소에 대한 그의 사역과 의미를 규명하는데 집중한다. 이러한 목적을 위해서, 첫째, 칼빈의 예배에 나타난 예배의 구성

---

4) 개혁주의 신학자 휴지스 올드(Hughes Old)는 칼빈과 다른 종교개혁자들이 성경뿐만 아니라, 초대 교부들에 대한 분명한 이해를 갖고 그들의 예배를 실천했다는 것을 논증했다. Hughes Old, Patristic Roots of Reformed Worship (Zürich: Theologischer Verlag, 1975) 참고.

5) 칼빈은 다음과 같이 교회개혁과 관련해서 예배의 중요성을 강조했다. "If it be inquired, then, by what things chiefly the Christian religion has a standing existence amongst us, and maintains its truth, it will be found that the following two not only occupy the principal place, but comprehend under them all the other parts, and consequently the whole substance of Christianity, viz., a knowledge, first of the mode of which God is duly worshipped; and secondly, of the source from which salvation is to be obtained." John Calvin, "The Necessity of Reforming the Church", Tracts and Treatises, vol. 2, trans. Henry Beveridge (Grand Rapids: Eerdmans, 1959), 126.

요소를 그의 제네바 사역을 중심으로 살펴본다. 둘째, 칼빈이 실천한 예배 구성 요소에 담긴 특징과 의미를 이끌어낸다. 그리고 마지막 셋째, 칼빈이 실천한 예배의 구성 요소를 현대 개혁주의 신앙고백을 따르는 교회들이 어떻게 적용 실천할 수 있을지를 제안하고자 한다.

2. 칼빈과 예배의 구성 요소

칼빈이 스트라스부르크에서 돌아와 마지막 제네바에서 목회했을 때, 주일날 모두 네 번의 예배가 있었다. 이른 새벽 설교 중심의 예배(새벽 4시; 겨울에는 5시), 오전 예배(오전 8시), 교리 가르침의 예배(12시), 그리고 오후에 이루어진 설교 중심의 예배(오후 3시; 겨울에는 2시)가 공식적으로 이루어진 예배였다.[6] 오늘날 현대교회에서 이루어지는 주일예배와 가장 근접한 예배는 당시 주일 오전 8시에 이루어진 예배였다. 칼빈이 마지막 제네바에서 목회할 때, 실천한 예배 형태는 이른바 *교회 기도서*(The Form of Church Prayers, 1542)로 알려진 그의 예배 모범에 정확히 나타나있다. 당시 칼빈의 예배는 비록 로마 카톨릭의 미사와는 달랐지만, 예전의 형태를 완전히 벗어나지는 않았다. 오늘날 예배를 이해하기 위해서는 예배모범과 같은 예배서가 아니라, 직접 공동체의 예배 현장을 살펴봐야하지만,[7] 칼빈의 시대에는 대부분 예외 없이 예배모범에서 제시한 순서를 따랐다. 그러므로 그의 교회 기도서를 살펴보면 그의 회중들이 실제로 어떻게 예배했는

---

6) 당시 시간과 현대의 시간이 같은지는 확실하지 않다.
7) 실제로 많은 지역교회들은 교단에서 요구하는 예배모범을 따르기보다는 각 교회 나름의 공동 예배를 실천하고 있다. 따라서, 예배를 위한 책이나 모범을 통해서는 현대 교회 예배의 실제를 살펴보고 이해하는데 한계가 있다.

지를 알 수 있다.

칼빈이 1542년 제네바에서 실천한 공중 예배 가운데, 주일 오전에 실시한 예배는 다음과 같은 순서와 구성요소에 따랐다.[8]

예배의 초청: 시편 124:8
죄의 고백 기도
용서의 기도
시편 노래
성령의 조명을 위한 기도
성경읽기
설교
기도
*봉헌[9]

      [성찬]

축도

위에서 보는 바와 같이, 칼빈이 제네바의 회중들과 함께 한 공동 예배는 다섯 가지 구성 요소들, 즉 1) 말씀, 2) 기도, 3) 찬양, 4) 성찬, 그

---

8) 칼빈이 제네바에서 1542년 사용한 예배모범의 원래 제목은 The Form of Church Prayers and Hymns with the Manner of Administering the Sacraments and Consecrating Marriage According to the Custom of the Ancient Church이다. Cf. Bard Thompson, Liturgies of the Western Church (Philadelphia: Fortress Press, 1980), 197-208. 이 전 스트라스부르크에서의 예배와 칼빈의 사역의 말기인 1560년대의 예배는 약간의 차이를 지니지만, 1542년 제네바의 예배와 구성요소에 있어서는 크게 다르지 않다.

9) 칼빈의 예배서에 따르면, 봉헌에 대한 구체적인 언급이 나오지 않으나, 실제 예배에서는 예배 참여자들이 교제와 구제를 위해서 봉헌의 순서를 진행했음을 알 수 있다. John Calvin, John Calvin: Writings on Pastoral Piety, edited and translated by Elsie McKee (New York: Paulist Press, 2001), Part Three.

리고 5) 봉헌을 포함한다. 이 가운데, 성찬은 칼빈의 의도와는 달리 제네바 시의 권위 아래 한 달에 한 번씩 시행했다. 따라서 매주 시행된 공동 예배의 구성 요소는 사실상 성찬의 예식을 제외한 말씀, 기도, 찬양, 그리고 봉헌이었다.

칼빈이 사용한 예배의 핵심 구성 요소들은 무엇보다도 초대교회의 원리에 따른 것이다. 그는 사도행전 2:42의 주석에서 "사도들의 가르침을 지속적으로 받아 듣고 실천했으며(hearing the apostles), 스스로 기도에 노력했고(prayer), 교제(fellowship)와 자주 떡을 떼는 일(breaking of bread)을 했다"[10]고 정리하면서, 예배의 핵심 구성 요소에 대한 자신의 이해를 드러냈다. 이 구절에 따르면, 칼빈은 1) 말씀, 2) 기도, 3) 교제, 그리고 4) 성찬을 예배의 핵심 구성 요소로 이해했음을 알 수 있다. 이 네 가지 요소들은 제네바에서 시행한 예배의 구성 요소들과 다르지 않다. 칼빈에게 있어서 예배 음악은 모두 시편의 기도를 곡에 맞추어 예배에 참여한 모든 회중들이 부른 것이었다. 따라서 칼빈에게 있어서 시편 찬양은 기도에 포함된다. 봉헌은 실제로 칼빈의 예배에서 많은 부분 가난한 자들을 위한 구제를 위해서 사용되었다. 따라서 그에게 있어서 봉헌은 예배 공동체를 넘어서서 지역에 속한 이웃과의 폭넓은 교제의 실천에 해당한다.

개혁주의 전통에 속한 교회들은 칼빈이 제네바에서 사역한 예배의 실천과 사도행전 2:42에 대한 그의 주석에 따라 네 가지(말씀, 기도, 교제, 그리고 성찬)를 예배의 필수 구성 요소로 이해하고 실천해왔다.[11] 이 네 가지 예배 구성 요소들은 칼빈이 새롭게 고안한 것들이 아니다.

---

10) John Calvin, Bible Commentary, on Acts of the Apostles 2:42. 본인의 번역.
11) Elsie McKee, "Context, Contours, Contents: Towards a Description of Calvin's Understanding of Worship," Calvin Studies Society Papers, 1995,1997, 72.

무엇보다도 첫째로, 말씀은 이전 중세의 미사에도 있었다. 그러나 당시 말씀을 읽고 그것의 의미를 풀어 설명하고 전달하는 것은 당시 카톨릭의 미사에서는 필수 요소가 아니었다. 칼빈은 예배 시간에 회중들의 일상적인 언어로 성경 말씀을 읽었고, 동시에 읽은 말씀을 그들이 이해하는 언어로 풀어서 전달하는 것을 예배의 필수 요소로 포함시켜 실행했다. 특별히 말씀을 읽는 방식과 관련해서는 당시 사용되던 렉셔너리(lectionary)에 나타난 기독교 월력에 따른 성경읽기 방식(*lectio selectia*)을 따르지 않고,[12] 연속적 성경읽기 방식(*lectio continua*)에 따라 모든 성경을 예배 가운데 읽고 해석했다. 주일 오전 예배는 복음서와 사도행전을, 주일 오후 예배에는 시편 또는 신약의 서신서들을, 그리고 주중에 진행되는 예배에서는 구약 성경을 읽고 설교했다.

둘째로 기도와 관련해서, 칼빈은 이전의 중세 교회의 미사에 있었던 기도를 새로운 방식으로 변화시켰다. 그는 무엇보다도 기도의 방식과 관련해서 기록된 기도문을 읽거나 같은 말을 반복하는 방식에서 자유로워지기 시작했다. 물론 기도서를 통해서 예배 가운데 진행하는 기도를 실행하기도 했지만, 특별히 설교 전에 이루어지는 성령의 조명을 위한 기도(the prayer for illumination)는 즉흥 방식의 기도 즉, 기록된 기도문을 읽지 않는 방식으로 이루어졌다. 설교 이후에는 목회자로서 회중들의 삶을 위한 중보 내용의 기도를 포함시켰다. 이와 아울러 기도와 관련한 칼빈의 독특한 실천은 예배 음악을 기도로 이해한 것이다.[13] 그는 예배에서 사용되는 음악을 모두 성경에서 직접

---

12) Hughes Old, Worship Reformed According to Scripture (Philadelphia: Westminster John Knox Press, 2002), 73.

13) 칼빈은 자신의 시편곡(Psalter) 서문에서 시편을 노래하는 것이 기도의 한 부분으로 이해했고, 공동 예배에서 회중 전체가 참여하는 중요한 방식이라고 말했다. John Calvin, Commentary on the Book of Psalms (Grand Rapids: Eerdmans, 1949), preface: xxxv-xlix 참고.

가져왔고, 특정 그룹이 아닌 회중 전체가 부르게 했다. 이 가운데 시편이 회중 찬양의 거의 모든 부분을 차지했다. 시편은 대부분 시의 형식을 지닌 기도로 구성된 성경이고, 칼빈은 이런 점에서 예배 음악을 기도로 포함해서 이해하고 실천했다.[14]

셋째로 칼빈은 '코이노니아'로 불리우는 '교제'를 예배의 필수 구성 요소로 포함시켰다. 칼빈이 이해한 예배 안에서 이루어지는 교제는 삶의 나눔으로서 가난한 자들을 돌보는 구제 또는 헌금을 뜻한다.[15] 당시 중세의 많은 카톨릭신자들이 자비에 대한 관심과 실천을 시행했지만, 미사에서 규칙적인 방식으로 가난한 자들과 함께 나누는 구제를 위한 봉헌은 없었다. 칼빈의 예배 회중들은 미사에서 사용하던 빵과 포도주를 가져와 희생 제사의 나눔 대신 새로운 방식으로 교제 즉 구제에 참여했다. 이것은 엘시 맥키(Elsie McKee)가 지적한 대로, "하나님에게 집중하지 않고 사람들에게 향하는 방식을 지닌다는 이유로 예배에 있어서 좀 낯선 부분처럼 보여지지만, 칼빈의 예배 이해에 있어서는 매우 중요한 요인이다. 즉 하나님을 섬기는 방식은 이웃을 섬기는 방식과 직접 연결되어 있다."[16]

넷째로 예배와 관련해서 필수 요소 가운데 다른 하나는 바로 성찬이다. 칼빈에게 있어서 예배에 대한 이해와 실천 사이에 가장 큰 간격이 발생한 영역은 바로 성찬이다. 칼빈은 성경과 초대교회의 전통에 대한

---

14) 구약 히브리인들의 예배 뿐만 아니라, 기독교 전통에서 초대교회, 동방교회, 서방교회 모두 거의 예외없이 시편은 예배에서 주로 음악의 형식을 빌어 공동 기도로 사용되어 왔다. 즉 시편은 예배와 분리되지 않는 방식으로 사용되어 졌다. John Lamb의 오래된 책, The Psalms in Christian Worship (Glasgow: Blackie and Son, 1962)에서 이러한 내용을 자세히 다루었다.

15) John Calvin, Commentary on the Acts of Apostles 2:42.

16) Elsie McKee, "Reformed Worship in the Sixteenth Century", Christian Worship In Reformed Churches Past and Present, ed., Lukas Vischer (Grand Rapids: Eerdmans, 2001), 23.

그의 이해에 따라 예배의 필수 구성 요소로서 성찬을 포함시켰다. 그리고 중세의 성찬 중심의 예배를 초대교회의 원리에 따라, 말씀과 성찬의 균형잡힌 형태를 예배의 가장 이상적인 모델로 간주했다.[17] 그러나, 실제로 성찬은 매주 시행되지 않았다. 반면에, 성찬의 실행과 관련해서 주목할 칼빈의 기여는 중세의 복잡한 성찬기도(Cannon of the Mass)를 모두 없애고, 그 방식을 단순화시킨 것이다. 칼빈은 성찬과 관련해서 회중들을 권면(exhortation)하고 성령의 초청에 의한 진행에 초점을 두고, 성찬 이전과 이후의 삶을 성찬 예식과 연결시키기 위해 노력했다.[18] 성찬 예식에서 성령의 조명과 역할의 중요성을 강조한 것은 칼빈에게서 비롯된 개혁주의 성찬의 중요한 특징으로 발전되었다.

3. 칼빈의 예배 구성 요소에 담긴 개혁주의 예배의 특징과 원리

칼빈이 이해하고 실천한 예배 구성 요소들에 대한 개괄적인 설명만으로는 그것에 담긴 의미를 정확히 이끌어낼 수 없다. 기도(시편 찬양

---

17) 칼빈은 성찬을 대신해서 말씀이 그 자리를 차지해야 한다고 보기보다는 성찬과 말씀이 균형잡힌 예배를 의도했고, 단, 성찬의 방식을 초대교회의 방식에 따라 단순화해야한다고 보았다. 이와 관련해서 William Maxwell이 그의 책, A History of Christian Worship: an Outline of Its Development and Forms (Grand Rapids: Baker Book House, 1982)에서 잘 논의했다.

18) Martha Moore-Keish는 그녀의 책, Do This In Remembrance of Me (Grand Rapids: Eerdmans, 2008)에서 칼빈의 성찬과 관련한 전인적 참여와 삶의 연결에 대한 측면에 대해서 잘 논의했다. 개혁주의 교회들은 언제나 성찬과 관련해서 성찬 의식과 함께 그 이전과 이후의 삶에 대한 연결을 매우 강조했다. 특별히 영국의 장로교 목사, 매튜 헨리 (Matthew Henry, 1662-1714)는 성찬과 관련해서 이러한 칼빈의 생각을 그의 책, The Communicants' Companion: Instructions for the Right Receiving of the Lord's Supper (Birmingham, AL: Solid Ground Christian Books, 2005)에서 매우 구체적으로 발전시켰다.

을 포함한), 말씀, 코이노니아, 그리고 성찬은 칼빈 이전의 로마 카톨릭 교회뿐만 아니라 칼빈과 동시대의 다른 교회들도 실천한 내용들이다. 칼빈의 기여는 예배의 구성요소들을 단순화한 것뿐만 아니라 각각의 구성 요소들에 대한 구체적인 실천의 내용과 방식의 개혁을 통해서 예배의 의미를 새롭게 드러낸 것에도 있다. 즉, 칼빈은 중세 카톨릭 미사의 복잡한 구성 요소들을 그가 이해한 성경과 초대교회의 원리에 따라서 단순한 구조로 전환했을 뿐만 아니라, 각각의 구성 요소들의 내용과 방식에도 중요한 의미를 부여하고 실천했다. 칼빈이 자신의 예배에 포함시킨 예배 구성 요소들을 현대적인 상황에서 적용하기 위해서는 먼저 그 구성 요소들의 실천에 담긴 의미를 발견하는 일이 필요하다.

첫째, 칼빈이 실천한 예배 구성 요소는 예배에 대한 그의 신학을 반영한다. 칼빈에게 있어서 예배는 인간의 일이 아니라, 하나님의 일이다. 예배는 인간 스스로의 힘으로는 불가능한 것이며, 하나님에 의해서 가능하게 되는 '인간과 하나님과의 거룩한 만남'이다. 칼빈은 예배의 시작부터 하나님의 주권과 도우심에 의한 예배의 가능성을 드러냈다. 주일 공동 예배에서 칼빈은 시편 124:8의 "우리의 도움은 천지를 지으신 여호와의 이름에 있도다"[19]라는 구절로 예배를 시작했다. 하나님에게 나아가는 일의 시작은 인간의 의지와 결단에서가 아니라, 하나님에게서 시작한다는 것을 드러낸다. 아울러, 예배의 초청 이후 칼빈이 사용한 예배 구성 요소는 회개 기도이다. 예배 가운데 회개 기도를 하게 하는 것은 칼빈의 신학의 반영이다. 전적 타락에 의해서 스스로 하나님에게서 멀어진 인간은 돌이킴이 없이는 하나님을 향할 수

---

19) Form of Prayers (1542).

없다.[20] 그런데 여기서 회개를 통한 삶의 돌이킴과 하나님에게로의 나아감은 인간에게서 비롯되는 것이 아니라, 절대적으로 하나님에게서 비롯된다.[21] 칼빈은 공동예배의 회개기도 내용에 삼위 하나님에 의해서 가능한 용서와 회복을 다음과 같이 담았다. "지극히 은혜로우시고, 사랑이 풍성하신 하나님 *아버지*(Father), 우리 주 예수 그리스도(our Lord Jesus Christ)의 이름으로 우리에게 자비를 베풀어 주소서. 또한 그리스도가 우리의 죄와 허물을 제거하신 것처럼 *성령*(the Holy Spirit)의 은혜가 날마다 우리 안에서 강하게 드러나도록 인도해주옵소서."[22] 아울러, 예배의 시작뿐만 아니라 진행 과정도 하나님에 의해서만 주권적으로 가능하다는 것을 예배의 구성 요소를 통해서 보여준다. 칼빈은 예배의 효력과 관련해서 성령의 역사를 전적으로 의존하고 실천한 대표적인 인물이다. 그에게 있어서 예배의 중요한 요소인 말씀이 효력을 발휘하는데 있어서 가장 중요한 역할은 설교자나 회중이 아니라, 성령이다. 그가 설교 이전에 성령의 조명을 위한 기도(the prayer for illumination)를 삽입한 것은 말씀을 통한 하나님의 경험이 하나님의 역사에 의해서만 가능하다는 신앙고백과 신학의 표현이다.

둘째, 칼빈의 예배 구성 요소에 나타난 또 다른 특징과 의미는 바로 성경의 중심성이다. 칼빈의 예배는 말씀으로 시작하고 말씀으로 진행

---

20) 호튼 데이비스(Horton Davies)는 칼빈의 예배에 담긴 가장 중요한 신학적 특징 가운데 하나가 전적 타락의 반영이라고 지적했다: "he could not worship God aright however he might wish to." Horton Davies, The Worship of the English Puritans (Morgan, PA: Soli Deo Gloria Publications, 1997), 19.

21) 윌리암 더니스(William Dyrness)가 지적한 대로, 죄는 예배의 가장 큰 걸림돌이다. William Dyrness, "Confession and Assurance: Sin and Grace", A More Profound Alleluia: Theology and Worship in Harmony, ed. Leanne Van Dyk (Grand Rapids: Eerdmans, 2005), 33f.

22) Form of Prayers. 본인의 번역.

되며, 말씀으로 마쳐진다. 칼빈에게 있어서 성경은 예배와 관련해서 그 기초와 내용 그리고 방향 전부를 지배한다. 예배의 시작은 성경 말씀에 의한 초청(시편 124:8)으로 이루어졌다. 회개의 고백이 끝나면, 용서의 확증은 말씀을 통해서 이루어지고, 그리스도의 평안의 전달(passing the Peace of Christ)로 마무리되었다.[23] 공동 예배의 과정에서 이루어진 찬송은 말씀으로부터 모든 가사가 주어졌다. 칼빈의 경우 공동 예배에서 허용한 찬송은 시편찬송뿐이었다. 시편은 구약 성경의 대표적인 기도이다. 이런 점에서 칼빈이 예배에서 시편을 통해 노래한 찬송은 모두 기도에 해당한다. 입술의 고백을 통해서 드러낸 하나님 말씀 외에 성경 읽기와 설교를 통해서도 말씀 중심의 특징은 드러난다. 실제로 칼빈의 예배에서 가장 중요한 핵심은 성경 읽기와 설교였다. 현대 개혁주의 교회들의 예배에서는 이미 친숙하지만, 말씀을 읽고 설교하는 것을 예배의 핵심 구성 요소로 삼고 실천한 것은 당시 보는 것에 익숙해있던 교인들에게 개혁적인 의미로 받아들여졌다. 로버트 킹돈(Robert Kingdon)이 간결하게 지적한 바와 같이, 중세 카톨릭 신자들은 그들의 미사가 진행되는 동안 듣고 반응하기보다는 오히려 보는 것에 집중하며 수동적으로 참여했다.[24] 기록된 말씀이 예배의 가장 중요한 구성 요소였기 때문에 시각적인 효과를 드러내는 이미지 사용이 예배와 예배 장소에서 사라지게 된 것은 당연한 결과였다.[25] 아울러, 예배의 마무리도 성경으로 이루어졌다. 칼빈은 루터의 경우와 마찬가지로 공동 예배의 의식을 축도로 마무리했는데,

---

23) 칼빈이 스스로 용서의 확증을 위한 성경 구절을 선택했고, 그리스도의 평안의 전달은 바울서신의 시작에서 주로 이루어진, 은혜와 평안의 전달 (passing of the grace and peace)과 같은 내용을 담고 있다.

24) Robert Kingdon, "Worship in Geneva Before and After the Reformation", in Worship in Medieval and Early Modern Europe, ed. Karen Maag and John Witvliet (Notre Dame, IN: University of Notre Dame Press, 2004), 50.

대부분 민수기 6:24-26의 "여호와는 네게 복을 주시고 너를 지키시기를 원하며 여호와는 그의 얼굴을 네게 비추사 은혜 베푸시기를 원하며 여호와는 그 얼굴을 네게로 향하여 드사 평강 주시기를 원하노라"는 구절을 사용했다. 이와 같이, 칼빈은 예배의 시작과 과정 그리고 마무리에 이르기까지 모두 말씀이 그 기초와 내용을 구성했고, 기도에 해당하는 시편 찬송과 말씀 읽기와 설교를 통해서 말씀 자체가 회중들의 고백과 반응을 주관하도록 했다.

셋째, 칼빈의 예배 구성 요소들을 통해서 발견할 수 있는 마지막 특징은 예배 의식과 삶의 연결이다. 예배는 회중이 참여하는 것으로서 단지 기계적으로 반복되는 의식이 아니다. 칼빈은 자신이 실천한 예배 구성 요소들을 통해서 공동 예배가 언제나 삶과의 연속성 속에서 있다고 생각했다. 인간은 자신의 삶에 드러난 죄로 인한 한계를 지닌다. 따라서 하나님에게 나아갈 때, 가장 큰 걸림돌은 예배의 의식 자체보다는 예배자의 삶에 담긴 죄이다. 이러한 이유로 예배자의 삶에 나타난 죄의 고백과 용서가 예배에서 중요한 요소가 되었다. 아울러, 칼빈은 사도행전 2:42에서 발견한 초대교회의 예배 원리 가운데 하나인 코이노니아를 필수 요소로 간주했다. 그에게 있어서 코이노니아는 위에서 설명한 바와 같이 교회내 공동체와 및 이웃 공동체의 약하고 가난한 자들과의 삶의 연결이었다. 가난한 자들을 돌보는 일을 예배의 봉헌 과정에서 실천한 것은 칼빈이 예배가 단지 의식으로서뿐만 아니라, 의식이 담고 있는 의미를 정확히 드러내야한다는 그의 의지를 보여준다. 따라서 칼빈에게 있어서 하나님을 향한 태도와 이웃을 향한 태도는 봉헌이라는 예배의 구성 요소를 통해서 사랑이라는 원리

---

25) 따라서 오늘날 현대교회에서 프로젝터나 베너 등을 이용해서 시각적인 측면을 예배에 활용할 때 그것이 지닌 신학적 함의들을 고려해서 신중하게 사용해야 한다.

로 서로 연결되어 있다. 더 나아가 칼빈이 예배와 삶을 서로 연결한 것은 성찬의 의식을 통해서도 알 수 있다. 칼빈에게 있어서 단지 성찬의 신학[26]만이 아닌 성찬의 실천에 담긴 가장 중요한 것 가운데 하나는 성찬과 삶의 연결에 있다. 칼빈이 성찬을 비록 매주 공동 예배에서 실천하지 못했을지라도 예배의 필수 구성 요소로 이해한 것만큼은 분명하다. 중세 카톨릭 미사에서 시행된 성찬에서 가장 중요한 것은 떡이 그리스도의 몸으로 변화하는 축성(consecration)이었다. 그러나 칼빈은 성찬 의식에서 떡과 잔을 받는 자들의 삶에 대한 권고(exhortation)에 더욱 많은 시간을 할애하고 강조했다. 복잡한 성찬 기도(cannon of mass)를 모두 없애고, 성찬을 위한 성령의 초청을 위한 기도와 권면을 강조했다. 특별히 성찬식에 참여하기 전에 떡과 잔을 받기에 적합한 자들을 미리 확인하는 일, 성찬의 의식에 참여하는 자들에게 그들이 그리스도의 교훈에 합당하게 살아가는지에 대한 삶의 권면, 그리고 성찬을 받은 후 그것에 합당한 삶을 살아가도록 권고하는 것이 매우 강조되었다. 따라서 칼빈에게 있어서 공동 예배에서 시행된 성찬은 그리스도와의 거룩한 연합을 위한 삶의 변화를 요구하는 의식이었다.

이상에서 살펴본 바와 같이 칼빈이 자신의 공동 예배에서 실천한 예배 구성요소들은 그의 예배에 대한 중요한 이해를 반영하고 있다. 그에게 있어서 예배는 인간의 일이 아니라 하나님 자신의 일이다. 예

---

26) 로마 카톨릭과 루터 그리고 쯔빙글리의 성찬의 의미에 대한 이해는 언제나 그리스도의 임재 개념에 집중한다. 그러나, 이러한 신학적 논쟁을 넘어서서 예배의 의식과 관련해서는 그 의식의 실천 방식에 대한 논의에 집중하게 되는데, 칼빈은 성찬의 의식과 관련해서 참여하는 자들 즉 예배 공동체에 초점을 두고 삶과 연결된 경험이어야 한다는 것을 강조했다. 이와 관련해서, Brian Gerrish, Grace and Gratitude: The Eucharist in John Calvin's Theology (Minneapolis: Fortress Press, 1992) 를 참고하라.

배는 철저하게 말씀 중심의 구성을 지닌다. 그리고 예배는 단순히 의식으로서의 행위일 뿐만 아니라 예배자의 삶과 직접 연결되어 있다. 칼빈은 이러한 예배의 본질적인 이해를 갖고 예배의 핵심 구성요소들 즉, 기도, 말씀, 코이노니아, 그리고 성찬을 갱신했다.

4. 칼빈의 예배 구성 요소와 현대 개혁주의 교회의 예배

칼빈이 제네바에서 실천한 사역 가운데 예배의 구성 요소들에 대한 이해와 그 구성 요소들의 구체적인 실천에 담긴 특징과 의미를 현대 개혁주의 교회들은 어떻게 적용할 수 있을까? 칼빈이 실천한 예배 구성 요소들을 구체적인 내용과 시대적인 간격을 고려하지 않고 현대교회에 그대로 이식할 수는 없다.[27] 신학적 원리는 계승하지만, 칼빈의 시대와 현대 교회의 문화적 상황이 다르다는 것을 고려해야한다. 중세교회를 개혁하고자하는 의도에서 출발한 칼빈의 상황과 신학적 복잡성 및 문화적 다양성 속에서 존재하는 현대교회의 상황은 서로 다르다. 따라서, 현대 개혁주의 교회들은 칼빈의 예배 구성 요소들에 대한 원리를 현대적 상황 속에서 분별력을 가지고 적용해야 한다. 예배의 구성 요소들과 관련한 칼빈의 이해와 실천은 현대 개혁교회들의 예배 갱신과 관련해서 고려해야할 예배의 본질, 내용, 그리고 방향에 대해서 구체적인 제안을 제시해 준다.

첫째, 예배는 철저히 하나님의 주도에 의해서 이루어지는 하나님의

---

27) 이러한 적용의 노력은 이른바 '예전의 고고학'(liturgical archaeology)으로 불리워지는데, 문화적 간격과 특징을 고려하지 않는 대표적인 실수 가운데 하나이다.

일(Opus Dei)이다. 예배 안에서 인간은 하나님의 일에 참여하는 것이다. 하나님의 주권적인 인도하심과 그리스도의 은혜와 성령의 도우심이 없이는 예배가 불가능하다. 따라서, 칼빈이 예배의 시작과 진행에서 원칙적으로 사용한 성경과 기도의 내용을 근거로, 현대 개혁교회는 예배가 하나님에 의해서 가능하다는 원칙을 예배의 실제에서도 드러내야 한다. 예배는 인간의 기술과 재능 또는 장비 등의 높은 수준을 자랑하는 공연이나 발표가 아니다. 흔히 예배의 갱신을 시도할 때, 가장 먼저 예배의 스타일 또는 형태에 관심을 먼저 갖는다. 이런 경우, 첨단 장비나 음악적 수준이 높은 도시나 대형 교회의 경우 더 나은 예배를 드릴 수 있고, 상대적으로 이러한 여건이 구비되지 않은 소형교회나 농어촌교회는 그렇게 하지 못한다는 상대적 박탈감을 갖기 쉽다. 그러나 예배는 인간의 장비나 인력에 의해서 가능하기보다는 하나님 자신에 의해서 가능하다는 생각을 가질 때 하나님의 백성들 모두 하나님의 은혜에 의해서 하나님이 제공하시는 예배에 참여할 수 있게 된다. 따라서 스타일의 전환보다 더 중요한 과제는 예배의 시작과 과정에서 하나님의 주관적인 인도하심을 인정하며 참여하게 하는 것이다.

둘째, 예배의 구성 요소에서 성경의 중심성을 좀 더 구체적으로 적용하는 것이다. 칼빈은 예배와 관련한 현대 교회의 가장 중요한 관심사인 음악과 설교에 대해서 분명한 이해와 실천을 드러냈다. 예배 음악은 모든 회중들이 성경의 시편을 고백하는 것으로 집중했고, 예배 전체에서 가장 중요한 것은 말씀을 읽고 설교하는 것으로 보고 그렇게 실천했다. 예배에서 말씀 중심의 실천은 개혁주의신앙고백을 따르는 교회는 예외 없이 절대 기준이 된다. 칼빈이 시편을 노래로 고백하고 성경을 읽고 설교하는 일에 집중한 것은 삶의 영적형성 과정에서 가장 중요한 것이 성경이라고 보았기 때문이다. 이것은 오늘날 예배 안에서 이루어지는 찬양과 설교에 대한 분명한 기준을 제공해준다. 단지 모든 찬양을 시편의 노래로 바꾸는 것보다 더 중요한 원리는 예배 안에서 불리워지는 찬양들이 얼마나 말씀 중심에 근거한 것인지를 살펴보는 것이다. 즉, 예배 음악이 말씀 중심이 되어야 한다는 것은 인간의 감정적 고백보다는 하나님 중심에서 찬송한다는 것을 뜻한다. 만약 예배 안에서 사용되는 찬양이 대부분 하나님과 그리스도에 대한 인간의 사랑 고백으로 집중되어 있다면, 하나님 자신의 성품과 일하심을 인정하고 표현하는 중요한 내용을 상실하게 된다.[28] 말씀 자체와 관련해서도 설교 이전에 말씀을 공식적으로 읽는 순서가 생략되지 않도록 주의를 기울여야 한다. 또한 설교는 말씀에 대한 이해와 해석 그리고 적용이 그 핵심이다. 하나님의 이야기를 중심으로 그것에 인간의 이야기를 통합시키는 것이 말씀 자체를 중요시하는 방식이다. 그런데 현대 교회에서 이루어지는 설교는 말씀 자체보다는 인간의 이야기나 그들의 삶이 중심이 되어서, 그 자체에서 주어지는 감동과 교훈을 드러내는 경향이 많다. 아울러, 칼빈의 예배 구성 요소에 근거해서 예배의 시작과 마지막을 하나님 말씀으로 구성하는 일은 매우 중요하다. 흔히 일상적인 인사나 안부에서 예배를 시작하거나 날씨를 전하는 것[29]과 예배를 연결시키는 일은 재고되어야 한다. 아울러, 예

---

28) 미국의 예배역사학자인 레스터 루스(Lesther Ruth)는 그의 에세이, "Lex Amandi, Lex Orandi: The Trinity in the Most Used Contemporary Christian Worship Songs", in Place of Christ in Liturgical Prayer, edited by Bryan Spinks (Collegeville, Minn: Liturgical Press, 2008), 342-359에서 지난 15년간 교회에서 사용된 현대예배 음악 (Contemporary Worship Music: CWM)을 분석하고, 그 노래들이 신앙고백과 관련해서 사랑의 고백에 집중하며, 교회의 중요한 신앙고백의 대상인 삼위 하나님에 대한 고백이 상대적으로 부족하다는 것과 그로 인해서 예배음악의 실제에 담긴 신학적 문제를 지적했다.

29) 흔히 예전적 기상예보(liturgical weather forecast)로 알려져 있다.

배의 마지막에도 성경 말씀을 통해서 마무리한 칼빈의 경우를 고려해서 축도와 마지막 권면에 대한 의미 부여를 더욱 강화시켜야 한다.

셋째, 칼빈의 예배 구성 요소에는 삶과 연결된 부분이 정확히 드러나 있다. 예배는 하나님과의 거룩한 만남이지만, 그 거룩한 만남에 근거한 삶을 요구한다. 그래서 칼빈은 예배에서 가난한 자들을 위한 구제의 봉헌을 필수 요소로 간주했고, 성찬의 예식에서 삶을 돌보는 일에 더욱 집중했다. 개혁주의 예배는 언제나 삶과 예배와의 연결을 강조한다. 의식으로서의 예배 안에서 이루어지는 하나님과의 관계는 세상에서 이루어지는 사람들과의 관계와 직접 관련이 있다. 칼빈은 삶을 돌아보지 않는 예배나 예배적 측면을 고려하지 않는 삶을 경계했다. 현대 개혁주의 교회들이 쉽게 빠질 수 있는 오류 가운데 하나는 현대 문화에 동화(accommodation)해서 예배를 이해하는 것이다. 특별히 문화소비주의의 영향을 받아 예배의 정신과 실제를 왜곡시킨 것이 대표적인 예라 할 수 있다.[30] 많은 사람들은 예배를 통해서 무엇인가를 얻어내는 문화 소비주의적 태도를 드러낸다. 자신에게 만족되는 부분이 있을 때, 예배의 의미를 찾는다. 그러나 예배는 인간의 만족과 욕구의 충족을 위한 장소와 시간이 아니라, 하나님의 은혜로 가능한 자리에 참여하고 그 은혜에 보답하는 방식으로 살아가는 삶의 실천이다. 따라서 개혁주의 예배는 삶의 변화 즉 변혁을 지향하는 헌신을 중요한 부분으로 간주한다. 예배 참여자의 만족보다 더 중요한 것은 예배 참여자의 삶이 하나님과 더욱 연결되는 것이다.

이상과 같이 칼빈의 가르침을 따르려는 현대 개혁주의 교회들은 단

---

30) 미국 일리노이주 시카고에 있는 윌로우크릭교회가 주말과 주일에 실천해온 구도자예배가 바로 이러한 문화적 동화 원리에 따른 적용이었다. 그러나 윌로우크릭교회도 이들 구도자들이 본 교회의 원래 의도인 소그룹과 공동 예배에 참여하는데 이르기까지 연결되지 않자 새로운 비판과 대안을 위해 노력하고 있다.

지 새로운 형식의 변화를 통해서 주목받는 예배를 제시하려 하기보다는 좀 더 본질적인 원리에 의해서 예배갱신을 시도해야 한다. 칼빈이 자신의 공동 예배에서 드러낸 예배 구성 요소들은 그의 예배에 대한 이해와 신학의 반영이다. 진정한 예배는 교회의 크기나 장비 또는 외적 자원에 의해서 결정되기보다는 예배의 분명한 이해와 그에 따른 실천의 일관된 연결을 통해서 가능하다. 칼빈이 제시한 예배의 구성 요소들(기도, 말씀, 코이노니아, 그리고 성찬)은 모든 개혁교회들이 실제로 행하는 것들이다. 중요한 것은 그것이 행해진 원리와 의미를 목회적 분별력을 가지고 창의적으로 현대화시키는 것이다. 목회자의 분별력 있는 개혁주의 예배 이해는 이러한 네 가지 요소들을 더욱 의미 있게 드러내는데 결정적인 역할을 하게 될 것이다. 예배는 무조건 새로운 것을 따르는 데서 갱신되지 않고, 분명한 원리에 근거해서 현실의 모습을 조절할 때 갱신된다. 칼빈은 자신의 예배 구성 요소들을 통해서 개혁주의 예배를 실천했다. 현대 개혁주의 교회들은 그가 사용한 예배 구성 요소들이 성경에 근거한 것이기 때문에 따라야 한다. 하지만 우리의 과제는 우리의 복잡한 문화에 익숙한 예배 참여자들에게 개혁주의 예배 원리와 실천을 제시해야하는 새로운 과제에 직면해 있다.

참고문헌

Calvin, John. "The Form of Church Prayers and Hymns with the Manner of Administering the Sacraments and Consecrating Marriage According to the Custom of the Ancient Church" in Bard Thompson. *Liturgies of the Western Church.* Philadelphia: Fortress Press, 1980: 197-208.

______. "The Necessity of Reforming the Church," *Tracts and Treatises*, vol. 2, trans. Henry Beveridge. Grand Rapids: Eerdmans, 1959.

______. *Commentary on the Book of Psalms.* Grand Rapids: Eerdmans, 1949.

______. *John Calvin: Writings on Pastoral Piety*, edited and translated by Elsie McKee. New York: Paulist Press, 2001.

Davies, Horton. *The Worship of the English Puritans.* Morgan, PA: Soli Deo Gloria Publications, 1997.

Dyrness, William. "Confession and Assurance: Sin and Grace," *A More Profound Alleluia: Theology and Worship in Harmony*, ed. Leanne Van Dyk. Grand Rapids: Eerdmans, 2005.

Gerrish, Brian. *Grace and Gratitude: The Eucharist in John Calvin's Theology.* Minneapolis: Fortress Press, 1992.

Henry, Matthew. *The Communicants' Companion: Instructions for the Right Receiving of the Lord's Supper.* Birmingham, AL: Solid Ground Christian Books, 2005.

Kingdon, Robert. "Worship in Geneva Before and After the Reformation," in Worship *in Medieval and Early Modern Europe*, ed. Karen Maag and John Witvliet. Notre Dame, IN: University of Notre Dame Press, 2004.

Lamb, John. *The Psalms in Christian Worship.* Glasgow: Blackie and Son, 1962.

Maxwell, William. *A History of Christian Worship: an Outline of Its Development and Forms.* Grand Rapids: Baker Book House, 1982.

McKee, Elsie. "Context, Contours, Contents: Towards a Description of Calvin's Understanding of Worship," *Calvin Studies Society Papers*, 1995,1997.

______. "Reformed Worship in the Sixteenth Century," *Christian Worship In Reformed Churches Past and Present.* ed. Lukas

Vischer. Grand Rapids: Eerdmans, 2001.

Moore-Keish, Martha. *Do This In Remembrance of Me.* Grand Rapids: Eerdmans, 2008.

Old, Hughes. *Patristic Roots of Reformed Worship.* Zürich: Theologischer Verlag, 1975.

______. *Worship Reformed According to Scripture.* Philadelphia: Westminster John Knox Press, 2002.

Ruth, Lesther. *"Lex Amandi, Lex Orandi:* The Trinity in the Most Used Contemporary Christian Worship Songs," in Place of Christ in Liturgical Prayer. ed. Bryan Spinks. Collegeville, Minn: Liturgical Press, 2008.

Webber, Robert. *Ancient-Future Faith.* Grand Rapids: Baker Books, 1999.

______. *Ancient-Future Time.* Grand Rapids: Baker Books, 2004.

______. *Ancient-Future Worship.* Grand Rapids: Baker Books, 2008.

칼빈의 예배 이해
: 그의 신약 주석을 중심으로

송 영 목 교수 (고신대학교)

들어가면서

주일 '대예배', '수요예배', '금요예배', '가정예배', '열린예배', '멀티미디어예배', '돌 축하 예배', '칠순감사예배', '총회장 당선 감사예배', '이사예배', '승진감사예배', '구도자예배', '이머징교회의 예배', '주일 오후 찬양예배' 등 예배의 종류가 많다. 이런 예배들이 성경적인지 검토해야 한다. 또한 한국 교회에서 '예배'와 '기도회' 그리고 '공적 예배'와 '사적 경건회'의 구분이 모호하다. 심지어 같은 교단 교회들의 예배(그리고 설교)에도 통일성이 별로 없다. 예배와 관련된 용어 정의 및 정립도 필요하다. 현대를 '예배의 혼돈 시대',[1] '예배 신학의 부재 시대', 혹은 '은혜의 방편에 대한 혼동 시대'라고 말하는 것은 무리일까? 이 글의 순서는 먼저 목회자요 예배 개혁자였던 칼빈과 그의 구약 주석과 기독교강요에 나타난 예배 이해를 살핀

---

1) 'Liturgical chaos.' 참고. A. Kuyper, Our Worship, ed. H. Boonstra (Grand Rapids: Eerdmans, 2009), 4.

다. 그 후 칼빈의 신약 주석에 나타난 예배 이해를 살피고, 마지막으로 한국 교회에 적용한다. 본 연구를 통해서 한국 교회의 예배에서 개혁해야 할 것이 무엇인지 깨달아 성령님 안에서 드리는 실체의 예배를 회복하기를 바란다.

1. 칼빈: 목회자, 예배 개혁자[2]

칼빈이 목회했던 제네바교회는 성 삐에르, 성 제르베, 그리고 마들렌 이렇게 3교구를 갖고 있었다. 주일에는 성 삐에르에서 새벽 예배가 있었고, 오전 9시에 교회마다 예배가 있었으며, 오후 3시에 두 교회당에서 예배가 있었다. 각 교구의 아이들은 정오에 교육을 받기 위해서 교회당으로 왔다. 또한 월요일, 수요일, 금요일 이른 아침에 회집을 했다. 인구 약 만명의[3] 도시 제네바에서 이런 예배가 가능했던 것은 거짓 예배가 만연했던 카톨릭을 염두에 두고 참 예배를 회복하고자 하는 열정과 성도의 관심 때문이었다.[4] 칼빈은 무엇보다 하나님

---

2) 엄격하게 칼빈주의 입장에서 최초의 개혁주의 예배의 기원은 칼빈이 18세 때였던 1524년 프랑스의 스트라스부르크에서 발견된다. 성 요한교회당(St. John's Chapel)에서 한 때 도미니칸 수도사였던 Diebold Schwarz가 미사를 독일어로 처음으로 통역했다. 물론 라틴어로 진행된 미사와 성찬의 형식은 전통적인 카톨릭 방식 그대로 유지되었다. 옛 예배 형태는 라틴어로 진행된 '들려지지 않은 예배' 였다. 하지만 '저(低) 미사' (low mass)가 교회개혁 이전 상당한 기간 동안 유행했고 결국 예배자들은 그들의 모국어로 이해할 수 있게 되었다. 그 다음 5년 동안 예배 개혁은 스트라스부르크 전역으로 확대되었고, 독일어 시편송이 보급되어 회중이 찬송을 했으며, 더 간단한 사도신경이 니케아 신경을 대신하기도 했다. 성구집(lectionary)은 폐기되었고, 예전 의식은 축소되었고, 매 주일 설교했다. 1530년 이후 Martin Bucer의 영향으로 예배 개혁은 가속화 되었다. 기도는 옛 기도집에 얽매이지 않고 다양하게 되었으며, 설교는 1시간 정도로 길었고, 성직자의 의복에도 변화가 일어났다. 보라. W.D. Maxwell, "Reformed Worship", in J.G. Davies ed., A New Dictionary of Liturgy and Worship (London: SCM, 1986), 458-60.

3) 셀더르하위스는 1550년경 제네바 인구를 13,000명으로, 1560년경에는 프랑스와 이태리에서 피난 온 개신교인들의 유입으로 21,000명에 이른 것으로 본다. 참고. H. 셀더르하위스, 『중심에 계신 하나님: 칼빈의 시편 신학』(서울: 대한기독교서회, 2009), 31.

이름의 영광이 실추되지 않도록 하는 것, 하나님 나라가 전진하는 것, 그리고 참된 예배로 인도하는 순수한 교리가 힘을 온전히 발휘하도록 하는 것을 위해 힘썼던 사람이다.[5]

칼빈이 예배 개혁을 추진하는 과정에는 몇 가지 요소가 있었다. 무엇보다 그는 예전이 성경에 맞는지 확인했다. 이때도 독불 장군 식이 아니라, 바질, 어거스틴, 크리소스톰과 같은 교부의 문헌 그리고 1538년에는 스트라스부르크에서 마틴 부써의 견해를 참고했다. 1541년에 제네바로 돌아왔을 때, 칼빈은 스트라스부르크의 예전을 참고했으며, 그 때 만들어진 'La Forme de Prières'(다른 이름으로는 Form of Prayers, Book of Common Order, Psalm Book)는 표준적인 개혁교회 예전지침서가 되어 영국과 스코틀랜드 등으로 보급되었다.[6] 칼빈은 제네바의 성 베드로 교회당의 종교적 상징물을 제거했다. 그는 초대 교회의 예배로 복귀하려고 했기에, 이후에 첨가된 예전을 제거하여 단순화 시켰다. 칼빈이 예배 문제에 민감했던 이유는 인간이

---

4) 김국중, 『칼빈 신학의 목적으로서의 예배: 칼빈 신학에 있어서 참된 예배의 의미』(서울: 아세아연합신학대학교. 석사논문, 2001), 10. 칼빈 (1993:397)은 고전 14:17절을 주석하면서, 무질서와 몰이해 가운데 예배를 드린 고린도교회의 상태와 유비를 이루는 카톨릭의 예배를 비판한다.

5) 칼빈신학교의 드 종은 개혁주의 관점에서 예배를 "하나님께서는 찬양을 받으시고, 그의 교회는 복을 받는, 하나님과 그의 화목된 백성 사이에 규정된 공동체적 만남(prescribed corporate meeting)"으로 정의한다. 그리고 그는 예배의 원칙으로는 성경적, 보편적, 신앙고백적, 그리고 회중적이라고 본다. 참고. J. 드 종, 『개혁주의 예배』(서울: 기독교문서선교회, 1997), 14, 42-43. 비슷한 맥락에서 캘리포니아의 웨스트민스터신학교와 올란도의 리폼드신학교 교수인 하트 & 뮤터는 개혁주의 예배는 말씀에 기초하며, 하나님 중심이며, 은혜의 방편으로서 성도를 양육하며, 대화적이며, 정해진 순서를 따르는 단순한 예전에 기초하며, 예배 가운데 하늘을 경험하는(즉 영적 승천) 종말론적인 것으로 본다. 참고. D.G. 하트 & J.R. 뮤터, 『개혁주의 예배신학』(서울: 개혁주의신학사, 2009), 213-216. 그리고 R. 갓프리, 『칼빈: 순례자와 목회자』(서울: 부흥과 개혁사, 2009), 112-18.

6) Maxwell, "Reformed Worship", 459.

죄에 빠져 있을 때 자기 욕구에 따른 거짓 예배 즉 우상숭배에 빠지기 쉽다고 판단했기 때문이다.[7] 예배와 관련하여, 칼빈은 예배가 순수하지 않고 말씀과 일치하지 않는다면 하나님께 대한 참된 두려움은 존재할 수 없다고 보았기에, 사람이 고안해낸 모든 형태의 예배를 쓸데없는 것으로 보았다(참고. 웨스트민스터 신앙고백 21.1).[8]

2. 구약 주석과 기독교강요에 나타난 칼빈의 예배 이해

(1) 구약 주석에 나타난 칼빈의 예배 이해

칼빈은 구약의 예배가 내용에 있어서는 영적이지만, 형식에 있어서는 육적이며 지상적인 면을 지니고 있기에, 프린스턴신학교 신학연구소의 Old는 십계명 중 제 1-4계명 주석에 근거하여 칼빈의 예배 신학을 다음과 같이 정리 한다:[9] (1) 하나님은 그의 백성에게 참되고 뜨거운 경건으로 오직 자신만을 예배하라고 명령하셨다. 예배는 은혜로우신 하나님과 죄악과 언약 속에서 그분의 은혜를 사모하는 성도 사이에 예수 그리스도 안에서 상호작용하는 4가지 요소(adoration[라틴어: adorari], trust, invocation, thanksgiving)를 포함 한다.[10] (2)

---

7) 갓프리, 『칼빈: 순례자와 목회자』, 97-110.

8) 정성구, 『칼빈의 신학사전』(서울: 총신대학교출판부, 2000), 284. 루터교회와 성공회는 성경이 금하지 않는 것은 예배에서 허용하는 입장을 따른다. 예를 들어, 성경이 분향을 금하지 않기에 공 예배에서 분향을 해도 된다고 본다. 그러나 개혁교회의 원리 중 하나인 '오직 성경' 은 교리와 교회 정치는 물론 예배에도 적용 된다. 하이델베르그 교리문답 98문에서 지적하듯이, 예배에 있어서 사람이 하나님보다 더 지혜로워서는 안 된다. 참고. 하트 & 뮤터, 『개혁주의 예배신학』, 89-90..

9) H.O. Old, "Calvin's Theology of Worship", in P.G. Ryken, ed., Give Praise to God: a Vision for Reforming Worship (Phillipsburg: P&R Publishing, 2003), 417-34.

칼빈은 부써, 쯔빙글리, 그리고 외콜람파디우스의 영향을 받아, 카톨릭에서 말씀 중심에서 벗어난 채 예배 중에 성상을 사용하는 것을 반대했다. (3) 예배 중에 하나님의 이름을 헛되이 부르지 말아야 한다. 예배자는 경건한 존중으로 하나님의 이름에 합당한 영광을 돌려야 한다. (4) 칼빈은 카톨릭의 미신적이고 인본적인 축제 대신에 기독교 카렌다를 중요시 했다. 칼빈은 성도가 주일을 구약의 안식일처럼 율법주의적으로 준수할 것이 아니라 그리스도의 법으로 지킬 것을 강조했다. 칼빈은 구약 예배가 신약의 진정한 영적 예배의 그림자와 같다고 보았다.[11]

칼빈의 시편 주석은 그의 예배 이해를 선명하게 보여 준다. 칼빈은 시 81:2 주석에서, 예배의 목적을 하나님 찬양, 믿음의 고백과 강화, 말씀 지식의 성장, 믿음 안에서 하나 됨의 고백과 체험, 그리고 하나님이 주시는 복에 대한 기억으로 나열한다. 예배의 과제는 믿음에 이르는 데 있기보다 믿음이 자라게 하는데 있다(시 84:6 주석). 지상에서의 우리의 삶은 본디 하나님의 이름을 드높이는 학교이며, 그 목적은 하나님의 학교에서 진급하는 데 있다. 이 학교에서 훈련은 무엇보다 예배에서 이루어진다(시 84:2, 119:35 주석). 집회의 첫 번째 목표는 신자들이 어떤 방식으로든 하나님 섬김(cultus)을 훈련하고, 나아

---

10) P.A. Moeller, Worship in John Calvin's 1559 Institutes with a View to Contemporary Liturgical Renewal (Ph. D. Dissertation at Emory University, 1988), 51-52, 228.

11) 『기독교 강요』, 2.8.17. 참고로 Mathison은 성찬식의 그림자로서 구약의 유월절, 만나, 출 24장의 언약 체결, 레 3장과 7장의 화목제, 그리고 이방인의 순전한 예배를 예언한 말 1:10-11절을 성경신학적으로 훌륭하게 제시한다. 참고. K.A. Mathison, Given for You: Reclaiming Calvin's Doctrine of the Lord's Supper (Phillipsburg: P&R Publishing, 2002), 201-2.

가서 이 섬김을 하도록 서로 고무하는 것이다(시 22:23 주석). 주님의 백성이 언약의 자비를 보기 때문에 교회의 믿음뿐만 아니라 하나님 찬양도 성장 한다(시 81:2 주석). 선포가 없다면 예전은 외식으로 변질된다(시 81:2절 주석). 의식과 관습은 우리가 하나님의 순수한 진리를 각인할 때에만 비로소 가치가 있다. 예전은 하나님께로 올라가도록 하는 사다리 역할을 한다. 그런데 하나님은 우리에게 하늘로 올라올 것을 요구하지 않으시고 우리의 나약함 때문에 당신이 우리에게로 내려오신다(시 42:2 주석). 예배의 목표는 은혜 가운데 우리에게로 내려오시는 그분에게로 우리 자신을 들어올려 주는 데 있다(시 24:7 주석). 구약 시대에도 제사는 믿음을 강화하기 위한 것이고, 신약에서도 마찬가지이다(시 24:7 주석). 집회에서 믿음과 경건에 박차를 가하시는 하나님의 음성을 듣지 않는다면 함께 모이는 것은 무의미하다(시 81:9 주석). 만약 우리가 설교와 성례를 무시한다면 하나님이 결국 우리에게서 등을 돌리신다 해도 놀랄 필요가 없다(시 24:8 주석).

교회 공동체의 집회는 원래 '하늘나라의 연극' 이고, 천사들이 함께 있음으로써 치장 된다(시 138:1 주석). 말씀과 성례, 기도 그리고 그 밖에 예배에서 일어나는 것은 모두 하나님이 우리에게 모습을 드러내시는 '거울' 이다(시 27:4 주석). 간단히 말해 예배는 하늘과 땅의 결합이지만, 신비주의는 거부한다. 우리가 예배 가운데 하나님께서 와 계심을 믿지 않으면서 상징(외형적인 보조 수단)을 사용하는 것이 문제이다(시 132:7 주석). 구약과 신약의 예배의 본질은 동일하고, 외적 형식은 다르다(시 50:14 주석). 구약은 하나님에 대한 내면의 섬김을 당시의 상징으로 묘사하지만, 신약은 그 상징에서 해방되었다. 구약은 성숙하지 못한 어린애와 같다(시 92:1 주석). 신약은 어린애와 같은 보조 수단을 필요로 하지 않고, 예배는 더 간소화되었다(시 50:14 주석). 구약의 성전은 화려했지만, 가장 중요한 장식은 하나님 자신의 현존이었다(시 24:7 주석). 성전이 하나님의 현존의 표시였기에, 구약의 예배자가 성전에 올라가야 했다면, 신약 예배자는 그리스도에게로 가야 한다(시 28:2 주석). 칼빈은 악기 사용은 유아기에 속한 구약 예배에만 보조 수단으로 유익했다고 보기에, 신약의 예배 중에 사용하는 것은 반대한다(시 33:2, 92:1 주석).[12] 음악에 대해 소극적 태도를 보인 칼빈은 예배 중에 춤추는 것에 대해서도 반대한다(시 30:2 주석). 시편 주석을 통해서 볼 때, 칼빈의 예배 이해는 예배자의 믿음의 성장과 하나님의 영예를 결합하는 것으로 특징지어질 수 있다.[13]

(2) 기독교강요에 나타난 칼빈의 예배 이해[14]

『기독교 강요』 1권에서 하나님이 받으실 만한 예배는 창조주에 관한 지식이 기초가 되어야 하고, 냉랭한 공상을 배제한다고 말한다.[15] 1권 3장은 예배가 사람과 짐승을 구분한다는 사실을, 4장은 예배에서 성상이 제거되어야 함을, 5장은 하나님을 알지도 경배하지도 않은 사람은 미신과 혼란에 빠질 수밖에 없음을, 7-9장은 성경이 참된 예배의 지침서임을, 10장은 누구도 예배에 대해 평계할 수 없음을, 11장은

---

12) 한국 교회는 예배 시 전기(혹은 전자) 악기를 무분별하게 도입하고 있지 않은가? 이런 현상에 1980년대 중순부터 인기를 끈 '경배와 찬양'이 일역을 감당했다. 다윗의 장막에서 드려진 예배에 레위인들의 오케스트라가 동원되었듯이, 오늘 날의 역동적인 예배를 위해 관현악기나 오르간 적합하다. 참고. P.J. 레이하르트, 『새로운 관점의 구약성경 읽기』(서울: CLC, 2010), 178.
13) 셀더르하위스, 『중심에 계신 하나님: 칼빈의 시편 신학』, 282-93.
14) 이 부분은 김국중, 『칼빈 신학의 목적으로서의 예배: 칼빈 신학에 있어서 참된 예배의 의미』, 16-19를 요약했다.

하나님에 대한 참된 지식에서 벗어난 형상, 회화, 조각은 예배의 부패의 원인이 됨을, 12장은 우상 숭배의 문제를, 13-18장은 참 예배를 받으시는 삼위 하나님을 다룬다.

『기독교 강요』 2권에서는 예배의 인도자이신 예수님의 가르침과 성경을 통해 이루신 영적 예배에 대해 논한다. 6장에서 그리스도 안에서만 하나님이 기뻐하시는 예배가 가능함을, 7장에서는 구약 제사 의식이 예수님 오심으로 종결되었음을, 8장에서는 원죄로 인해 사람 스스로는 온전한 예배를 드릴 수 없음을, 9-11장은 구약 의식은 예수님의 그림자임을 다룬다.

『기독교 강요』 3권에서 예배에 있어서 성령의 사역을 논하는데, 2장에서 군대 장관 나아만과 백부장 고넬료 그리고 이디오피아 내시를 예로 들면서 예배의 필수 요소로서 믿음을 강조한다. 성령은 예배에

---

15) 사람이 하나님을 올바로 알게 될 때 하나님께 참된 예배를 드릴 수 있다는 것이 칼빈의 예배 이해에 있어서 기본적인 출발점이다(참고. 말 1:11 주석). 예배자에게는 말씀에서 얻어지는 믿음과 합해진 신지식이 필요하다. 참고. 김국중, 『칼빈 신학의 목적으로서의 예배: 칼빈 신학에 있어서 참된 예배의 의미』, 21. 같은 맥락에서 칼빈 (1993:139)의 눅 2:14절 주석을 들어보자: "오늘 날 우리 각자가 하나님의 은혜를 이해하고 그만큼 자신의 영광을 찬송하고파 하는 사람이 있다면, 우리는 그만큼 그리스도의 신앙에서 진보한 것이다. 우리는 우리의 구원의 소식을 들을 때마다 그것이 우리의 감사의 의미와 하나님에 대한 찬양을 자극하는 신호로 받아들여야 한다." 'Worship'은 "누구에게 가치를 돌리다"라는 의미의 섹슨어 'weorthscripe'에서 온 명사)의 영어 어원에서 볼 때, 예배는 예배자가 하나님을 제대로 알고 그분의 이름에 합당한 가치를 돌리는 것이다. 참고. W.G. Starr, Re-examining a Reformed Understanding of Worship for Renewal in the Contemporary Presbyterian Church (D. Min. Dissertation at Fuller Theological Seminary, 1994), 14. 피조세계는 창조주 하나님의 행위가 펼쳐지는 무대인데, 사람이 그 안에서 선한 것을 발견하고 연구함으로써 이를 제공하신 창조주 하나님께 더 가까이 다가가는 길을 열어 놓으셨다는 의미에서 '영광의 극장' 이다. 또한 피조세계는 자연의 아름다움을 통하여 하나님의 무한함과 풍요로움을 계시하신다는 의미의 '아름다운 의상' 이다. 그리고 피조세계는 자연이 하나님 자신을 반영하고 드러낸다는 의미의 '하나님의 거울' 이다. 피조 세계는 사람으로 하여금 하나님을 창조주로 인식할 수 있도록 하며, 그 결과 창조주 하나님께 감사하고 올바른 예배로 인도한다. 보라. 이신열, "칼빈의 예배론: 칼빈의 창조론을 통해 살펴 본 그의 예배 본질 이해", in 개혁주의학술원 ed., 『칼빈과 교회』(부산: 고신대 개혁주의학술원, 2007), 195-222.

합당한 믿음을 일으키신다. 성령의 거룩케 하심과 온전한 믿음으로 사람은 참된 예배를 드린다. 6-9장은 예배가 성도의 온전한 삶 속에서 하나님의 영광을 드러내야 함을, 20장은 기도가 예배의 주요 부분임을 강조한다.

『기독교 강요』 4권은 예배에 있어서의 바른 의식에 대해 논하는데, 카톨릭 예배의 문제점을 지적한다. 1장은 교회를 '예배공동체'로 정의하고, 공중 예배는 성도를 교육하는 최고의 방법이라고 논한다. 2장은 참 예배를 떠나서는 참 교회가 없음을, 10장에서 카톨릭의 교회법은 양심의 자유를 속박함을 강조한다.

『기독교 강요』 전체는 경건의 개요와 구원의 교리에 필요한 모든 것을 포함하되, 칼빈이 전체에 걸쳐 예배를 주제로 다룸으로써 예배를 경건 생활의 꽃으로 중요하게 여긴다.

3. 신약 주석에 나타난 칼빈의 예배 이해

칼빈은 진정한 의미에서의 영적 예배의 모습을 예수 그리스도와 관련하여 신약 성경에서 찾았다.[16] 왜냐하면 그는 신약에 제시된 예배가 더욱 완전하게 성도의 믿음을 강화시키며, 구약의 율법을 완성시킨다고 보았기 때문이다. 이제 칼빈이 예배를 어떻게 이해했는가를 살펴보기 위해서, 칼빈의 복음서, 사도행전, 바울서신, 베드로서신, 그리고 계시록 주석 중에서 예배에 관해 가르치는 내용을 중심으로 분석해 보자.

---

16) 만약 우리가 그리스도의 이름, 성육신, 하늘 성소에 들어가심, 그리고 그분과 구속받은 자들과의 교제를 잊어버린다면 거룩한 무리, 회집, 그리고 그들이 하나님께 나아감도 없다. 따라서 예배의 핵심 요소는 예수 그리스도라고 본다. 성도는 그리스도 안에서 모이고, 그리스도의 대제사장적 사역을 의지하여 아버지 하나님께 나아간다. 참고. Kuyper, Our Worship, 17.

(1) 요한복음 4:21-24에 기초한 칼빈의 예배 이해

요 4:21은 율법 아래 설정되어 있던 의식적인 예배를 간결하게 폐기하고 있다. 특정한 예배 장소가 필요하지 않은 때는 모세가 전해준 임시적인 것이 아닌 훨씬 광대하고 넓은 범위로 예배가 확대되는 시점이다. 21절의 '이르리라'는 미래 동사가 아니라 현재 동사인데, 구약 제의가 폐기될 시점이 가까웠음을 의미한다. 22절의 "너희는 알지 못하는 것을 예배하고"는 예배에 대한 확실한 지식이 없다면 우리가 예배하는 것은 하나님이 아니고 유령이나 악령일 것임을 교훈한다. 그리고 22절의 "우리(유대인)는 아는 것을 예배한다는 말씀은" 율법이 시온에서부터 나오리라는 사 2:3을 염두에 둔 것으로 보이는데, 요점은 하나님은 반드시 자신의 말씀으로 말미암아 태동된 확실한 믿음 안에서만 예배를 받으신다는 의미이다. 예수님은 사람이 참되신 하나님을 알지 못할 때 하나님 대신 우상이나 헛된 형상으로 대치하게 된다고 선언하신다. 23절의 '영과 진리로 드리는 예배'는 성령 안에서 드리는 예배이며 또한 신령한 것이다. 기도와 깨끗한 양심과 자기부인은 마음의 내적인 믿음만으로 할 수 있는 것이기 때문에, 하나님을 예배하는 것은 영에서 이루어져야 한다. 신령한 예배는 하나님의 성품과 부합되는 것이다. 비록 율법 아래서 행해졌던 하나님께 대한 예배가 본질적으로 신령한 것이었다 해도, 그 예배는 수많은 외적 의식에 싸여 있었기 때문에 형식에 있어서는 육에 속하고 땅에 속한 냄새가 배어 있었다(참고. 갈 4:9; 히 9:1). 실재가 오기 전에는 모든 예식이 그림자에 불과했다. 카톨릭 미사에는 유대교보다 더 진한 그림자가 있다. 24절의 '하나님은 영이시니'는 하나님의 성품에 맞는 예배가 드려져야 함을 강조한다. 사람은 육신이기에 우리 자신을 기쁘게 하는 것은 주님께서 싫어하시고 지루해 하신다는 사실을

생각해야 한다.[17]

칼빈은 성령과 외적인 것, 그림자와 실체를 그리스도 중심으로 잘 설명한다. 칼빈은 요 4:24는 말 1:11의 성취라고 본다.[18] 그리고 그는 돌 성전의 제의에 종속된 유대인과 비슷한 당시 카톨릭의 미신적 미사를 비난한다.

(2) 사도행전에 기초한 칼빈의 예배 이해

① 사도행전 2:42[19]

칼빈은 참된 교회의 표지를 말씀과 성례 즉 예배에서 찾았다(참고. 『기독교 강요』, 4.1.9). 1542년에 작성한 예배 예식서의 제목은 '교회의 기도와 찬송의 형식' 인데, '고대 교회의 모범을 따라' 가 소제목이다. 초대 교회의 예전을 자기 시대에 회복하려고 시도한 칼빈은 행 2:42("그들이 사도의 가르침을 받아 서로 교제하고 떡을 떼며 오로지 기도하기를 힘쓰니라")를 기초로 삼는다. 칼빈은 '사도의 가르침을 받아' 는 교회의 핵심이라고 할 수 있는 교리와 복음을 설교하는 것으로, '서로 교제하고' 는 상호교제, 시혜(施惠), 형제간의 사귐으로, '떡을 떼며' 는 성찬 거행으로, 그리고 '기도하기를' 은 글자 그대로 기도하는 것으로 이해했다. 서로 교제하는 것과 기도하는 것은 사도의 가르침을 받을 때 맺는 열매이다. 따라서 우리가 진정으로 하나님 앞과

---

17) J. 칼빈, 『요한복음 I 주석』(서울: 성서교재간행사, 1993), 142-47.
18) 칼빈, 『요한복음 I 주석』, 356.
19) 이 단락은 주승중, "칼빈과 예배", in 전광식 ed., 『칼빈과 21세기』(서울: 부흥과 개혁사, 2009), 17-54를 많이 의존했다.

천사들 앞에서 참 교회로 인정을 받으려고 한다면, 반드시 이 4가지 질서를 분수하도록 노력해야 한다.[20] 요약하면 칼빈은 행 2:42에 기초하여 초대 교회 예배의 4요소를 발견 한다: (1) 말씀 선포(가르침), (2) 성례, (3) 공중 기도(찬양), (4) 교제(구제).

이 예배 요소들에 기초하여, 칼빈이 1540년에 스트라스부르크에서 시행한 예전은 다음과 같다:[21]

A. 말씀의 예전

예배로의 부름(시 124:8)	– 인도자
죄의 고백	– 다같이
용서의 말씀(행 10:43)	– 인도자[22]
사죄 선언	– 인도자[23]
십계명 찬송	
십계명 전반부(출 20:2-11)	– 교독[24]
십계명 응답송	– 다같이[25]
십계명 후반부(출 20:12-17)	– 교독
성령의 조명을 위한 기도	– 설교자[26]
성경 봉독	– 설교자
설교	– 설교자[27]

B. 성만찬 예전[28]

헌금	– 다같이[29]
중보기도(intercession)	– 집례자[30]
주기도문 해석	– 집례자

---

20) J. 칼빈,『사도행전 I, II 주석』(서울: 성서교재간행사, 1993), 116-18.

21) 갓프리,『칼빈: 순례자와 목회자』, 100.

22) 인도자는 회중의 양심을 위로하기 위해서 몇 군데의 성경을 인용했다. 마틴 부써는 요 3:16과 딤전 2:1-2 등도 사용했다.

23) 제네바 지도자들은 이 순서가 카톨릭의 사제의 독점과 유사한 것으로 간주하여 반대했다. 하지만 칼빈은 사죄 선언의 근거로 마 16:19, 18:18, 그리고 요 20:23을 제시 한다. 참고. 『기독교 강요』, 3.4.1,2.

24) 불행하게도 한국 교회는 예배 시간 단축을 위해서 십계명 낭독을 생략하는 경우가 많다. 십계명이 일주 일 동안 범한 죄악을 생각나게 하건, 아니면 사죄의 은혜를 입은 자답게 살 겠다는 각오를 하도록 만드는 율법의 제 3의 기능을 하건 예배 순서 중에 있어야 한다.

25) 칼빈은 십계명은 죄를 깨닫도록 하기 위함이 아니라 사죄 은총을 받은 사람이 율법의 제 3 의 기능을 따라 지켰다. 참고.『기독교 강요』, 2.8. 마리아의 찬양(the Magnificat)의 시작 구절인 눅 1:46을 주석하면서 칼빈은 "하나님의 영광을 마음이 아니라 혀로만 외치는 것 은 하나님의 거룩한 이름에 대한 모욕에 불과하다"고 설명했다. 참고. J. 칼빈,『공관복음 I 주석』(서울: 성서교재간행사, 1993), 88.

26) 한국 교회는 이 시간에 장로가 '목회기도'를 하는데 그것은 예배 순서에 어색하다.

27) 칼빈은 설교를 목회자라는 도구를 통한 하나님의 말씀의 선포, 하나님의 임재의 표식, 그 리스도께서 교회를 통치하시는 수단, 성령님의 능력과 자유 안에서만 효과적으로 전파되 는 말씀으로 정의 한다. 참고. R.S. 월레스,『칼빈의 말씀과 성례전 신학』(서울: 장로회신 학대학교출판부, 2002), 134-147. 절기를 제외하면 연속 강해 설교를 했던 칼빈은 주중 에는 구약을, 주일 오전에는 복음서, 오후에는 서신서를 설교 했다. 참고로 설교자가 설교 중에 찬송을 하는 것은 장려할 일이 아니다. 이런 관습은 미국의 부흥사 무디의 설교 후 생 키가(멜로디 자체가 아니라) 설교된 말씀을 확증하는 차원에서 부른 찬송을 한국식으로 변 형시킨 것으로 보인다. 참고. Kuyper, Our Worship, 121.

28) 칼빈은 평생 성례에 많은 관심을 기울였다. 하나님은 성도가 사는 동안 양육하고 지키시 기 위해서 그리고 평생 지속될 자유를 더 분명하게 보증하기 위해서 성례를 주었다고 본 다. 따라서 성례 안에서 성도는 반드시 그리스도를 갈망해야 하며, 그리스도만을 찾고, 생 각하고, 배워야 한다고 보았다. 참고. 갓프리,『칼빈: 순례자와 목회자』, 154.

29) 중세 교회에서는 구제 헌금(봉헌)을 성찬에 쓸 떡과 포도주를 드릴 때 함께 했다. 프랑스의 스트라스부르크에서는 성찬 순서 때 헌금을 드렸다.

30) 이 때 통치자, 세상 사람들, 어려움 당한 사람들, 그리고 모인 회중을 위해서 기도했다. '중보기도'보다 더 바람직한 대체 용어가 필요하다.

사도신경 찬양	– 다같이
성물(빵과 포도주) 준비	– 집례자[31]
성찬 기도	– 집례자
주기도문	– 다같이
성찬 제정사(고전 11:23-29)	– 집례자
권면의 말씀	– 집례자[32]
분병, 분잔	– 집례자[33]
성찬 참여	– 다같이[34]
성찬 후 감사기도	– 집례자
시므온의 찬미	– 다같이
아론의 축도	– 집례자[35]

　칼빈은 찬양으로 사도신경을 고백한 후, 시점이 적절하다고 판단될 때 시편송을 더 부르기도 했다. 원래 칼빈은 성경봉독과 설교 이외에는 성찬 상(communion table) 앞에서 예배를 인도했는데, 나중에는 성찬식 이외의 모든 순서를 설교단(pulpit)에서 인도 했다. 칼빈은 기독교 카렌다를 따라 주요 절기만 지켰고, 세부적으로는 따르지 않았다.[36]

---

31) 칼빈은 성찬식 1주일 전에 성찬식에 대해 광고를 했고, 성찬식 있는 주일 설교 전체를 성찬에 대해서 다루는 것이 좋다고 보았다. 따라서 성찬식이 있는 주일 예배 시 성찬 예식문을 읽는 것으로 설교를 대체하는 것은 바람직하지 않다.

32) 목사는 회개치 않은 죄인들은 성찬에 참여하지 말 것과 모든 사람에게 적합한 성찬 참여를 하도록 권고해야 한다.

33) 집례자는 분병 시 "받으라. 먹으라. 여러분들을 죽음에서 구원하신 예수님의 몸이다", 부제(성찬 위원)는 분잔 시 "이 잔은 당신을 위해 흘리는 예수님의 피입니다"라고 말했다.

34) 목사, 성찬 위원, 회중의 순서로 참여했다. 회중은 시 138을 부르면서 성찬 상으로 나아와 참여했다. 회중이 그 자리에 앉아서 참여하는 방식은 쯔빙글리가 처음 시도했다. 칼빈은 매주 성찬 시행을 주장했지만, 제네바의 지도자들의 반대로 1년에 4번(성탄절, 부활절, 성령강림절, 추수감사절) 시행했다.

② 사도행전 10

가이사랴의 백부장 고넬료 가정이 베드로를 통해서 개종하는 내용을 다루는 행 10장을 살펴보자. 고넬료가 베드로의 발 앞에 엎드려 절한 것(25절)은 하나님에게 돌려야 할 영예를 그리스도의 일군에게 잘못 돌린 것이다. 인간이 표하는 경의에 하나님께 드리는 경의가 뒤섞일 경우 곧장 상상을 불허하는 죄가 아무도 몰래 들어오며 그 결과 하나님께 드리는 영예를 받는 사람은 인간적인 수준 이상으로 높여지고 만다. 로마 카톨릭에서는 이 구별을 무시한 채 그것의 일부를 취하고 있다. 카톨릭은 '라트리아' (latria; 하나님께만 적용되는 숭배), '둘리아' (dulia; 죽은 자들 및 그들의 유골과 성상 등에 돌리는 숭배), 그리고 '하이퍼둘리아' (hyperdulia; 마리아와 예수님의 십자가에 돌리는 숭배)를 구분한다. 결론적으로 하나님에게 속하는 것을 하나님께 돌려드리려면 종교의 기초가 되는 영적 숭배를 손상치 말고 하나님만을 위해 남겨 두도록 해야 한다.[37]

---

35) 개혁교회 목사는 눈을 뜨고 예배 시작 시 고후 13:13을, 마칠 때는 민 6:24-26을 낭독한다. 복의 선포 구절로 카톨릭에서 고후 13:13을 주로 했기에, 교회개혁가들은 민 6:24-26을 선호했던 것 같다. 복의 선포는 기도도 아니며, 복을 가지고 오는 마술 공식도 아니며, 하나님의 은혜에 대한 확신이며, 예배자가 하나님을 부르는 것(votum)에 대한 반응이며 완성이다. 복의 선포 시에, 설교자는 "사랑하는 형제자매 여러분!"이라는 말을 하는데, "우리 주 예수 그리스도 안에서 사랑하는 형제자매 여러분!"이라고 말하지 말아야 한다. 왜냐하면 뒤 따르는 복의 선포에서 예수님의 은혜가 나타나기 때문이다. "사랑하는 형제자매 여러분!"이라는 말을 포함하는 것이 바람직한데, 이유는 하나님의 복을 대신 선포하는 설교자는 하나님이 아니라 하나님 앞에 있는 회중에 속한 한 사람으로서 회중을 사랑함을 인정하는 것이기 때문이다. 참고. Kuyper, Our Worship, 116. 칼빈은 예배 후 성도는 하나님의 영광을 위하여 회개(혹은 성화), 자기 부정, 기도라는 역동적인 삶의 예배를 드려야 한다고 가르쳤다. 참고. 김국중, 『칼빈 신학의 목적으로서의 예배: 칼빈 신학에 있어서 참된 예배의 의미』, 76-90. 참고로 고신교단 헌법 중 예배 모범에 민 6:24-26을 사용하도록 명시한다.

36) Maxwell, "Reformed Worship", 460.

37) 칼빈, 『사도행전 I, II 주석』, 401-02.

칼빈은 성령을 선물로 받은 고넬료 가정(45절)이 물세례를 받은 것 (47-48절)을 통해서 카톨릭을 비판한다. 사도가 세례를 베풀 때에 단지 물로 만족했다는 점에 주목할 필요가 있다. 그러나 카톨릭은 기름, 소금, 침, 향초 따위로 세례의 권위가 더 높여지는 것으로 생각하는데, 이런 것들은 그리스도의 순수하고 티 없는 제도를 망치는 오물 찌꺼기들이다. 그리고 칼빈은 '성령의 선물'(45절)을 카톨릭에서는 여러 가지 상징과 결부시키면서 이런 저런 푸닥거리(exorcism)를 통해서 은혜를 하늘에서 가지고 내린다고 생각하며 미신적으로 사용하고 있다고 비판 한다.[38]

다시 한 번 행 10장 주석에서 칼빈의 주석의 특징 중 하나를 본다. 그것은 주석 후, 성경의 원칙에서 이탈한 자기 당시의 카톨릭의 행태를 강한 어조로 비판하면서 적용하는 것이다. 칼빈은 고넬료 가정이 베드로에게 며칠 더 머물도록 요청한 것(48절)을 통해서 기회가 올 때마다 그 기회를 최대한 이용해서 (신앙의)발전을 보도록 해야 하는데, 그렇지 않고 우리가 교만에 부풀어 있다면 이 교만은 가르침의 출입구를 봉쇄하고 만다고 주석 한다.[39]

(3) 바울 서신에 기초한 칼빈의 예배 이해

① 로마서 12:1-2

롬 12:1의 "너희 몸을 하나님이 기뻐하시는 거룩한 산 제물로 드리

---

38) 칼빈, 『사도행전 I, II 주석』, 422.
39) 칼빈, 『사도행전 I, II 주석』, 423. 참고로 칼빈은 행 20:11에서 '성찬식'을 발견한다.

라”와 관련 하여, 우리가 주님께 성별되어 있다는 점을 아는 것이야 말로 선한 일을 달성하려는 참된 인생의 시작이라고 주석한다. 우리의 몸을 제물로 드리려면 우리가 주님의 소유임을 인정하고 자기부정을 해야 한다. 우리가 ‘산’ 제물이라는 말에, 우리의 이전 생활은 파괴되고, 새로운 생명으로 세워지기 위해서 우리가 주님께 제물로 바쳐진다는 의미가 있다. 우리가 우리 자신을 정직과 성결에 몰두할 때 우리의 수고가 하나님께 기쁨이 되고 받아들여진다는 점을 가르쳐 준다. ‘몸’ 이라는 표현 속에는 우리의 살과 뼈뿐 아니라, 우리를 형성하는 모든 요소를 포함한다.[40] 바울이 우리의 모든 부분에 대한 대유법적 표현을 사용한 것은 몸의 각 부분이 우리의 행동을 수행하는 도구이기 때문이다. 1절 끝의 ‘영적 예배’(혹은 합당한 예배)라는 말은 하나님의 말씀의 원칙에 위배되는 인간의 모든 시도를 어리석고, 얼빠지며, 무모한 시도로 따돌리고 있다. 2절의 ‘이 세대’는 인간적인 성격과 행동을 의미한다. “마음을 새롭게 함으로”는 살전 5:23처럼 하나님께서 우리의 혼과 영의 정결을 요구하는 것이다. ‘하나님의 선하시고 온전하신 뜻’은 인간적인 고안에 의한 것이 아니라 하나님의 명령에 따른 것만 의미 한다.[41]

하나님의 소유됨을 인정하고, 자기를 부인하고, 하나님의 명령에 따라 전인을 새롭게 하는 것이 참된 예배이다.

② 골로새서 2:16-18

---

40) 칼빈은 동방박사들의 경배를 다루는 마 2:11절 주석에서도 “우리의 임무는 그분을 영혼으로 경배하는 것이다. 먼저 우리 자신을 그분에게 성별해 드리고 그 다음에 우리의 모든 것을 바치는 것이 하나님께서 요구하시는 올바른 산 제사이다”라고 설명한다. 참고. 칼빈, 『공관복음 I 주석』, 152.
41) J. 칼빈, 『로마서 주석』(서울: 성서교재간행사, 1993), 382-86.

16절의 '먹고 마시는 것, 절기, 초하루, 안식일'과 관련하여, 바울은 그리스도께서 죽으심으로 폐지하신 '의식들'을 우리에게 종속시키려고 하는 사람들의 세력이 자기들이 고안해 낸 율법으로 우리를 방황하게 할 수 있음을 부인한다고 주석한다. 중요한 것은 칼빈이 안식일을 의식법으로 간주하여 신약에서 폐지된 것으로 본다는 점이다(참고. 고전 16:2 주석).[42] 17절은 이런 의식들은 '장래 일의 그림자'이며 실재는 그리스도에게 속했다고 말씀한다. 의식들이 그림자이기에 신약 성도는 그림자를 지키는 것에서 자유 할 수 있다(참고. 말 1:11 주석). 여기서 칼빈은 성례를 구약의 그림자 의식(ritual)과 동일시하는 것을 반대한다. 왜냐하면 성례는 텅 빈 그림자가 아니라 그리스도께서 임재하심을 실제적으로 상징하기 하기 때문이다. 칼빈은 18절의 '천사 숭배'를 카톨릭의 성인 숭배와 연결한다. 성경은 천사나 성인을 중보자로 인정하지 않는다.[43] 신약 성도가 구약의 의식법을 붙잡고 있다면 그림자를 가지고 우리 앞에 직접 임재해 계시는 그리스도를 판단하는 격이 되고 만다.

③ 디모데전서 2:8-15

칼빈은 기도할 때 '손을 드는 행위'(8절)는 예배자가 하나님을 찾을 때 위를 쳐다보기 마련이기 때문으로 본다. 그리고 이런 행동에 그것

---

42) 칼빈의 눅 4:16 주석을 들어보자: "바울은 안식일을 율법의 그림자 중에 하나로 취급하지만, 이런 면에서 우리는 유대인들과 동일한 안식일 관(觀)을 갖는다. 즉 백성들이 함께 모여 하나님의 말씀을 듣고 공동으로 기도하며 그밖에 다른 헌신의 훈련을 위해 모이는 것이다. 이런 의도에서 주일은 유대인들의 안식일을 '계승' 한 것이다. ... (카톨릭에) 남은 것은 알아듣지 못할 이상한 소리의 영창이 있을 뿐인데, 이것은 말씀에 대한 일종의 조롱이다." 참고. 칼빈, 『공관복음 I 주석』, 220.
43) J. 칼빈, 『골로새서 주석』(서울: 성서교재간행사, 1993), 583-86.

의 실체가 따르기만 하면 참된 경건과 일치한다고 본다. 실체가 빠진 외적 행동 혹은 마음과 행동이 별개인 사람은 나귀와 같다. 더 중요한 것은 외적인 제스처가 아니라 마음이다.[44]

칼빈은 복장이란 외적인 것과 마찬가지로 그렇게 중요한 것이 아니기에 예배 중 복장에 관해서 엄격한 규정을 정하기 어려운데, '단정함'을 원칙으로 삼을 수밖에 없다고 본다(9절).[45] 하지만 항상 내면적인 성향에서부터 시작하지 않으면 안 되는데, 이유는 속에서 방종이 지배할 경우 정숙이 있을 수 없으며, 자기 본위가 내면으로 독주할 때 복장이라는 외형에 단정함이 있을 수 없기 때문이다.[46] 칼빈은 예배의 복장은 아디아포라의 문제이기는 하지만, 먼저 예배자의 내면이 방종하지 않다면 외모는 단정할 수밖에 없다고 본다. 여자가 남자를 가르치는 것은 하나님의 창조 질서와 하나님이 규정해 놓으신 이치에 위배되는 것으로 간주 한다(12절). 교회에서 여자의 가르침과 관련하여, 신약 시대에는 드보라와 같은 특별하고 예외적인 경우를 가지고 보편화 하지 말아야 한다고 설명한다.

(4) 베드로전서 2:5에 기초한 칼빈의 예배 이해

'신령한 집'은 성도 자신(개인 및 공동체)을 성령님의 전으로 거룩히 구별하여 드리라는 권면이다. 성령님의 전은 구약의 예루살렘 성전과 대조된다. 구약과 비교할 때 신약에서 하나님의 은혜가 확대되었다. 예표보다 원형이 더 뛰어난 것처럼 그리스도의 나라 안에 있는

---

44) J. 칼빈, 『디모데전후서 주석』(서울: 성서교재간행사, 1993), 445.
45) 칼빈, 『디모데전후서 주석』, 447-48.
46) 칼빈, 『디모데전후서 주석』, 446

모든 것들은 구약보다 훨씬 더 뛰어난 것들이다. '신령한 제사' 도 구약 짐승 제사보다 더 뛰어나다. '예수 그리스도로 말미암아' 는 우리의 자기부인, 기도, 열심, 선행 그 자체로는 하나님께 열납 될 수 없고, 오직 예수님을 통해서만 열납되는 것을 강조한다. 우리의 행위가 그리스도 안에 있을 때, 하나님은 그것을 관대하게 평가하신다. 따라서 '그리스도로 말미암아' 는 우리의 열심에 불을 붙여준다. '거룩한 제사장' 이라는 호칭은 신약 성도에게 특별한 명예이다. 성령의 전과 거룩한 제사장이라는 이중적인 명예를 받은 자로서 신약 성도는 신령한 제사 즉 자기를 부인하고, 기도와 감사와 구제와 그 밖의 신앙적인 의무를 수행해야 한다.[47]

칼빈은 예배에 있어서 계시사적인 발전을 정확히 간파한다. 그리고

---

47) J. 칼빈, 『베드로전서 주석』(서울: 성서교재간행사, 1993), 383-85. 칼빈은 예루살렘의 경건한 과부 안나를 다루는 눅 2:37을 주석하면서, "하나님께 기도하는 것은 예배의 본질적인 부분이다. 금식은 보다 낮은 수준에서의 보조 수단이요, 우리가 열심과 정성을 다해 기도하도록 돕는다는 의미에서만 하나님의 인준을 받고 있다. … 기도는 하나님께 대한 직접적인 예배이지만, 금식은 오직 부수적인 의의만 지닌다는 점을 명백히 구별해야 겠다" 라고 설명한다. 동시에 칼빈은 금식을 본질적인 것으로 자랑하는 듯이 행한 카톨릭 교인을 비판했다. 참고. 칼빈, 『공관복음 I 주석』, 164. "Because life with God is inclusive of relationship with neighbor, worship is also a relational event with others of humankind. Thus we see that worship is neither one-dimensional or uni-dimensional. Rather it is a multifaceted whole formed from the interweaving of God's ongoing, initiating acts of love toward us, our experience of that love, and the relationships with are the result." 참고. Moeller, Worship in John Calvin's 1559 Institutes with a View to Contemporary Liturgical Renewal, 227-28.

48) 이 사상을 칼빈의 히 8:5 주석에서 볼 수 있다. 옛 제사 의식은 구약 백성으로 하여금 장난감처럼 가지고 놀도록 하기 위해서 주신 것이 아니다. 그렇다고 성전의 외적인 아름다움에 눈이 끌려서 감상하도록 하기 위함도 아니다. 하늘의 원형을 좇아 지어졌기에 구약 제의 안에는 영적인 의미가 있었다. 결국 제의는 중보자 그리스도에게로 인도하는 것이다. 구약 성전과 제의 기구들은 하늘의 식양대로 만들어졌기에, 하나님의 계명에 반하면서 인간의 재능에 의해서 고안해 낸 모든 것은 거짓이다. 그리스도와 일치되는 것들이 아니면 진정한 종교적 상징은 없다. 달과 별처럼 희미한 구약 언약과 제의와 달리, 신약은 복음의 광채로 명료하다. 참고. J. 칼빈, 『히브리서 주석』(서울: 성서교재간행사, 1993), 177-78.

예배를 자기부인으로 보면서 재차 강조한다. 그리고 구제와 같은 교회당 밖에서의 세상 속에서 예배적 삶도 강조한다.[48]

(5) 요한계시록에 기초한 칼빈의 예배 이해

칼빈이 계시록 주석을 쓰지 않았으므로, 이 부분을 위해서는 기독교강요를 참고할 수밖에 없다. 『기독교 강요』, 1.12.3, 1.14.10에서 "형상을 숭배하는 것은 하나님에게 불명예를 가져다준다. 천사는 하나님의 영광을 소유하지 못하기 때문이다"라고 설명하면서, 계 22:8-9를 언급한다. 행 10:25 주석에서도, 칼빈은 천사에게 절한 요한은 천사에게서 하나님의 영광을 보고 하나님께 경의를 표하는데 의의가 있었다고 주석하면서 계 22:8-9를 언급한다.[49] 그러나 요한은 천사로부터 책망조의 말을 들었다.

칼빈은 『기독교 강요』, 2.15.6, 4.18.17, 4.19.28에서 "대 제사장이신 그리스도는 성도를 제사장들로 만드셨다. 그러나 교황주의자들은 미사를 그리스도의 희생으로 보면서 그리스도를 날마다 희생 제물로 바친다"라고 계 1:6을 언급하면서 주석한다.

예배와 관련해서 볼 때, 칼빈은 『기독교 강요』에서 계 1장과 22장을 언급하는데, 카톨릭의 성상 숭배와 미사가 성경에서 이탈했음을 지적하기 위해서였다. 칼빈이 『기독교 강요』에서 계 4-5장의 천상의 예배 환상과 계 19:1-6의 할렐루야 찬송을 언급하지 않은 것이 아쉽다.

---

49) 칼빈, 『사도행전 I, II 주석』, 402.

나오면서: 한국 예배에의 적용

칼빈의 신약 주석을 중심으로 볼 때, 그는 예배를 어떻게 이해했는가? 균형 잡힌 그의 예배 이해를 몇 가지로 요약해 보자:

(1) 삼위일체와 성경 중심의 예배: 당시의 카톨릭의 잘못된 미사를 늘 염두에 두면서 논했던 칼빈은 자신의 예배 이해에서 삼위일체 하나님을 균형 있게 포진시킨다. 성부께서 성자의 화목 사역에 근거하여 성령으로 믿음을 일으키신다. 우상에게 자신의 영광을 주시지 않는 질투하시는 하나님만 참 예배를 독점하신다. 칼빈은 오직 예수 그리스도 안에서 영적인 우둔함이 치료될 수 있고, 흐릿한 시력이 교정될 수 있으며, 예배가 하나님께서 받으실 만한 예배가 될 수 있다. 그리스도의 이름으로 그리고 성경의 가르침에 따라 드려지는 예배만이 참 예배이며, 그 외는 모두 거짓 예배라고 규정 한다.[50]

(2) 구약의 그림자 예배와 다른 신약의 실체의 예배: 신약 예배자는 초대 교회의 예배자처럼 성경의 가르침을 따라 그림자 예배가 아니라 성령 안에서 실체의 예배를 드려야 한다. 실체의 예배는 비성경적이고 인본적인 예배 요소들을 제거한 단순한 예배이지만, 예전은 역동적이고 풍성하다. 예배는 중보자 예수 그리스도를 사닥다리로 삼아 하늘로 올라가는 영적 승천의 사건이다. 칼빈은 구약 제의와 신약 예배 사이의 연속성(원리에 있어서 둘 다 영적 예배임)과 불연속성(방식에 있어서 차이가 있음: 예. 악기 사용 등)을 구분한다.

(3) 성경과 초대교회에 충실한 예배: 칼빈의 예배 이해를 가장 잘 보여주는 신약 본문은 행 2:42이다. 칼빈은 카톨릭의 부패한 미사를

---

50) 드 종, 『개혁주의 예배』, 10.

극복하는 확실한 방법은 성경으로 돌아가 초대 교회와 초대 교부들이 따른 예전을 회복하는 것으로 보았다.[51]

(4) 내면과 외형의 균형: 칼빈은 예배자의 마음의 준비는 기도 중에 손을 드는 것과 같은 제스처에 참 의미를 부여하고, 복장을 단정하게 한다고 본다. 외형보다는 내면이 중요하지만, 그 외형이 내면과 일치할 때 엄격하게 금지하지 않는다.[52]

(5) 공 예배와 삶의 균형: 칼빈은 주일 공 예배는 물론 삶의 예배를 같이 제시하는 균형도 보였다.

한국 교회는 사람을 많이 불러 모으는 것, 예배의 방법, 예배당의 인테리어나 분위기 조성을 강조하기 전에, 예배의 대상이신 창조주이시며 구속주이신 하나님의 인격과 사역에 대한 지식을 더 교육할 필요가 있다. 그 다음 구원의 목적에 충실한 영적 예배를 추구해야 한다. 그리고 칼빈 당시의 카톨릭처럼 예배자의 양심을 속박하는 것이 무엇인지, 인본적인 성상이나 회화나 조각이 무엇인지 살피고 제거해야 한다. 한국 교회는 루터교의 전통을 따라 예배 중에 성경이 금하지 않는다고 해서 너무 많은 것을 허용하지 않는가?[53] 예배 가운데 인본

---

51) 개혁교회는 예전을 소홀히 취급하지 않으며 빈약하지도 않다. 정중하면서도 역동성과 자유함과 기쁨과 감사가 있다. 그런데 한국교회는 '예배' 대신 미국의 부흥 시대의 영향을 받아 '부흥 집회'에 익숙하기에 대체로 예전이 빈약하다고 평가할 수 있다.

52) 설교자가 설교시 박사학위 가운을 입는 것은 넌센스다. 그리고 주일 예배를 위해서 많은 경비를 들여 꽃을 화려하게 장식하는 것도 지양할 필요가 있다. 그리고 소위 '본당'의 꽃 장식은 수요 기도회 때에나 다시 볼 수 있기에 비효율적이다. 주일에 사용된 장식용 꽃을 주중의 환자 심방이나 축하할 일에 사용하는 것을 고려할 만하다.

53) 하이델베르크 교리문답 96문을 들어보자: "그 자체로는 중립적이며 하나님께서 명령하시지도 금하시지도 않은 것들이라 할지라도, 그것들을 지정하여 하나님께 드리는 예배로서 행하도록 하거나, 혹은 그런 것들을 행하면 하나님께서 영광을 받으시고 그것들을 소홀히 하면 하나님께서도 소홀히 여김을 받으신다고 생각한다면, 성경은 이 본문들과 다른 비슷한 본문들에서 그것들을 정죄하는 것이 분명히 드러나는 것이다. 그러므로 그 자체로서 중립적인 행위들은 하나님께 예배하는 행위들과 조심스럽게 구별해야 한다." 참고. 웨스트민스터 신앙고백 1.6; 20:2 그리고 웨스트민스터 대 교리문답 109.

적인 요소들은 일부 임직예배 때에 예배 순서를 불필요하게 여러 사람이 나누어 맡는 것,[54] 주일 오전 1부 예배를 지나치게 일찍 시작하여 (예. 오전 7시) 사람의 편의를 추구하고 온전한 주일성수를 어렵게 만드는 것, 예배 음악 중 지나친 악기와 그 음향에 의존하는 것, 찬송의 내용이 송영보다는 간증 차원의 부흥 집회에 어울리는 복음송을 자주 부르는 것,[55] 청년부 예배를 따로 드리는 것, 찬양대에 지나치게 부여된 중요성,[56] '복의 선포'를 마술 공식처럼 여기는 것,[57] 그리고 주일 오전 예배와 오후(저녁) 예배 순서가 다른 점 등 사람의 유익과 편리를 기준으로 삼는 것이 아닐까?[58]

로마 카톨릭의 문제 뿐 아니라 한국의 예배에서 주의할 것은 구약의 '그림자' 예배적 측면이 무엇인지 살피는 것이다. 이를 위해서 무미건조하고 타성에 젖은 예배 분위기를 타파하고, 구약의 성취자이신 예수님과 성령님 중심의 교회 절기를 지켜야 한다. 예를 들어, 맥추감사절을 성령강림주일로 대체하는 것과 예수님의 승천 기념 및 축하

---

54) 교회 직분자의 임직식은 개 교회의 일꾼을 세우는 것이기에, 주중이 아니라 주일 예배 중에 간단히 하는 것이 옳다.

55) 한국교회가 매 주일 시편송(예. 칼빈의 제네바 시편송)을 한 곡씩 배울 것을 추천한다. 한글로 번역된 '칼빈의 제네바 시편'의 몇 몇 악보와 찬양을 '한국개혁주의 설교연구원' 홈페이지(www.kirp.org)에서 보고 들을 수 있다.

56) 칼빈의 예전에 의하면 한국 교회처럼 찬양대가 성경 봉독과 설교 전에 찬양을 따로 부르지 않았다. 칼빈 당시 찬양대가 매주 따로 찬양을 하지 않은 것은 '만인 제사장설'에 기초한다. 칼빈은 말씀과 별도의 악기 연주 그리고 화음을 넣어 부르는 것도 반대했다. 대신 찬양을 인도하는 사람들을 따로 두어 생소한 찬양을 지도하거나, 시편송을 가르치는 것은 금할 일이 아니다. 그것은 예배를 위해서 음악의 은사를 활용하는 것이기 때문이다.

57) 복의 선포(Benediction) 시 목사가 성경 구절 그대로 읽는 것이 바람직하며, 무언가를 지나치게 첨가하는 것은 지양해야 한다.

58) 일부 대형교회는 유아세례를 주일 예배에 시행하지 않고, 토요일에 그것도 1년에 몇 차례만 시행한다. 이것은 언약의 자녀를 주신 하나님께 언약공동체가 함께 감사하며 축하해야 한다는 기본 원칙을 깨뜨리는 것이다. 이것은 예배 시간을 정해 놓고 그 안에 마쳐야 하는 대형교회의 한계이다.

예배를 지키는 것, 그리고 과거지향적인 추도식 분위기의 성찬식을 과거-현재-미래가 공존하는 잔치와 회복의 시간으로 전환하여 자주 시행하는 것 등이다.

성령의 역사로 일어나는 믿음을 사모하는 예배자의 준비된 내면과 예전의 외적 순서가 균형을 이룬 예배가 필요하다. 마지막으로 주일 공 예배의 은혜가 성도의 일상생활 속에 경건의 실천으로 열매 맺도록 지혜를 모아야 한다. 이 작업이 성공적으로 정착될 때, 세상 속의 소금과 빛의 사명을 감당하여 하나님께 영광이 돌려지고, 하나님이 옳다 인정을 받으실 것이다.[59]

---

59) 남 캐롤라이나 주 소재 Greenville Presbyterian Theological Seminary의 Joseph A. Pipa Jr.교수의 '칼빈의 예배관'에 관한 특강을 '한국개혁주의 설교연구원' 홈페이지 (www.kirp.org)에서 동영상으로 볼 수 있다. 그는 세 부분으로 나누어 강의했다: (1) 예배에 관한 규범적 원리, (2) 규범적 원리의 4가지 요소(말씀 중심성, 영성-영적 성장, 단순성, 공경성), (3) 실제 예배(예배 요소와 정황).

칼빈의 예배 이해를 통해서 본 설교의 본질

(The Essence of Preaching in Calvin's Understanding of the Worship)

이 우 제 교수 (백석대학교)

1. 서론

칼빈에 관한 연구들이 봇물처럼 쏟아져 나오고 있지만, 안타깝게도 칼빈의 예배와 설교의 관련성을 다루는 글은 전무한 상태이다. 칼빈에게 있어서 예배와 설교는 따로 떼어서 생각할 수 없는 씨줄과 날줄처럼 얽혀져 있음에도 불구하고, 대부분의 경우 이것들이 개별적인 이슈로 다루어지고 있는 실정이다. 칼빈이 사용한 예배순서를 살펴보면 예배 가운데 가장 중요한 요소는 하나님께서 우리에게 말씀하시는 측면, 즉 성경을 읽고 설교하는 것에 초점이 맞추어져 있음을 알 수 있다. 또한 예배의 중심이 되고 있는 설교의 궁극적인 목적은 다시 회중들을 하나님께 합당한 가치를 드리게 하는 것, 곧 하나님을 향한 예배로 인도하는데 있다고 할 수 있다. 이렇게 예배에서 설교를 중시하고, 설교는 다시 사람들을 하나님께 예배하도록 인도하고 있기 때문에, 이 두 주제는 구분 될 수 있지만 분리되어질 수는 없다. 칼빈의 설교와 예배를 함께 연결해서 생각해야 할 이유가 여기에 있다. 이 논문의 목적은 일차적으로 과연 칼빈은 그가 속해 있던 시대 가운데 어떤 예배를 드리기를 원했고, 그 예배적 맥락 가운데서 어떻게 설교하였는지를 살펴보는 것이다. 그러나 우리가 이 부분에 대해 관심을 집중해야 하는 또 다른 이유는 16세기 칼빈의 예배와 설교의 형태와 방식을 답습하기 위한 것이 아니다. 오히려 절대로 망각해서는 안 되는 소중한 전통과의 만남을 통해서 우리들의 현재를 깊이 성찰해 보려는 것이다. 다시 말해서, 칼빈을 통해 우리 시대 예배와 설교의 현주소를 정확히 진단하고 우리들이 나아가야 할 올바른 방향성을 제시하기 위해서이다.

칼빈이 우리시대를 향해서 도전해 주는 예배의 정신은 한마디로 논한다면, 인간을 부각시키는 예배에 경종을 울리고 우리로 하여금 다시금 하나님 중심성을 철저하게 확보해야 할 필요성과 나아가야 할 길을 제시하는데 있다. 피터 훈(peter Hoon)의 견해처럼, 기독교 예배를 "하나님의 계시와 그에 대한 인간의 응답"으로 정의하게 될 때,[1] 예배는 '인간에 대한 하나님의 봉사' 와 '하나님에 대한 인간의 봉사' 의 두 축으로 구성되어져 있다고 할 수 있다. 점차로 대세가 되어가고 있는 인간중심적인 예배에서도 회중들이 예배를 통하여 은혜도 받고, 회개하며 새로워지는 일도 있기 때문에 '인간을 위한 하나님의 봉사' 는 여전히 존재한다고 볼 수 있다. 그러나 현대 예배의 심각한 문제점은 '하나님을 대한 인간의 봉사' 가 사라져 가고 있는 점이다. 예배학자 조기연은 이점을 많은 교회들이 도입하고 있는 열린 예배의 문제점을 실례로 들면서 적절하게 지적하고 있다.

> 이 사실은 구도자 예배를 최초로 시작한 윌로우크릭 교회에서 스스로 인정하고 있는 바다. 이 교회에서 제공한 예배실황 비디오테이프에 의하면 광고

---

1) Paul W. Hoon, Integrity of Worship (Nashville: Abingdon Press, 1971), 77.

시간에 스태프 중의 한 사람이 나와서 말하기를 "이 예배는 구도자를 위한 우리의 선물(This service is our gift for the seekers)"이라고 말하는 대목이 있다. 이 한마디에 구도자 예배는 '하나님을 위한 인간(회중)의 봉사'가 목적이 아니라, '구도자를 위한 교회의 봉사', 즉 '인간을 위한 인간의 봉사'가 그 본질적인 목적이라는 것이다.[2]

예배가 이렇게 하나님께 영광을 돌리는 신 중심적인 관점에서 인간 심정의 갈망을 충족시키는 것으로 설정되었기에 설교도 역시 그 목표를 달성시키는 수단으로 쓰이는 것은 당연한 결과라고 할 것이다. 우리시대의 설교는 무엇이 하나님이 원하시는 진리인가보다는 어떻게 회중들이 갈망하는 현실적인 필요(felt need)를 만족시킬 수 있는가에 초점을 맞추고 있다. 성경적인 올바른 예배가 이뤄지려면, 요한복음 4장 24절에 지적하는 것처럼 진리 안에서 드려지는 예배가 되어야 하는데 진리가 실종된 예배, 진리를 바르게 선포하고 구체적으로 적용하는 설교가 상실된 예배가 대세를 이루고 있는 실정이다.

이에 반해 칼빈에게 있어서 예배는 철저하게 하나님 중심적이어야 할 것과 그것을 위한 하나님의 말씀과 설교의 중요성을 역설하고 있다. 하나님 중심적인 예배가 될 수 있는 근거가 올바른 지식을 가지게 될 때라고 주장한다. 바른 지식을 상실한 설교가 전파되는 인간적인 종교심에 근거한 예배는 우상숭배를 위한 시발점이 된다고 할 정도로 칼빈은 하나님에게 초점 맞추는 바른 예배는 올바른 진리를 선포하는 설교를 통해서 이룩될 수 있다고 이해한다.[3] 이면에서 칼빈은 사람들의 감정을 터치하여 하나님의 임재의 경험을 도출해 내려는 인간 중

---

2) 조기연, 『한국 교회와 예배 갱신』(서울: 대한 기독교 서회, 2004), 77.
3) 『기독교 강요』, 1.4.1-3.

심적인 예배에 몰두하는 사람들과는 다르게 지성적인 측면을 강조하고 있음을 알 수 있다. 하나님 중심적인 예배의 선결조건은 성경진리를 바르게 설명하여 전달해야 할 것을 강조한다.

그러나 여전히 남아 있는 해결해야 할 물음은 남아 있다. 칼빈이 기독교 예배와 설교에서 지성적인 측면을 강조하는 것이 자칫 중세의 스콜라적인 설교를 답습하게 되는 것은 아닐까라는 점이다. 혹시 칼빈이 주장하는 하나님 중심성은 인간의 실존성이나 현실성을 무시하는 또 다른 극단으로 흐르는 것은 아닐까? 이러한 질문들은 다르게 말하면 과연 칼빈이 추구하는 하나님 중심적인 예배에서 회중이 영광의 하나님을 경험하는 문제에 대하여 어떤 견해를 피력하고 있는지에 대한 것이다. 이에 대하여 필자의 주장은 칼빈에게서도 역시 신적인 실재를 맛보는 경험적 측면을 중시한다는 것이다. 어떻게 회중이 하나님을 경험하게 되는가에 대한 물음에 대하여는 요한복음 4장 24절에 근거한 또 하나의 강조점인 "신령으로"가 답이 될 것이다. 인간 중심적인 예배를 선호하는 사람들이 주로 설교자의 테크닉을 통하여 인간의 감성이나 현실적인 필요를 통하여 종교적인 경험에 도달하려고 하는 것에 반해서, 칼빈은 성령을 통하여 계시가 원래 가지고 있는 설득적 성격을 반영하는 것으로 하나님을 경험하는 것을 강조한다. 이 때 반드시 하나님의 말씀은 지성적인 측면을 뛰어넘어 감성적인 측면을 포괄하는 방식으로 드러나게 된다. 정리하면 칼빈에게 있어서 공적 예배와 더 나아가 삶의 예배에서 하나님의 영광과 광휘를 경험하게 되는 길은 하나님 말씀에 대한 바른 지식을 전달하는 지성적 측면을 통해, 말씀을 구체적인 회중의 삶의 현장에 적용하는 감성적 측면을 함께 아우르는 것을 통하여 가능케 된다고 이해한다. 뿐만 아니라 칼빈의 하나님 중심적 예배와 그를 위한 설교에서 절대적으로 중요한 것은 바로 성령의 역할이라는 점도 빼놓을 수 없는 논의의 대상이 되어야 할 것이다.

이에 대한 보다 심도 깊은 논의를 위하여, 2장에서 현대의 인간 중심적인 예배의 경향과 그에 따른 설교의 문제점을 다루고, 3장에서 칼빈에게 있어서 하나님 중심적 예배와 그것을 위한 기준이 되는 하나님 말씀의 중요성에 대하여 논의 하게 될 것이다. 그리고 마지막 4장에서 칼빈 설교의 특징을 다루게 될 것이다. 여기서 칼빈 설교의 특징을 빛과 열기라는 두 측면으로 나누어 설명하게 될 것이다. 즉 다시 말해서, 진리의 빛을 밝히는 지성적인 측면을 강조하는 설교와 신적인 실재를 맛보게 하는 경험적인 측면을 강조하는 설교를 논하게 될 것이다. 경험적 측면을 논할 때 적용과 성령의 중요성이 강조될 것이다.

2. 현대 인간중심적인 예배의 경향과 그에 따른 설교의 문제점

(1) 인간중심적 예배의 경향

우리 시대를 지배하는 예배의 가장 큰 특징은 인간이 부각되는 예배를 드림으로써 예배의 중심이 되어야 하는 하나님을 상실하고 있는 것이라고 지적 할 수 있을 것이다. 예배라는 뜻의 worship이라는 말은 앵글로 색슨어인 'weorthscipe'에서 유래된 것으로, 이것은 '가치'라는 말 worth와 '신분'이라는 말의 'ship'의 합성어이다. 종합하면 예배는 가장 가치 있는 어떤 사람, 어떤 대상에게 그에 상응하는 최고의 존귀와 영광을 돌리는 행위라고 할 수 있다.[4] 이러한 용어적

---

4) James White, 『기독교 예배학 입문』, 정장복 & 조기연 역 (서울: 예배와 설교 아카데미, 2000), 34.

정의에 근거한다면, 예배는 기본적으로 인간의 필요를 만족시키는 행위이기 이전에 하나님께 영광을 돌리는 행위여야 하는 것이다. 현대 예배의 타락은 하나님께 돌려야 하는 영광을 탈취하여 인간이 만족하는 예배, 인간이 즐길 수 있는 예배로 흐르는 경향 가운데서 발견되어진다.

비록 이론적으로 아는 사람도 하나님께 초점 맞춘 예배를 부인하지 않겠지만, 실질적으로 점차로 하나님을 대신하여 인간이 중심이 되는 예배 쪽으로 나아가고 있는 것을 부인할 수 없을 것이다. 현대 기독교 예배는 하나님의 영광과 광휘보다는 고객 중심적인 예배(consumer-oriented worship)가 점차로 대세를 이루고 있는 실정이다. 이제 좋은 예배의 기준은 하나님이 얼마나 기뻐하시는 예배인가에서 얼마나 흥미롭고 재미있는 예배인가로 바뀌고 있다. 조기연의 주장처럼,[5] 지금 우리는 "예배로 하여금 좀더 '이해' 되기 쉽고 더 '인간의 필요'를 채워주며 좀 더 부드럽고 친교적인 예배가 되게 하지만, 반대로 '하나님 경외' 라고 하는 예배의 본질을 상실하거나 크게 약화시키는 것이 사실이다. 이런 예배를 계속 드릴 경우 회중의 마음속에는 하나님보다는 '나', 하나님의 영광보다는 '나의 필요' 로 가득 채워지게 되며, 예배는 하나님과의 만남이라기보다는 목사와 만남이거나 주의 백성끼리의 만남으로 전락할 위험이 있게 된다."

이렇게 교회가 마케팅 원리에 지배받게 되면 기독교 예배에서 우리의 경배를 받기에 합당하신 위대하시고 거룩하신 하나님은 사라지고 대신에 우리에게 친절한 하나님이 섬김의 대상이 되고 만다. 그렇게 될 때, 더 이상 예배에서 하나님은 중심이 되지 못하고 세상 마케팅

---

5) 조기연, 『한국 교회와 예배 갱신』, 155.

정신에서 가장 중심에 있는 소비자의 위치에 해당하는 회중의 필요나 만족감이 우선시되어지게 된다. 경배의 대상이신 하나님 보다 소비자인 회중이 중시되는 마케팅 원리에 근거한 인간 본위의 예배는 결국 인간이 하나님과 주고받는 거래로 전락해 버리게 된다. 옥성호는 그의 도발적인 책, "마케팅에 물든 부족한 기독교"에서 이점을 잘 지적해 주고 있다.[6]

> "마케팅이 원하는 나와 하나님 간의 간격을 최대한 줄이는 것입니다. 멀리 떨어진 하나님과의 간격을 줄이는 데 가장 효과적인 수단은 감정의 고조입니다. 마케팅 교회 속에서 예배는 '사귐'의 장소로 바뀝니다. 나는 하나님께 당신이 그토록 원하시는 나의 사랑을 드리고 그 대신 나는 하나님으로부터 필요한 자원들을 얻어내는 일종의 거래가 이루어집니다."

그렇다면 왜 현대 교회의 예배는 이런 모습으로 흐르게 된 것일까? 대부분의 경우 인간중심의 예배를 추구하는 사람들의 동기가 문제가 되는 것 같지는 않다. 많은 경우에 그들의 동기는 "사람을 위하여" 드리는 예배를 효과적으로 구상함으로써 "하나님을 위하여" 드리는 예배로 나아갈 수 있다고 판단한 것이라고 보인다. 기독교가 현대인의 구미를 사로잡지 못하는 원인이 수평적 측면을 고려하지 않은 채, 지나친 수직적 측면을 강조하는 예배에 있다고 진단하고, 그에 대한 대안으로 제시하는 것이 회중의 위치에서 출발하여 하나님 혹은 계시의 영역으로 이르는 방식을 선택하게 된 것이다. 마케팅 중심의 기독교 예배는 어떤 의미에서는 "아래로부터의 신학"에 대한 실천으로 보아도 무방할 것이다. 기독교를 현대인들에게 적실한 것으로 만

---

6) 옥성호, 『마케팅에 물든 부족한 기독교』(서울: 부흥과 개혁사, 2007), 437.

들기 위해 그들이 서 있는 자리에서 출발하여, 그들의 체감 필요를 만져주는 것을 통하여 하나님을 경험하도록 만들려는 시도라고 할 수 있다. 이를 위해 감성적 터치를 통해 사람들이 하나님의 임재를 느낄 수 있는 경험을 만들어 내는 예배를 선호하게 되었다. 이러한 입장에 서 있는 사람들은 예배가 특히 불신자들을 전도하는데 있어서 구도자들에게 호감을 살 수 있도록 준비되어야 하고, 접근하기 용이한 방식과 감성을 자극케 하는 형식으로 나아가야 할 것을 주장한다. 그러나 과연 그들의 방향성은 옳은 것일까? 이에 대해 뛰어난 영성신학자인 마르바 던은 단호한 입장을 취하고 있다. 그녀에 따르면, 예배의 초점은 일차적으로 전도에 있는 것이 아니라, 하나님의 영광과 광휘에 잠기는 것(Immersed in Splendor)에 있다. 오히려 전도는 하나님을 향한 온전한 예배가 드려질 때 생겨지는 결과라고 보아야 할 것이다.[7] 결국 마케팅에 호소하는 현대의 인간 중심적 예배는 주로 선교적 측면을 깊이 염두에 두는 선한 동기에도 불구하고 하나님께 영광을 돌리는 예배의 본질을 놓치는 좋지 못한 결과가 생산해 낸 것이다.

(2) 인간중심적 예배에서의 설교의 특징

인간중심적 예배는 예배의 가장 중심부에 해당하는 설교와 밀접한 관련성을 갖는다. 예배가 하나님의 영광을 위한 목적을 상실하게 될 때, 설교도 역시 회중에게 어필하기 위하여 인간 경험에 호소하는 경향을 띄는 것은 지극히 당연한 귀결이라고 할 수 있다. 물론 복음을 다시 새롭게 경험케 하려는 시도 자체가 잘못이라고 말할 수는 없지만, 문제는 그것을 이뤄내는 방식에 있어서 과도하게 메시지의 모든

---

7) 마르바 던, 『고귀한 시간 낭비』(서울: 이레서원, 2004), 207-8.

관심을 청중의 흥미와 재미에 호소하는 것은 문제가 되는 것이다. 이런 경향은 성경을 오직 경험론적인 안경을 끼고 바라보게 함으로써 현대인의 기호에 우선순위를 두고 설교를 전개하게 만드는 우를 범하게 만들었다. 그러다 보니까 좋은 설교의 기준이 회중이 흥미를 느끼거나 회중에게 재미를 주는 설교로 전락해 버리고 만 것이다.

설교를 청중의 흥미 유발에만 초점을 맞추려는 현대적 경향은 우리 시대의 설교학이 점차로 현대 지배적인 서구 문화의 경향을 신학적 비판 없이 수용한 것에 기인한다고 볼 수 있다. 그 대표적인 정신이 바로 "구경꾼"(spectator)문화를 따라가는 것이다. 현대인은 지루함을 견디지 못하고 늘 새로운 재밋거리를 찾아다니고 있다.[8]현대인들은 그 어느 때보다도 더 재미있는 일로 자신의 삶을 채워야 만족하는 "오락 욕구"에 중독되어 있다. 우리시대 문화의 거울 노릇을 하는 텔레비전은 한마디로 이 시대의 형편이 어떠한지를 잘 대변하고 있다. 모든 프로그램이 흥미와 놀이 위주로 짜여 있는 것을 알 수 있다. 그러다보니 텔레비전은 청중의 관심을 사로잡기 위해 쉼 없이 우리의 정신을 혼미케 하고 끊임없이 변화를 추구하며 우리를 흥분상태 가운데 온통 열광하도록 만든다. 어느 사람이 잘 정의하였듯이 텔레비전은 "눈으로 씹는 껌"이다. 재미라는 단물이 있을 때까지만 씹고 버리는 껌 말이다. 이런 찰나적인 재미에 노출된 현대인은 늘 오락 거리를 찾아다니는 "죽도록 즐기기"의 경향으로 치달아 가게 된다. 이에 대해 데이비드 핸더슨의 말을 들어보자: "이렇게 되면 계속하여 일정 수준 이상의 자극이 몰려오기를 원한다. 사람들은 그들에게 휘몰아치는 줄거리를 따라잡기 위해 전개되는 이야기에 폭 빠져들고 싶어 한

---

8) David Henderson, Culture Shift (Grand Rapids: Baker Book, 1998), 77.

다. 사람들은 무언가 끊임없는 움직임, 무지막지하게 큰 소리, 계속하여 생각을 하지 않아도 되는 춤에 빠져서 사는 것을 좋아하게 되고, 또 그렇게 살기를 원한다."[9]

결국 이렇게 우리 시대의 구경꾼 문화에 길들여진 청중을 사로잡는 메시지에 혈안(?)이 되어 있는 설교자들이 .하나님을 기쁘시게 하는 설교보다 인간을 기쁘게 하는 설교를 하게 되는 것은 어찌 보면 지극히 당연한 결과라고 하겠다. 우리시대의 기독교가 자꾸만 오락 중심적인 경향으로 치닫는 것이 결국 하나님을 실종시키는 위험을 가지고 있음을 마이클 호튼은 다음과 같이 주장한다.[10]

"오락은 근원적으로 인간 중심이다. 사람은 오락을 통해 자신을 기쁘게 하고 흥분시키는 무엇을 찾는다. 오락은 시청자에게 정서적으로 만족을 준다. 하나님을 기쁘시게 하는가는 부차적인 문제다."

지금까지 구경꾼 문화에 호소하기 위한 오락 중심의 설교에 대하여 설명해 보았다. 이제 또 한 가지 인간 중심적인 예배적 분위기에서 주로 사용되는 설교적 특성은 회중을 소비자로 대하는 정신이라고 할 수 있다. 인간중심적인 설교를 선호하는 설교자들의 주된 관심은 청중의 상황과 그들의 체감하는 현실적 필요(felt need)에 대한 개인적이고 심리 치료적인 복음을 제시하는데 집중되어 있다. 이렇게 청중의 필요에서 출발하여 그들의 욕구를 만족 시키는 설교는 "소비자"(consumer)로서 청중을 대하려는 우리시대의 소비자 중심주의적 견해에 기인한 것이다. 세상의 기업들은 온통 마케팅 전략으로 소비자

---

9) Henderson, Culture Shift, 77.
10) Michael Horton, ed., The Agony of Deceit (Chicago: Moody Press, 1990), 163-64.

의 구매를 촉진시키기 위한 치열한 전쟁을 벌이고 있다. 현재 비즈니스 세계에서 소비자는 단순한 고객이 아니라 섬기고 받들어져야 할 왕으로 여겨지고 있다. 소비자 문화는 새롭게 청중의 구미를 사로잡는 세련된 상품이 계속 봇물처럼 쏟아져 나오게 만들어 더 많은 선택권을 구매자에게 제공해 준다. 이러한 소비자 중심주의에 길들여진 현대인은 '내게 꼭 맞는 것'을 찾아다니며, '나의 필요를 채워주는 것'을 진리로 여기는 삶의 태도를 갖는다. 이 시대의 소비자 문화에 사는 청중에게 호소하는 실용적이고 필요중심의 설교(need-oriented preaching)에서 복음은 생산품으로 여겨지고, 설교자는 생산자로 회중은 소비자로 취급되고 있다. 이러한 구조 가운데서 생산품과 생산자는 모두 소비자를 만족시키기 위해서 존재한다. 항상 중심에는 소비자들인 회중이 존재하게 된다. 소비자들인 회중은 절대적 주권을 가지고 있으며, 어느 경우에든지 옳다.[11]

사실 설교를 듣는 회중의 느껴진(현실적, 체감적) 필요를 고려하는 것은 건강한 설교를 위한 필수요건이다. 설교에서 그 느껴진(현실적, 체감적) 필요가 실질적인 필요로 나아가기 위한 과정이 될 수 있다면 말이다. 예를 들면 수가성 여인을 변화시키시는 이야기에서 우리 주님도 현실적 필요(육신의 물)의 문제로 시작하여 실질적인 필요(영원한 생수)의 문제로 나아가고 있다. 이것이 사실이라면, 현대 인간 중심적 설교의 문제점은 설교의 파트너로서 회중을 고려한다는 점에 있는 것이 아니라, 설교가 점차로 회중의 기호나 필요에 함몰되어 가는 것이라고 할 수 있다. 이렇게 될 때, 설교를 통해 하나님 나라의 가치를 따라 살아가는 주의 백성들을 길러내는 것이 아니라, 세속적인 문

---

11) Henderson, Culture Shift , 91.

화적 가치에 길들여진 사람들을 양산하게 되는 위험에 봉착하게 된다. 더 이상 교회들이 지배적인 문화를 형성하는 것이 아니라 지배적인 문화를 주로 수용하게 되는 것이다.[12]

3. 칼빈의 하나님 중심적 예배와 그 기준이 되는 하나님의 말씀

(1) 칼빈에게 있어서 하나님 중심적인 예배의 특징

신학과 신앙적 체계에 있어서 뿐만 아니라 특별히 예배에 있어서 칼빈은 하나님의 영광을 우선시하고 있다.[13] 기독교 신앙의 목적은 회중을 즐겁게 하거나 회중의 체감 필요를 채워주는 것 그 이상의 문제이다. 사람들이 신앙생활을 통하여 재미를 느끼고, 현실적인 필요에 대한 해답을 얻는 것은 중요한 부분이기는 해도 우리들이 추구해야할 가장 최고의 가치는 아니다. 피조물인 인간에게 최고의 가치는 하나님을 추구해 가는 것이다. 웨스트민스터 소요리 문답 제 1문은 "인생의 제일 되는 목적은 하나님을 영화롭게 하고 그를 영원히 즐거워하는 것"라고 답해 주고 있다. 기독교인의 삶의 목적이 그러하다면, 예배의 목적도 역시 하나님 영광이어야 한다. 기독교 희락주의를 주창하는 존 파이퍼가 말한 것처럼, 예배에 있어서 중심적 역할을 하는 설교의 목표는 "바로 사람들의 영혼 속에 하나님의 주권과 영광이 부흥할 수 있도록 하는 것이다."[14]

---

12) 던, 『고귀한 시간 낭비』, 220.

13) Hughes Oliphant Old, The Reading and Preaching of the Scriptures in the Worship of Christian Church vol.4 (Grand Rapids: Eerdman, 2002), 132.

14) 존 파이퍼, 『하나님의 방법대로 설교하십니까』, 이상화 역 (서울: 엠마오, 1995), 84.

그렇다면 칼빈을 위시한 개혁신학을 주장하는 사람들이 기독교인의 삶과 예배에서 하나님의 영광을 이토록 중시하는 이유는 무엇일까? 두 가지로 설명이 가능할 것이다. 첫째로는 하나님께서 영광 받기에 합당하신 분이시기 때문이다. 특히 인간을 구원하시는 사역과 관련해서 생각해보면, 하나님께서 죄악 가운데 있던 우리를 예수 그리스도 안에서 그 분의 중보직을 통하여 구원의 은택을 베풀어주셨기 때문에[15] 모든 영광을 하나님께만 돌려드리는 것이 너무도 당연한 결과라고 할 수 있다. 칼빈의 말씀 중심의 예배 순서의 전반부분에는 반드시 '죄의 고백'(Confession of Sins)과 '용서의 선언'(Absolution)을 하고 있다. 물론 전통적으로 로마 카톨릭과 루터의 예배 전통에서 하나님께 자신의 죄에 대한 자비와 용서를 구하는 '끼리에'를 사용하고 있었지만, 칼빈은 이것 대신에 보다 강렬한 진정성을 드러내기 위해서 자신들의 죄를 고백하는 기도로 바꾸었다. 죄의 고백이 있은 후에는 타락한 인생을 향한 하나님의 자비를 구하면서 용서를 받는 순서를 갖게 된다.[16] 이렇게 죄의 고백과 용서의 선언을 예배 전반부에 위치시키는 이유는 "하나님께 예배하는 자들이 먼저 자신의 죄와 허물을 고백하고 하나님의 긍휼과 용서를 받은 후, 하나님께 나아가 예배를 드리기 위함이다."[17] 그 어디에서도 용서받을 수 없는 죄인들이 하나님이 은혜 가운데 중보자 예수 그리스도를 통하여 용서와 사죄의 은총을 경험하게 된 것을 상기시킴으로서 그 은혜를 베푸신 하나님께

---

15) 칼빈의 주석에서 중보자이신 예수 그리스도에 대한 논의를 위해서는, 조셉 하로투니언, 『주제별로 정리한 칼빈주의 정수』, 이종태 역 (서울: 생명의 말씀사, 1994), 165-185쪽을 보라.
16) 칼빈이 주로 사용하였던 '죄의 고백'과 '용서의 기도'의 내용을 확인하기 위해서는, Bryan Chapell, Christ-Centered Worship, 46-47쪽을 보라.
17) 이현웅, 『존 칼빈의 설교와 예배』(서울: 이레서원, 2009), 117.

오로지 영광을 돌리는 예배가 되게 하였다. 이면에서 하나님께 영광을 돌리는 하나님 중심적 예배는 중보자 예수 그리스도를 통한 예배라고 할 수 있다. 또한 후에 논의하겠지만 하나님 중심의 예배가 신령(성령)으로 드리는 예배임을 감안할 때, 삼위일체 하나님이 강조되고 있음을 알 수 있다.[18]

그러나 이것만이 칼빈과 그의 후예들이 하나님의 영광을 강조한 전적인 이유는 아니다. 또 다른 측면에서 생각해 본다면, 예배드리는 회중을 철저하게 하나님의 영광 앞에 세우는 이유는 인생에게 하나님의 영광이 필요하기 때문이라고 감히 말할 수 있을 것이다. 하나님께서 인생들로 하여금 그 분의 영광으로 나아오게 하실 때, 그 분은 언제나 그 길이 인생을 가장 복되게 하는 길임을 아시기 때문이다. 이것이 사실이라면 인생들에게 가장 절실히 필요한 것은 그 분의 영광이라고 말할 수 있다. 존 파이퍼의 설명을 귀담아 들어보기로 하자:[19]

> "사람들은 하나님의 위대하심을 갈구한다. 그러나 대부분의 사람들은 곤경에 빠진 자신들의 삶에 이 진단을 적용하지 않는다....하나님의 영광과 위대하심은 우리에게 적절하다. 여론 조사가 은혜와 주권의 하나님, 하나님의 지고한 위대하심을 고려조차 않는 일반적인 필요들을 늘어놓는다 한들 관계없다.

---

18) 칼빈의 예배의 중심이 되고 있는 설교에서 삼위일체론적인 강조에 대하여 잘 정리해 놓은 책으로 추천하고 싶은 것은 바로 Greidanus, Preaching Christ from the Old Testament: A Contemporary Hermeneutical Method (Grand Rapids; Eerdmans Publishing Company, 1999)를 보라. 류응렬은 시드니 그레다누스의 견해를 인용하면서 루터가 주로 그리스도 안에서 믿음으로 말미암은 칭의에 초점을 맞춘 구원에 관심을 가졌다면, 칼빈은 보다 넓은 관점, 즉 하나님의 주권과 은혜의 정점으로 예수그리스도를 강조하고 있다고 주장한다. 그 면에서 칼빈은 삼위일체 하나님 중심의 설교를 행하고 있다고 보았다. 류응렬, "구속사적 설교", 『신학지남 』(2008년 가을호, 296호), 60-91.

19) John Piper, The Supremacy of God in Preaching (Grand Rapids: Baker Books, 1990), 9-11, 30, 109.

그 지고한 위대하심이 가장 절박한 필요다. 사람들은 하나님을 헐떡거리며 찾는다. 사람들에게는 일주일에 단 한 번 만이라도 자신의 목소리를 높여 하나님의 높으심을 선양할 수 있게 해 주는 그 누군가가 필요하다.....이런 사실이 설교와 연결하여 지닌 함축적인 의미 중 하나는, 세상이 아니라 성경에서 실마리를 찾는 설교자들은 대다수의 청중이, 존재하거나 필수적이라고 생각조차 않는 영적인 실재를 붙들고 늘 씨름할 것이라는 사실이다....만약 하나님이 우리의 설교에서 높임을 받지 않으시면, 사람들이 세상 어디에서 하나님의 높으심에 대해 듣겠는가? 우리가 주일 아침에 하나님의 아름다우심이라는 잔치를 열지 않는다면 사람들은 자신들의 위로받을 길 없는 갈망을, 솜사탕을 빨면서 시간을 죽이고 종교적인 허세를 들으면서 충족시키지는 못할 것 아닌가? 주일 아침에 하나님의 주권적인 은혜의 샘물에서 생수가 흘러나오지 않는다면, 사람들은 월요일에 그들 스스로가 물 한방을 제대로 담을 수 없는 조수조를 파지 않겠는가(렘2:13)?"

(2) 칼빈의 하나님 중심적 예배에 있어서 기준이 되는 하나님 말씀

그렇다면 칼빈에게 있어서 하나님에게 영광을 돌리는 하나님 중심적 예배는 어떻게 확보될 수 있는가? 어떤 기준을 따르게 될 때, 하나님을 향한 진정한 예배가 이뤄지고 예배를 통하여 생활의 현장으로 나아가 참된 삶의 예배자를 길러 낼 수 있을까? 이 부분에 대한 답은 철저하게 "하나님 말씀의 기준을 따라서" 라고 말해야 할 것이다. 하나님은 말씀을 통해서 자신의 뜻을 계시하고 있기 때문에 하나님 말씀의 원리와 정신을 떠나서는 참된 예배가 형성되어질 수 없다. 칼빈의 예배순서를 확인해 보면 그가 얼마나 철저하게 말씀의 원리를 따라서 예배드리기를 고집했는지를 쉽게 확인할 수 있다. 그는 예배에서 성경 봉독(Scripture Reading)과 설교(Sermon)[20]를 강조하였고,

이에 앞서서 성령의 조명을 위한 기도(Prayer for Illumination
(with Lord's Prayer))를 배치시킴으로써, 성령의 역사로 봉독한 말
씀과 하나님의 말씀에 대한 설교를 올바르게 이해하고 깨닫기를 간구
하였다. 뿐만 아니라 성령의 조명을 위한 기도 이전에 행하는 찬양에
서도 시편의 말씀 그대로에 곡을 붙여 부르는 시편 송을 강조하는 것
을 본다. 그가 시편 송을 고집하는 이유는 예배에서 하나님을 찬송하
는 것 초차도 철저하게 하나님의 말씀에 근거해야 한다는 정신 때문
이라고 할 수 있다.[21] 시편 찬송이 갖는 하나님 중심, 말씀 중심의 예
배의 유익에 대하여 이정숙은 다음과 같이 주장한다. "칼빈은 찬양하
는 기도로 시편 찬송을 절대적으로 고집하였다...시편이 가진 하나님
의 다양한 속성에 대한 위대한 찬양과 환난 날에 대한 놀라운 위로가
예배 속에서 우리의 찬양이 되고 위로로 다가오게 된다. 시편찬양은
하나님의 말씀 그 자체이기 때문에 예배의 대상인 하나님이 중심이
된다. 의도적으로 시편찬양의 곡은 화려하지 않기 때문에 곡보다는
가사, 즉 하나님의 말씀 그 자체에 집중하게 도와주는 장점이 있다."[22]

　이제 보다 구체적으로 만약 예배에서 바른 하나님의 음성이 들려지
지 않을 때와 하나님의 음성이 올바로 들려질 때 어떤 현상이 이뤄지

---

20) 이정숙, "칼빈과 예배", 백석대학교 신학 대학원, 『백석신학 저널 』 제19권 (2009 봄호):
　　37-8. 이정숙은 칼빈의 예배에서 말씀이 얼마나 중요한 비중을 차지했는지를 목사 선발
　　의 조건을 제시하면서 설명하고 있다. "제네바에 예배를 가르켜 흔히 "설교(sermon)"라
　　고 지칭하는 것은 제네바 교회 예배의 핵심을 입증하는 것이다. 설교는 하나님의 말씀을
　　믿는 자들에게 전달하는 것이기에 제네바 교회는 목사를 선발하면서 목사의 자질에서 3가
　　지를 중요시 하였다. 즉 목사 후보자들은 1) 풍부한 성경지식과 바른 교리지식을 가졌는지
　　2) 후보자의 삶이 믿는 것과 일치 하는지 3) 말씀을 듣는 사람들의 눈높이에서 소통
　　(communication)할 수 있는 능력이 있는지를 심사하였다...또한 이러한 방식으로 선별된
　　목사들이 교회에서 말씀을 전할 때에 오늘날 "강해설교"에 해당하는 설교를 했던 것으로
　　보인다. "
21) 김상구, 『개혁주의 예배론 』(서울: 대서, 2010), 491.
22) 이정숙, "칼빈과 예배", 41.

는지를 살펴볼 필요가 있어 보인다. 먼저 칼빈은 예배에서 하나님의 음성이 제대로 들려지지 않게 될 때, 그 예배는 더 이상 하나님을 향한 경배가 아니라 우상을 숭배하는 행위가 된다고 주장한다.

> "하나님께서 그 말씀을 통해 우리에게 빛을 비추지 않으신다면 우리에게는 참 신앙이 없고 오직 빈 껍질과 미신만 남는다. 참 신앙과 미신을 구분할 수 있는 길이 이것이다. 즉 하나님의 말씀이 우리를 이끌면 참 신앙이 있고 각 사람이 자기 생각을 따르거나 또는 인간이 공통적으로 주장하는 의견을 함께 모여 따른다면 결과는 언제나 조작된 미신이다."[23]

칼빈은 진정한 예배 요한복음 4장 24절에서 밝히고 있는 것처럼 예배의 대상인 하나님에 대한 지식을 가지고 있어야 할 것을 역설하고 있다.[24] 칼빈의 관심은 하나님의 분명한 뜻을 깨닫고, 예배자들이 모두 알아들을 수 있는 언어와 수준으로 전달하는 "이해 가능한 예배(intelligibility of worship)"를 드리는 것이다. 그가 제네바 사람들의 언어인 불어로 예배를 진행하고, 글을 알지 못하는 사람들도 알아들을 수 있는 평이한 수준의 설교를 하게 된 이유가 여기에 있는 것이다.[25]

그러나 말씀에 대한 지식이 없이 혼돈과 무지의 상태에서 거행되는 예배는 필연적으로 우상 숭배로 나아갈 수밖에 없게 된다. 그 이유는 왜곡된 인간의 종교심(Sensus divinitas, semen religonis)이 사람들을 잘못된 길로 이끌어가기 때문이다. 타락으로 인하여 죄악 가운데 얼룩진 인간의 종교심은 자신의 만족을 위하여 하나님의 명령을 무시

---

23) *Com. on Jeremiah* 7:22-23.
24) John Calvin, *Commentary on John* 4:22.
25) 이정숙, "칼빈과 예배", 35.

하고 이를 어기는 중대한 죄악을 저지르게 만든다. 모든 우상숭배의 시발점이자 근원인 인간의 종교심은 인생들을 하나님께 나아가게 하면서도 결국 하나님을 기쁘게 하기 보다는, 하나님이 가장 싫어하시는 인간자신을 즐겁게 하려는 태도를 취하게 만든다.[26] 이처럼 지식이 없이 드리는 우상숭배의 대표적인 실례가 중세 카톨릭교회 예배이다. 칼빈은 "카톨릭 예배가 인간들이 만들어 낸 과도하게 많고 복잡한 의식(ritual)들과 절차에 의해 예배자들의 초점을 하나님에게서 멀리 떠나게 한다고 비판 하고 있다. 칼빈의 표현을 직접 빌리자면 카톨릭교회의 예배는 "겉으로 드러난 쇼(external show)", "영원한 미로(perpetual labyrinth)", 인간적인 고안(human inventions)", "미신(superstitions)"이다. 이러한 카톨릭 예배는 하나님을 예배하도록 인도한 것이 아니라 오히려 예배자들을 방황하게 만든다는 것이다. 과도한 의식으로 가득 찬 예배는 예배자들로 하여금 하나님에게서 멀리 떠나게 할 뿐만 아니라 사람을 숭배하게 만들 수 있는 함정이 있다고 보았다.[27]

지금까지 예배에서 바른 하나님의 음성이 들려지지 않을 때 우상숭배가 자행 될 것을 설명했다. 이제는 반대로 예배에서 하나님의 음성이 올바로 들려질 때 어떻게 되는지를 살펴볼 필요가 있을 것이다. 이미 위에서 여러 차례 언급한 것처럼, 하나님의 말씀이 제대로 들려지게 될 때, 하나님께서 영광스럽게 경배 받으시게 된다. 여기서 중요한 점은 하나님이 그의 백성들이 어떻게 할 때 영광을 받으시게 되는지를 분명히 아는 것이다. 하나님이 영화롭게 되는 것이 그저 우리가 공

---

26) 이신열, "칼빈의 예배론: 칼빈의 창조론을 통해 살펴 본 그의 예배 본질 이해", 고신대학교 개혁주의 학술원(편), 『칼빈과 교회 』(부산: 고신 대학교 출판부, 2007): 215.
27) 이정숙, "칼빈과 예배", 36.

적인 예배시에 그 분의 성호를 찬양하고, 설교에서 그 분의 위대하심을 선언하는 것만으로 가능한 것일까? 결코 그렇지 않을 것이다. 분명히 공적인 예배의 자리에서 계시록의 24장로들처럼 면류관을 벗어던지고 경배하는 것이 중요하지만, 거기에 국한 될 수는 없다. 삶의 예배로 나아가야만 한다. 하나님을 참되게 아는 바른 지식 가운데서 깨닫게 되면, 그 말씀으로 삶의 자리에서 진정한 예배자로 살아가게 되는 것이다. 이 면에서 칼빈이 강조하는 예배에는 하나님을 향한 섬김과 이웃을 향한 섬김이 함께 연결되어져 있다. 칼빈은 예배를 통하여 하나님과의 관계, 그리고 교회 구성원들 개개인 사이의 교제를 새롭게 한 사람들은 세상 속으로 나아가 하나님의 사랑을 실천해야 한다고 보았다.[28] 그렇다면 참된 예배는 공적인 모임 가운데 드려지는 의식적인 예배를 통하여 생활 속에서 하나님의 영광을 드러내기 위해 말씀에 순종하는 자로 살아가야 하는 것이다. 이면에 대해 제인 더글라스(Jane Douglass)가 정확히 설명하고 있다.[29]

> "칼빈에게 있어서 예배는 예전 예배와 세상 속에서의 예배라는 이중의 의미를 가지고 있다. 세상에서의 예배라 함은 항상 그리스도 안에서 하나님의 구원의 역사를 감사하며 하나님의 뜻을 행하는 것이다. 우리 안에서 역사하시는 성령은 우리로 하여금 우리를 사랑하시고 그리스도를 통하여 우리를 자유롭게 하사 찬양함으로 우리의 감사함을 표현하게 하시는 하나님을 의지하게 하신다. 또한 성령은 우리가 기꺼이 그리고 활발하게 우리의 감사를 표현하며 하나님의 목적을 성취하기 위해 우리들이 세상 속에서 들어가도록 우리를 부르고 계신다."

---

28) 이현웅, 『21세기에 다시 본 존 칼빈의 예배와 설교 』, 122-4.
29) Jane D. Douglass, "Calvin's Teaching: What Still Remains Pertinent?", in Ecumenical Review 39 (1987): 25.

아무튼 예전 예배가 세상 속에서의 예배로 까지 이어져 가려면, 반드시 먼저 하나님의 음성이 정확히 들려져야만 한다.

4. 칼빈 설교의 특성

이제 본격적으로 칼빈의 예배에서 중심을 차지하는 설교적 특성을 생각해 볼 시간이다. 칼빈의 설교론에 대한 여러 다양한 주제들을 언급할 수 있지만, 여기서는 개혁주의 설교에서 반드시 요구되는 건강한 설교를 위한 두 가지 구비 조건이라고 할 수 있는 "빛과 열기"의 요소를 한정지어 설명할 것이다. 빛의 요소는 설교를 성경본문을 정확한 강해로 칼빈의 지성적인 측면을 강조하는 것을 통하여 드러나게 되며 열기의 요소는 설교를 하나님의 말씀을 적용하여 신적 실재에 대한 경험적 측면을 강조하는 것으로 드러나게 된다. 이에 대한 구체적인 논의에 앞서서 먼저 성경에 대한 칼빈의 태도가 우선적으로 고려되어야 할 것이다. 그에게 있어서 설교는 바로 성경의 권위를 인정하는 것에서 생겨지기 때문이다.

(1) 칼빈의 성경관

다른 설교자들도 동일하겠지만, 칼빈에게도 역시 그의 설교는 그가 신봉하고 있는 성경관에서 기인한다고 볼 수 있다. 그의 성경관에 대한 전반적인 논의는 우리들의 관심사가 아니다. 오직 앞으로 전개될 두 주제 즉, 빛으로 대변되는 본문에 대한 강해적 측면과 열기 혹은 체험에 있어서 중요하게 다뤄져야 할 적용의 측면을 염두에 두면서 논의를 전개해 보겠다.

첫째로, 칼빈은 성경의 신적인 권위를 확신했다. 다른 개혁자들과 마찬가지로 칼빈도 역시 성경보다 교회의 전통과 유전, 교황의 가르침에 우선순위를 두었던 로마카톨릭에 대항하여 "오직 성경으로"(sola scriptura)를 주창하였다. "오직 성경으로"란 교회가 모든 권위의 최종적인 원천이 되고 말았던 중세적 상황 속에서 가히 혁명적인 주장으로서, 성경만이 신앙과 삶에 있어서 최종적인 권위를 갖는다는 것을 의미한다. 성경은 그 어떤 인간적 기원을 지닌 것이 하나도 섞여 있지 않은 오로지 하나님에게서만 기원한 것이다.[30] 칼빈은 '성령의 정확한 필기자들'에게 모든 성경이 구술되었기에[31] 일점일획도 오류가 없으며, 교회와 신자들이 따라야 할 유일한 규범이 될 수 있는 것이다.

이처럼 성경의 신적 권위를 인정하는 칼빈의 태도는 설교에도 깊은 영향을 끼친다. 설교자가 성경의 신적권위를 인정하게 될 때, 설교의 권위를 인정하게 되는 것은 어찌 보면 당연한 결과라고 할 수 있을 것이다.[32] 이러한 측면에서 칼빈은 설교를 다름 아닌 하나님 말씀의 선포라고 보면서 하나님 말씀과 설교를 동일시하였다. 비록 성경과 설교가 항상 같은 것은 아니지만, 이 둘은 따로 떨어질 수 없는 밀접한 연관성 속에 있다고 할 수 있다. 그렇다면 설교가 하나님의 말씀이 될 수 있는 길은 무엇일까? 아래에서 조금 더 자세히 논하겠지만, 칼빈은 설교가 오로지 하나님의 이름으로 말하는 권위 있는 하나님의 대사에 의해서 하나님의 말씀을 정확하게 풀어주고 해석해 줄 때 하나

---

30) *Com. on 2 Tim* 3:16.
31) *Inst.* 4.8.9: "sure and genuine scribes of the Holy Script (certi et authentici Spiritus sancti amanuenss)."
32) 티모씨 켈러, 『개혁주의 설교학』, 이은재 역 (서울: 나침반사, 1993), 37.

님의 말씀이 된다고 보았다. 이것을 또 다른 차원으로 설명하면 설교가 하나님이 자신을 보여주는 계시의 통로가 될 때 설교는 하나님의 말씀과 하나가 되는 것이다. 이 때 주의할 것은 설교가 계시여야 하기에 그 어떤 인간적인 사상이나 철학 혹은 주관적인 견해로 성경을 풀어서는 안 된다는 점을 명심해야 한다.[33]

둘째로, 칼빈은 성경 영감의 중요한 성격으로 적응 개념(Accommodatio)을 주장하였다. 위에서 성경이 하나님의 신적기원을 가진 영감된 말씀으로서 성령에 의해 모든 성경이 구술되었다고 할 때, 자칫 잘못하면 칼빈이 기계적 영감론을 주장하는 것으로 오해될 수 있다. 그러나 최홍석이 주장하는 것처럼, 칼빈이 구술되었다는 표현을 쓴 이유는 "모든 인간적인 판단 위에 있는 신적인 기원과 신적 권위를 가진 규범이란 사실을 말하려는 것이 칼빈의 의도였음을 유념한다면,[34] 그와 같은 성경은 당연히 인간에게서 나온 것일 수 없으며, 그 뿐 아니라 인간적인 불순의 오염으로부터 자유로워야 마땅할 것이다. 이런 차원에서 성경은 전적으로 하나님의 영감에 의한 결과물임을 칼빈이 말하고자 한 것이 틀림없다."

뿐만 아니라 칼빈이 기계적 영감을 주장하지 않았다는 보다 확실한 근거가 적응 개념이다. 칼빈에게 있어서 적응개념이란 성경을 영감하실 때, 하나님께서 자신을 인간의 한계에 맞추어 조정하거나 적응하시는 것을 의미하는 것이다. 하나님께서 자기 자신을 인간의 한계에 맞추어 조정하신다는 이 사상은 성경이 신적인 차원을 가지는 동시에 인적 차원을 갖는다는, 성경의 이원성을 이해하는 중요한 열

---

33) 설교가 하나님의 말씀이 될 수 있는 부분에 대한 보다 자세한 내용은, 파커, 『하나님의 대언자』, 황영철 역 (서울: 익투스, 2006), 64-69를 보라.
34) 최홍석, "칼빈과 성경의 영감", 고신대학교 개혁주의 학술원(편), 『칼빈과 성경』(부산: 고신 대학교 출판부, 2008): 17-18.

쇠가 된다.

적용개념 혹은 적용사상은 칼빈의 설교에 영향을 미친다. 칼빈은 설교를 할 때, 본문에 대한 단순한 주석이나 주해에 머물지 않고, 계속해서 한 구절이 끝나면 그 구절에 대한 적용을 통하여 말씀을 청중들의 구체적인 삶의 자리에로 이끌어 간다. 역시 후에 다루겠지만 설교는 단순히 본문의 의미를 풀이하는 것만이 아니라, 본문의 의미를 실천적인 삶으로 연결하는 적용으로 나아가야 하는 것이다. 이것이 칼빈에게 있어서의 경험적인 설교의 기초가 되는 것이다.

(2) 성경 저자의 의미를 밝히는 절별 주해식 설교

칼빈은 주된 설교 방식으로 성경저자의 의미를 밝혀주는 절별 주해식 설교(verse by verse preaching)를 사용하고 있다. 강해설교를 본문의 의미를 그대로 드러내는(expose)설교라고 정의 할 때, 칼빈의 설교를 강해설교라고 말할 수 있을 것이다. 그 어떤 설교자보다도 칼빈에게 있어서 저자의 의도를 좇아서 본문의 뜻을 분명하게 설명하려는 정신이 강하기 때문이다. 그러나 해든 로빈슨에 의해서 집대성된 북미의 강해설교의 정의- 즉 최소한 아이디어가 형성될 수 있는 강해단위(expository unit)를 따라 본문을 선정하여 거기서 중심 주제를 뽑아내고 그것을 지지하는 대지들을 구성하는 방식-를 기준으로 한다면, 칼빈의 설교는 강해설교라기보다는 주석식 설교에 가깝다고 할 수 있을 것이다. 비록 칼빈의 절별 주석식 설교가 설교학적으로 그리 바람직한 형태는 아니지만, 한 가지 분명한 것은 칼빈이 그 어떤 설교자보다도 성경 본문에 가장 충실한 설교를 하려고 했다는 점이다. 티모디켈러(Timothy Keller)는 건강한 성경적인 설교는 빛과 열기 모두를 가지고 있어야 하는데, 일차적으로 칼빈은 그 어떤 설교자보다도 말씀의 의미를 소상히 밝히는 "빛의 요소"를 잘 드러내고 있는 설교자이다. 빛의 요소를 잘 드러내기 위해서 칼빈은 수사학적인 기교나 화려한 언어구사 같은 것을 사용하지 않고, 대신에 모든 사람들이 알아들을 수 있게 단순하고 간결하게 설명하는데 주력하였다. 이 면에서 칼빈의 설교는 다분히 16세기 유럽의 전반적인 분위기라고 할 수 있는 지적인 형태(Scholastic sermon)의 교훈적 설교가 주류를 이루게 되었다. 이현웅은 칼빈의 설교를 "매우 지적이고 교인들을 말씀을 통해서 가르치고자 하는데 중심을 두었다...칼빈의 이런 설교는 언제나 이성에 기초한 지적이고 논리적이고 분석적이며 교훈적인 특성을 갖는다...오늘날 우리가 전통적인 설교라고 생각하는 모든 특징을 그대로 나타내는 설교라고 하겠다."[35] 라고 평가했다.

(3) 전인격적인 경험의 측면을 강조하는 설교

위에서 칼빈의 설교가 주로 지성을 강조하는 절별 주해설교라고 주장했다. 문제는 과연 칼빈이 전통적으로 우리들이 생각하는 것처럼, 지성주의의 덫에 걸렸다고 볼 수 있을지에 대하여 의문을 제기해 볼 필요가 있다. 만약 지성주의의 덫에 걸렸다면, 더 이상 칼빈은 감성주의의 덫에 걸려 있는 현대 마케팅 원리에 근거한 예배와 설교의 대안이 될 수는 없을 것이다. 오로지 또 다른 형태의 극단적 경향으로 나아갈 뿐이다.

위에서도 누누이 강조했지만, 칼빈이 지성에 강조를 둔 것은 사실이지만 거기에 머물거나 지성주의의 함정에 걸려 있는 것이 결코 아

---

35) 이현웅, 『21세기에 다시 본 존 칼빈의 설교와 예배 』, 88-89.

니라는 것이 이 논문의 일관된 논증이다. 오히려 칼빈이 강조한 것은
설교를 통해 하나님의 말씀이 지성을 지나 감성을 터치하는 것으로
하나님의 영광과 광휘를 경험하게 하는 쪽으로 나아가게 되는 것이
다. 칼빈은 빛의 요소만이 아니라 열기의 요소를 철저하게 강조한 신학
자요 설교자이다. 이렇게 칼빈이 메마른 지성주의를 극복하고 경험적
지식으로 나아가게 되었다는 것은 그의 설교에 두드러진 특징인 적용
에 대한 강조와 성령의 역할에서 뚜렷하게 찾아볼 수 있다. 첫째로, 설
교가 지성과 감성을 통합하는 전인격적인 경험이 되기 위해서는 적용
이 요구되어진다. 주해가 다분히 지식에 호소하고 있다면, 적용은 청중
들의 가슴을 만지고 말씀을 삶의 정황 가운데 구체화 시키는 역할을 감
당한다고 할 수 있다. 칼빈이 주해를 철저하게 강조하면서도, 주해가
끝난 후에는 어김없이 그 구절에 대한 적용을 향하여 나아가는 것은 그
당대의 설교적 분위기로 볼 때, 상당히 고무적이고 진일보한 모습이라
고 말할 수 있을 것이다. 삶에로의 적용이 없는 설교는 그저 본문에 대
한 뜻풀이에 지나지 않을 것이다. 그것은 성경 주석의 역할이지 설교의
역할이 아니다. 설교는 주해를 반드시 가지고 있어야 하지만 동시에 설
교가 도착해야 할 최종 목적지는 적용이어야 한다. 그 때 객관적이고
다소 추상적으로 느껴지는 하나님의 말씀은 회중의 삶에 깊숙이 파고
들어 오게 된다. 적용은 회중의 변화된 삶을 위해 지성에서 감성으로
나아가는 길목에 없어서는 안 되는 절대적인 열쇠가 된다.

　두 번째로, 설교가 체험적이 되기 위해서는 적용을 강조하는 형태
를 띠는 "말씀의 역사"만이 아니라, 성령의 역사가 절대적으로 요구
된다고 할 수 있다. 칼빈에게 그저 본문 말씀만 전해지는 설교로는 아

---

36) *Com. on* Luke. 1:16.

무런 신적인 임재의 체험이나 변화를 만들 수 없다. 오로지 말씀과 함께 성령의 내적 역사가 작용하게 될 때, 설교는 영적 능력의 도구가 될 수 있으며 가장 효과적인 결과를 생산해 낼 수 있게 된다.[36] 결국 효과적인 설교를 위해서는 성령이 하나님의 말씀과 함께(cum verbo) 역사해야만 하는 것이다. 칼빈을 연구한 많은 학자들이 그를 성령의 신학자로 부르는 나름대로 이유가 있는 것이다. 결국 지성을 강조하는 설교가 차가운 교리주의나 메마른 지성주의의 덫에 걸리지 않게 되는 비결은 요한복음 4:24절에 있는 또 하나의 바른 예배의 원리인 "영으로" 드리는 예배와 설교를 통하여 하나님을 경험하게 될 때라고 말할 수 있을 것이다.

5. 결론

본 논문은 현대 교회에 만연되어 있는 인간중심적인 예배와 설교의 문제점에 대한 처방으로 위대한 목회자이자 설교자인 칼빈의 예배와 설교 신학을 통한 대안적인 방향성을 모색하고자 하였다. 그것은 바로 칼빈이 주창하고 있는 하나님 중심적인 예배의 회복이라고 감히 말할 수 있다. 예배가 원래 하나님을 예배 할 수 없었던 죄악 가운데 있던 자들이 그 분의 은혜로 구원함을 받은 것에서 시작되기 때문에, 예배의 목적은 영광 받으시기에 합당하신 하나님 한 분에게 온전한 영광을 돌리는 것이라고 할 수 있다. 칼빈은 하나님께 영광을 돌리는 예배가 회복되려면, 무엇보다도 하나님의 음성이 제대로 들려져야 할 것을 역설하였다. 하나님을 아는 지식에 근거한 예배가 될 때, 회중이 하나님의 영광과 그분의 광휘를 맛보아 알 수 있게 된다는 칼빈의 확신 때문이었다. 칼빈이 설교를 주로 본문의 뜻을 풀이하는 절별 주해식 교훈적인 설교를 행하는 것이 바로 이러한 이유에서이다. 이를 위해 가급적 단순하고, 간결하고, 그리고 분명한 설명을 통해 하나님의 말씀을 설명하고자 하였다. 칼빈에게 지적인 측면에 대한 우선적인 강조점은 두드러진 특징이라고 할 수 있다. 이 면에서 칼빈은 온전한 예배란 다름 아닌 진리를 따라서 행하는 예배여야 할 것을 교훈하고 있다. 그러나 우리가 명심해야 할 것은, 비록 칼빈이 지성을 강조하지만 그것은 결코 전인적인 측면으로부터 분리된 것이거나, 메마른 지성주의적인 방식으로 나아가는 것을 의미하는 것은 아니다. 오히려 칼빈에게 있어서 지성을 기반으로 감성을 터치하고 급기야는 의지를 변화시키는 방식으로 하나님의 실재에 대한 체험적인 측면이 강조되고 있다. 지성에서 감성으로 나아가기 위해서 적용이 중요한 역할을 하게 된다. 또한 설교가 전인적인 삶의 변화라는 목표를 달성하기 위해서는 성령의 역할이 절대적이라고 할 수 있다. 정리해 본다면, 칼빈에게 온전한 예배란 진리 혹은 말씀을 통해서 뿐만이 아니라 성령을 통해서 이뤄지게 되는 것이다. 이런 면에서 현대 교회가, 추구해야 하는 진리가 실종된 채, 오직 회중의 감성을 터치하는 것을 통해 종교적인 체험을 이끌어 내려는 경향에 대한 심각한 문제제기가 요구된다고 할 수 있을 것이다. 반드시 지성적인 측면 ("말씀으로")을 강조하는 것을 통해서 감정과 의지를 만지는 체험적인 측면(성령으로)으로 나아가는 말씀사역이 제대로 이뤄질 때, 하나님의 영광과 존귀 그리고 그 분의 광휘에 잠기게 되는 예배가 회복된다는 칼빈의 주장은 오늘날에도 곱씹어 봐야 할 중대한 교훈이자 권면이라고 확신한다. 그리고 이것이 바로 우리들이 칼빈이 생각하고 강조하는 예배와 설교의 상호적인 관계를 보다 심도 깊게 연구해야 할 이유가 되는 것이다.

칼빈 신학의 전반적 맥락에서 본 그의 성찬교리

로버트 레탐 (Robert Letham)

번역: 김 진 흥 박사

1. 칼빈의 성찬론에 대한 반박

성찬에 관한 칼빈의 가르침은 개혁신학자들 가운데서 비판을 불러일으켰다. 이러한 비판은 특히 19세기에 더욱 그러했으며 최근까지 보편적 차원을 지니게 되었다. 윌리엄 커닝햄(William Cunningham)은 다음과 같이 널리 알려진 기록을 남겼:

츠빙글리의 견해는 로마 카톨릭 교회에서 일반적으로 성행하였던 것에 대한 반발이었으나 이는 그 당시의 다른 개혁주의자들에 대한 반발이라는 차원에서 비롯된 것이었으며 그의 성찬론은 다른 종교개혁자들로 하여금 다시 로마 카톨릭의 입장의 표현과 유사한 것으로 드러나도록 유도하였다. 이러한 경향은 칼빈에게도 다소 나타나지만 그의 경우에는 추가적으로 성찬을 왜곡하는 요소들이 존재하였다. 이는 루터와 그의 추종자들과 친밀함을 유지하려는 욕망과 성찬에서 그리스도의 육체적 현존에 관한 그들의 입장을 최대한도로 반영하려는 견해로 나타났다. 성례 전반 또는 세례에 관하여 칼빈의 주장에 나타난 내용들에 대하여 잘못을 집어내려하지는 않는다. 그러나 그가 성찬의 시여에 있어서 그리스도의 인성이 신자들의 영혼에 미치는 실제적 영향을 강조하기 위해서 노력하였다는 사실을 부인할 수 없다. 물론 이러한 노력은 전적으로 성공적이지 않았으며 루터의 공재설과 마찬가지로 이해하기 어려운 가르침으로 남게 되어 버리고 말았다. 아마도 이는 공적 교사로의 칼빈의 사역에 있어서 가장 중대한 오점에 해당된다. 이 문제에 있어서 그로 하여금 실수하게 만드는데 주로 작용하였던 것으로 보이는 영향은 일반적으로 그가 기독교회의 상이한 차원들 가운데 일치와 조화를 보존하려는 신실한 욕망에 전혀 기여하지 못했던 것으로 여겨지는데 이는 흥미로운 상황이다.[1]

1848년에 발간된 존 윌리엄슨 네빈 (John Williamson Nevin)의 저서인 『신비로운 임재 (The Mystical Presence)』에 대한 서평에서 찰스 핫지 (Charles Hodge)는 칼빈의 성찬론이 그의 전체 신학에 있어서 조화될 수 없는 낯선 요소이며 이는 곧 개혁 교회에 의해 부인되었다고 밝힌다[2]. 로버트 대브니 (Robert L. Dabney)는 칼빈의 성찬론을 난해하며 불가능한 것으로 간주했다.[3] 최근에 로버트 레이몬드 (Robert L. Reymond)는 비록 성찬에 관한 칼빈의 가르침 전반에 대해 동의하면서도 신자가 그리스도의 몸과 피를 먹는다는 그의 주장을 흐리게 만들었다. 이러한 반대 의견들을 살펴보기 전에 먼저 칼빈이 실제로 무엇을 가르쳤는가를 살펴보는 것이 필요하다.[4]

---

1) William Cunningham, *The Reformers and the Theology of the Reformation* (rpr., London: Banner of Truth, 1967), 240.
2) Charles Hodge, *The Princeton Review 20* (April 1848), 251.
3) Robert L. Dabney, *Lectures in Systematic Theology* (rpr., Grand Rapids: Zondervan 1972), 811.
4) Robert L. Reymond, *A New Systematic Theology of the Christian Faith* (Second edition; Nashville: Thomas Nelson, 1998), 961-64.

2. 칼빈은 성찬에 관해서 무엇을 가르쳤는가?

칼빈의 성찬론은 그의 『기독교 강요』 1559년판 제 4권 17장과 『우리 주님이시며 우리의 구세주이신 예수 그리스도의 성찬에 관한 소논문』(1540)에서 발견된다. 또한 1546년에 발간된 고린도전서 11장 주석과 1548년에 발간된 에베소서 5장 주석에 중요한 주장들이 나타난다. 그리고 그는 하인리히 불링거 (Heinrich Bullinger)와 함께 1549년에 성찬에 관하여 『취리히 협약문 (Consensus Tigurinus)』을 발표했다. 이 협약문은 일종의 중재적 문서로서 유럽을 로마 카톨릭과 루터란 지역으로 나뉘어지게 만들었던 1548년에 발표된 『아우구스부르크 잠정안』에 대항하는 스위스 개혁교회의 연합전선을 보여주기 위해서 작성되었다. 이 협약문을 그의 『성찬에 관한 소논문』과 비교해보면 이것이 칼빈 자신의 입장을 정확하게 표현하는 것은 아니었다는 사실을 파악할 수 있다.[5] 그 후에 그는 요아킴 베스트팔 (Joachim Westphal)과 틸레만 헤슈스 (Tileman Hesshus)와 같은 루터란들과 논쟁을 벌이게 된다.[6]

칼빈은 『기독교 강요』 4권 17장을 성찬이 신자들에게 영적 양식을

---

5) Paul E. Rorem, The *Consensus Tigurinus* (1549): Did Calvin Compromise?, in Wilhelm H. Neuser (ed.), *Calvinus Sacrae Scripturae Professor: Calvin as Confessor of Holy Scripture* (Grand Rapids: Eerdmans, 1994), 72–90.

6) *Defensio sanae et orthodoxae doctrinae de sacramentis* (1555), followed by *Secunda defensio piae et orthodoxae de sacramentis fidei contra Ioacimi Westphali calumnias* (1556) *and Ultima admonition ad Westphalium* (1557) were written against Westphal and *Dilucida explication sanae doctrinae de vera participation carnis et sanguinis Christi in sacra coena ad discutiendas Heshusii nebulas* (1561) were written against Hesshus. See Wulfert de Greef, *The Writings of John Calvin: An Introductory Guide* (Trans. Lyle D. Bierma; Grand Rapids: Baker, 1993), 190–93, for a detailed discussion of these controversies.

제공한다고 주장함으로서 시작한다. 여기서 영적 양식은 성례에 임재하시는 그리스도와의 연합을 통해 주어지는 것이다. 이는 "마치 그리스도 자신이 이 자리에 우리 눈 앞에 임재하시며 우리 손으로 만져지는 것과 같은"것이다.[7] 우리가 그리스도의 몸에 참여하는 자가 됨으로서 하나님의 약속이 인쳐지게 되는데 이는 설명되기 보다는 오히려 체험되어야 할 신비이다. 그에게 참되게 참여함으로써 그의 생명이 우리에게 전달되고 우리 것이 된다 - 이는 마치 떡이 음식으로 취해질 때 몸에 활기를 부여하는 것과 같다.[8] 이는 높은 수준의 신비이며 이해할 수 없는 신비이다.[9]

주님께서 성찬을 제정하심에 있어서 세 가지 중요한 목적이 있다.

> 첫째, 성찬은 우리 의식에 복음의 약속에 대한 징표이자 인이며 이것이 우리의 참된 영적 양식이라는 사실에 대하여 우리에게 확신을 가져다준다. 둘째, 성찬은 우리에게 하나님과 우리를 향한 그의 선하심에 대한 찬양을 진작시킨다. 셋째, 성찬은 우리를 거룩함과 형제애를 추구하도록 고무한다.[10]
> 이렇게 함으로서 성찬은 우리를 더욱 강하게 십자가와 예수 그리스도의 부활로 이끄는데 이는 그가 모든 성례의 집약이며 내용이기 때문이다.[11]

그리스도가 그의 성찬의 집약이므로 그리스도의 참된 교제는 성찬 이

---

7) *Inst.* 4.17.3.
8) *Inst.* 4.17.5.
9) John Calvin, *Short Treatise on the Holy Supper of our Lord and only Saviour Jesus Christ,* in J.K.S. Reid, ed., *Calvin: Theological Treatises* (Philadelphia: Westminster Press, 1954), 144. Hereafter *ST.*
10) Calvin, *Short Treatise on the Holy Supper of our Lord and only Saviour Jesus Christ,* 144.
11) Calvin, *Short Treatise on the Holy Supper of our Lord and only Saviour Jesus Christ,* 145-46.

해에 있어서 필수적이다. 그는 『성찬에 관한 소논문』에서 이 실재를 부인하는 것은 이 거룩한 성례를 하찮고 쓸모없는 것으로 만드는 것이라고 경고한다. 이는 그의 영에 참여하는 것 뿐 아니라 그의 인성에 참여하는 것이 필요하다. 왜냐하면 우리가 그를 완전히 소유하도록 그가 자신을 우리에게 주시기 때문이다. 떡과 포도주는 그리스도께서 자신의 몸과 피를 우리에게 분배하심에 대한 표징이며 수단이다. 비록 성찬의 이 교제가 이해 불가능한 것이라고 하더라도 마치 예수님의 세례에 있어서 성령께서 비둘기의 형태를 취하셨던 것과 마찬가지로 가시적이다.

> 우리가 우리 주님의 몸과 피가 갖게 되는 교제는 다음과 같다. 이는 눈으로 볼 수 없는 영적 신비이며 인간의 이성에 의해 이해되지 않는 신비이다. 따라서 이는 가시적 표징에 의해 상징화된다. … 그러나 이 표징은 단순한 상징이 아니라 이런 방식으로 성찬의 실재와 내용에 연결되어 있다. 따라서 이러한 정당한 이유에 근거해서 떡은 몸으로 불리워지는데 떡이 몸을 표상할 뿐 아니라 우리에게 이를 실제로 가져다주기 때문이다. … 주님의 성례는 그 실재와 내용으로부터 분리되어서는 아니되며 또한 분리될 수도 없다. 이를 구분하고 혼동하지 않는 것은 선하고 합당할 뿐 아니라 전적으로 필요하다. 그러나 둘로 나누되 마치 하나가 다른 하나를 필요로 하지 않는 것처럼 분리하는 것은 어리석은 것이다.[12]

칼빈은 그의 『에베소서 주석』에서 이를 더욱 발전시킨다. 그는 만약 그리스도의 참된 구성원이라면 그의 실체와의 교제를 통해서 한

---

12) Calvin, *Short Treatise on the Holy Supper of our Lord and only Saviour Jesus Christ*, 146-48.

몸으로 자라야 한다. 그리고 바울은 그리스도와 우리의 연합은 성찬에서 주어진 것에 대한 상징이며 서약에 해당된다.라고 묘사하지만 어떤 사람들은 이러한 교제를 인정하지 아니한다.

> 바울은 우리는 그리스도의 몸과 뼈에 속한다고 선언한다. 그렇다면, 만약 성찬에서 그가 우리가 누릴 수 있도록, 그리고 우리의 영생을 위하여 양식을 공급하시기 위해서, 그의 몸을 제공하신다고 우리가 놀라워하는가? ... 이러한 것이 바로 그리스도와 우리 사이의 연합인데 이는 그가 자신을 우리에게 쏟아 부어주시는 것이다. 왜냐하면 우리는 그의 뼈 중의 뼈가 아니며 살 중의 살이 아니기 때문이다. 왜냐하면 그는 우리와 같은 사람이기 때문이다. 왜냐하면 성령의 능력에 의해 우리가 생명을 그의 몸에서 얻도록 자신의 몸을 우리에게 새겨 넣어 주시기 때문이다.[13] 그는 그리스도와 교회의 연합에 대하여 경이감으로서 결론을 맺는다. 그는 이것이 놀라운 신비라고 외친다. 이렇게 함으로써 그는 어떤 언어도 이 신비를 정당하게 보여주지 못한다고 암시한다. ... 그들이 성찬에서 그리스도의 살과 피가 우리에게 제공된다는 사실을 부인할 때 나는 이 신비의 심오함에 의해 놀라게 된다. 바울과 더불어 나의 무지함을 경이감과 더불어 인식하기를 부끄러워하지 않는다. ... 따라서 이 교제의 본질을 파악하기 보다는 우리 안에 사신 그리스도를 체험하기 위해서 더욱 노력하자.[14]

위의 주장들은 신자들에게 그리스도께서 자신을 주시는 교제의 실제와 이에 대한 기념적 이해의 공허함에 대한 칼빈의 이해를 증명한

---

13) D.W. Torrance and T.F. Torrance (eds.,), *Calvin's Commentaries: The Epistles of Paul the Apostle to the Galatians, Ephesians, Philippians and Colossians* (Grand Rapids: Eerdmans, 1965), 208-9. Hereafter On Ephesians.
14) Torrance, Torrance (eds.,), *Calvin's Commentaries: The Epistles of Paul the Apostle to the Galatians, Ephesians, Philippians and Colossians* 209-10.

다. 그가 이 교제를 영적인 것으로 주장할 때 그는 이것이 성령에 의해 비롯된 것이라고 설명한다. 성령은 우리를 그리스도와 연합시키는 줄이다. 따라서 성령께서 이를 가능하게 하시는 분이시므로 그리스도의 몸과 피에 대한 실제적이고 참된 교제는 영적인 것이다.[15]

칼빈은 루터와 로마교의 가르침 모두로부터 거리를 유지한다. 미사에 관한 로마 카톨릭의 교리는 성례를 부패시키고 효과적으로 파괴시킨 일련의 오류를 야기시켰다. 그 뿌리에는 성찬이 희생 제사라는 개념이 자리잡고 있으며 이는 곧 화체설의 교리로 나타난다. 이러한 사실들로부터 모든 우상 숭배와 미신이 뒤따르게 되었다. 이런 잘못된 교리로서 칼빈에 의해 거부된 것 중에 포함된 것으로, 집례자를 숭배하는 행위, 떡을 예약하는 행위, 평신도에게 잔을 돌리기를 거부하는 행위 (칼빈은 이를 도적질로 간주하였다)와 먼저 성례를 성례로 만들었던 말씀의 부재를 들 수 있다. 이것이 바로 로마 카톨릭 교회가 거짓 교리의 과잉에 의해 상실한 것들이다.[16]

루터 또한 상세한 비판의 대상이 되었는데 특히 그리스도의 몸에 편재에 관한 독특한 교리가 비판의 대상이었다. 칼빈의 주장에 의하면 그리스도의 몸은 하늘에 계신다. 우리는 승천의 의미와 가치를 반드시 고려해야 한다. 그리스도께서 하나님 우편에 올라 가셨으므로 그의 인성의 차원에서 육체적으로 여기에 임할 수 없다.[17] 결과적으로 성찬에서 그리스도께서 우리에게 내려오시는 것이 아니라 우리가 그에게로 올라가는 것이다. 루터주의자들은 성령에게 어떤 역할도 남겨 놓지 아니한다. 그러나 우리를 그리스도와 연합시키시는 분은 성령이시다.

---

15) *Inst.* 4.17.8–10; ST, 166.
16) *Inst.* 4.17.11–15, cf, 4.17.39; *ST*, 155–61.
17) *Inst.* 4.17.16–27.

그들에게는 그리스도께서 내려오시지 않는 한 그가 임재하신 것으로 보이지 않는다. 만약 그 분께서 우리를 자신에게로 끌어 올리신다면, 우리는 그만큼 그 분의 임재를 즐기지 않아야 마땅할 것이다! 따라서 질문은 단지 방법에 관한 것이다. 왜냐하면 그들은 그리스도를 떡 속에 넣어 버리지만 우리는 그 분을 하늘에서 끌어 내리는 것이 적법하지 않다고 생각한다.[18]

또한 칼빈은 그리스도의 몸을 인간의 영혼과 혼합하는 베스트팔의 가르침과도 다른 견해를 지닌다. 그와는 달리 칼빈은 그의 실제적 몸이 우리 안에 들어오는 것은 아니지만 그리스도께서 "우리 영혼에 생명을 불어 넣으시며 … 실제로 바로 그의 생명을 우리에게 쏟으신다."고 말한다.[19] 베스트팔과 다른 극단적인 루터주의자들은 성령에 대해 잘못된 견해를 지니고 있다. 그의 이해를 초월하는 능력을 통해 우리는 그리스도의 몸과 피를 나눌 수 있게 되었다. 이것은 육체적으로 먹는다는 사실로 축소될 수 없는 신비이다.[20]

우리는 주의 만찬을 어떻게 사용해야 하며 어떤 방식으로 이에 임해야 하는가? 칼빈은 이 성례를 경멸하거나 또는 이를 무시하는 태도가 지닌 엄중한 위험에 대해 경고한다. 그렇게 하는 것은 성찬을 남용하고 오염시키는 것이며 이는 하나님께서 거룩하게 하신 것에 대한 신성모독이다.[21] 우리는 회개와 믿음을 지니고 있는지 스스로를 돌아보아야 한다. 우리는 예수 그리스도가 우리의 유일한 의라는 사실을

---

18) *Inst.* 4.17.31.
19) *Inst.* 4.17.32.
20) *Inst.* 4.17.33. See also John Calvin, Second Defence of the Pious and Orthodox Faith concerning the Sacraments, in answer to the calumnies of Joachim Westphal, in Henry Beveridge and Jules Bonnet, eds. Selected Works of John Calvin: Tracts and Letters (rpr., Grand Rapids: Baker, 1983), 2:245-325.
21) *ST*, 149

확고히 해야 한다. 우리 자신은 연약하고 비참하지만 그 분은 강하고 은혜로우시다.[22] 성찬은 또한 다른 사람들을 향한 우리의 행위와 태도에 관한 책임감을 불러일으킨다. 성찬의 떡과 잔을 취하기 전에 다른 사람을 향한 증오를 품어서는 아니 된다. 왜냐하면 이 성찬은 화해의 성례이기 때문이다.[23] 이 자기 성찰은 이제 막 성찬을 받으려는 다른 사람을 심판하려는 태도를 정당화하지 않는다. 우리는 그들을 판단할 수 있는 권한을 지니고 있지 않다. 이러한 권한은 적법한 교회적 권한에 속한 문제이다. 악랄한 죄가 적법한 교회 절차에 의해 증명되었을 때에만 출교는 가능한 것이다.

> 자기에게 좋게 보이는 대로 다른 사람을 받아들이고 거부하기 위해서 그를 판단하고 차별하는 것은 개인의 직분이 아니다. 이러한 특권은 일반적으로 교회 전체에 속한 것이거나 목사와 교회의 통치에 있어서 그를 돕기로 되어 있는 장로들에게 속한 것이다. 왜냐하면 바울은 우리에게 다른 사람을 판단하라고 요구하지 않지만 각자는 스스로를 성찰해 보아야 한다.[24]

다른 한편으로 스스로를 돌아본다는 것은 완전에 도달한 자들만이 주의 만찬에 참여할 수 있다는 인상을 남기기 위한 의도에서 비롯된 것은 아니다. 우리 편에서 신앙과 사랑이 요구되지만 이는 획득 불가능한 완전은 아니다. 만약 완전한 회개와 확신이 요구된다고 한다면 우리들 가운데 어느 누구도 이에 참여할 수 없을 것이며 우리 모두 배제되어야 할 것이기 때문이다.[25]

---

22) *ST*, 150.
23) *Inst.* 4:17:38.
24) *ST*, 154.
25) *ST*, 152; Inst. 4.17.42.

칼빈은 주의 만찬이 그의 시대에 습관적으로 행해지는 것 보다 더 자주 행해져야 한다고 확신했다. 성찬이 얼마나 자주 행해져야 하는가에 관하여 자세하고 구속력을 지닌 필요조건은 없었지만, 칼빈은 성찬이 "사람들의 능력이 허락하는 범위 안에서 가능한 자주" 행해져야 한다고 믿었다.[26] 로마 카톨릭 교회에서 성찬은 아주 가끔 주어졌다. 제4차 라테란 공의회 (1215)는 이를 연 1회로 정했다. 칼빈 자신의 소원은 성찬이 매주 행해지는 것이었다. 그러나 시의회는 그의 소원을 기각했으며 월 1회로 제한했다.

3. 로마 카톨릭, 루터주의, 그리고 쯔빙글리와 칼빈의 대조

로마 카톨릭과 루터주의자들과 달리 우리가 그리스도에게 육체적이 아니라 영적으로 연합된다. 이는 믿음을 통해서 성령의 이해할 수 없는 능력에 의해 일어난다. 성례에 의해 표상된 실재들을 불신자들은 받지 않는다. 그의 인성을 따라 그리스도께서 한 장소에 계시므로, 그는 우리에게 내려오시는 것이 아니라 성령에 의하여 우리가 하늘로 올라가고 성령 안에서 그 분에 의해 먹게 된다.

한편 쯔빙글리와 정반대로 칼빈은 신자들은 그리스도와 참된 교제를 누리게 된다고 주장한다. 이 교제를 통해서 그들은 그의 살과 피를 취하게 된다. 만찬은 상징적인 것보다 더 많은 것을 가리킨다.

---

26) *ST*, 153; *Inst.* 4.17.44.

4. 칼빈의 독특한 가르침

칼빈의 견해의 중심에 그리스도의 인성, 즉 그의 살과 피에 대한 실제적이며 영적인 교통이 있다. 이 교통은 그리스도 자신의 생명에 관한 것이다. 우리는 그리스도와 연합하며 그와 더불어 교제를 누리게 되며 이로부터 그가 제공하시는 유익을 받게 되는데 먼저 그리스도를 받게 되고 그리고 이차적으로 그의 유익을 받게 된다. 이 생명은 위격적 연합과 성령의 사역 덕택으로 그리스도의 인성에 의하여 받은 하나님의 생명이며, 따라서 성만찬에서 우리에게 중개된다; 그것은 벧후 1:4에 관한 주석에서 그가 언급한 일종의 신격화(*quasi deificari*)이다.[27]

그의 〈성만찬에 관한 소논문〉(*Short Treatise, 1540*)에서 칼빈은 아주 분명하다. "그는 믿음으로 그 성례를 받을 때에 우리는 참으로 예수 그리스도의 몸과 피의 참된 본질에 참여하는 자가 된다며 하나님의 영이 그 참여의 끈이다."[28] 라고 결론을 내린다. 더우기 "성만찬에서 우리에게 제공되는 예수 그리스도의 참된 교제를 부인하는 것은 이 거룩한 성례를 하찮고 소용없는 것으로 간주하는 것이다."[29] 제네바교회 요리문답(1545)에서는 성만찬이 그리스도의 유익들에 대한 증언 혹은 그런 것들을 보여주는 것에 불과한 것이 아니라, 우리가 그분과 연합할 때에 그 성만찬에서 우리가 그리스도의 본질에 참여하는 자가 되는 것(*je ne doubte par qu'il ne nous face participans de sa propre substance, pour nous unir avec soy en une vie*)이라고

27) *Calvin's Commentaries*, 12:330.
28) J. Calvin, *Calvin: Theological Treatises* (J. Reid; Philadelphia: The Westminster Press, 1954), 166
29) Calvin, *Calvin: Theological Treatises*, 146.

진술한다. 그리스도는 이것을 그의 성령의 기적적이고 비밀스런 덕에 의하여 행하시는데, 다른 경우에는 공간의 간격에 의하여 분리되어 있는 것들을 연결시키는 것이 그분에게는 어려운 일이 아니다.[30]

그 다음해 고린도전서 주석에서 6:15을 논의하면서, 칼빈은 우리가 그리스도와 더불어 가지는 영적인 연합은 영혼뿐 아니라 육체도 포함하고 있으며, 따라서 우리는 그리스도의 몸의 몸이라고 확인한다. 만일 그리스도와의 연합이 완전하고 전면적인 것이 아니라면, 부활의 소망도 연약해질 것이다.[31] 고전 11:24에서 성만찬에 관한 바울의 논의를 주석하면서 칼빈은 가장 폭넓게 논의한다. 그리스도와의 연합에서 첫째가는 것은 우리가 그리스도 자신과 연합된다는 것이다; 그분의 은덕들은 우리가 공유할 수 있는 그 인격적 연합에서 따라온다(*Ego autem tunc nos demum participare Christi bonis agnosco, postquam Christum ipsum obtinemus*). 우리는 그리스도께서 우리를 위하여 희생되셨다고 믿을 때 보다는 그분이 우리와 하나이실 때, 우리가 그분의 몸의 지체들일 때, 우리가 그분과 함께 하나의 삶과 본질로 연합될 때, 그리스도를 얻는다(*sed dum in nobis habitat, dum est unum nobiscum, dum eius sumus membra ex carne eius, dum in unam denique et vitam et substantiam (ut ita loquor) cum ipso coalescimus*). 그리스도께서는 우리에게 그의 죽음과 부활의 은덕만을 제공하는 것이 아니라, 그분이 죽으셨고 부활하신 바로 그 몸을 우리에게 제공하신다(*sed corpus ipsum, is quo*

---

30) *CO* 6:1278; Calvin, *Calvin: Theological Treatises*, 137.
31) J. Calvin, *Calvin's Commentaries: The First Epistle of Paul the Apostle to the Corinthians* (trans. D. W. Torrance, J. W. Fraser; Grand Rapids, Michigan: Eerdmans, 1960), 130.

passus est ac resurrexit). 그 몸은 성만찬에서 실제로(realiter) 그리고 참되게(vere) 우리에게 주어지며, 그 결과 그 몸은 우리의 영혼에 건강을 주는 음식이 될 수 있다. 칼빈은 다음과 같은 굳건한 결론을 이끌어낸다: 내 말은, 우리의 영혼들은 그분의 몸의 본체로써 양육되며, 그래서 우리는 참되게 그분과 하나가 된다 (*ut vere unum efficiamur cum eo*); 혹은, 그와 동일한 뜻으로서, 그리스도의 몸의 생명을 주시는 능력이 성령의 매개를 통하여 우리에게 부어진다고 할 수 있다. 비록 그것(그리스도의 몸)이 우리와 아주 멀리 떨어져 있고 우리와 뒤섞이지 않음에도 불구하고(*nec misceatur nobiscum*).[32]

그러므로 칼빈에게 그리스도와의 연합은 성만찬에서 구체적인 표현에 이른다. 성만찬에서 우리는 그리스도의 몸과 피로 양육된다. 이것은 천주교와 루터교가 주장하였던 육체적인 것이 아니라 성령에 의하여 이루어지는 것이다. 그리스도께서는 하나님 우편으로 승천하셨다. 그의 몸은 공간적으로 우리에게서 멀리 떨어져 있다. 그러나, 성령께서는 거리상 떨어져 있는 것들을 연합시키시며, 따라서 그리스도의 영화로운 인성으로 우리를 먹이실 수 있다.

2년 후, 1548년에, 칼빈은 『에베소서 주석』에서 그리스도께서는 우리와의 연합 안에서 그의 본체를 우리에게 교류하신다고 말한다. 우리는 그분의 본체와의 교류에 의하여 한 몸으로 자라간다(*ita nos, ut simus vera Christi membra, substantiae eius communicare et hac communicatione nos coalescere in unum corpus*). 이렇게 말하면서 바울은 우리가 그리스도의 지체이며 뼈에 속한다고 증언한다 (*Paulus nos ex membris et ossibus Christi esse testatur*). 그러

---

32) *Ibid.*, 246; *CO* 49:487.

므로, 성만찬에서 그리스도께서는 우리가 그분의 몸을 즐기도록 제공하시며 우리가 영생에 이르도록 양육하신다고 칼빈은 주장한다(*corpus suum in Coena fruendum nobis exhibet, ut sit nobis vitae aeternae alimentum*).[33] 31절에서, 칼빈은 그리스도와 우리 사이의 연합이란, 어떤 의미에서 그리스도께서 그 자신을 우리 안에 쏟아 부으시는 그런 연합이라고 말한다(*se quodammmodo in nos transfundit*). 우리는 그분의 뼈의 뼈이다. 왜냐하면 그의 성령의 능력으로써 그분은 우리를 그의 몸에 접붙이시며, 따라서 그분으로부터 우리는 생명을 얻기 때문이다(*Spiritus virtute nos in corpus suum inserit, ut vitam ex eo hauriamus*).[34] 우리는 어떤 의미에서는(*quodammodo*) 그리스도께서 그 자신을 우리 안에 쏟아부으셨다고 언급하였다. 이것은 칼빈이 설명을 초월하는 지성적인 용어들로써 표현함으로써 은유적으로 말한 것을 스스로 알고 있다는 사실을 지적한다. 32절에 이르러, 이것은 커다란 신비이며 어떤 말로도 그것을 바르게 표현할 수 없으며, 초자연적인 것은 무엇이든지 우리의 지성으로 이해할 수 있는 범위를 넘어서는 것이 분명하다라고 칼빈이 인정할 때 분명하게 드러난다.[35]

1556년에, 『요아킴 베스트팔에 반대하는, 성례들에 관한 경건하고 정통적인 신앙에 대한 두 번째 옹호』(*Secunda defensio piae et orthodoxae de sacramentis fidei, adversus Joachimi Westphali calulmnias*)에서, 칼빈은 영혼이 그리스도의 피에 참여하는 것은 우

---

33) J. Calvin, *Calvin's Commentaries: The Epistles of Paul to the Galatians, Ephesians, Philippians and Colossians* (tr, T. Parker; Grand Rapids: Eerdmans, 1965),2089; J. Calvin, *Commentaries in Pauli Epistolas* (Ioannis Calvini Opera Omnia; Genve: Librairie Droz, 1992), XVI:272.
34) Calvin, *Epistles of Paul*, 209; Calvin, *In Pauli Epistolas*, XVI:273.
35) Calvin, *Epistles of Paul*, 209-10; Calvin, *In Pauli Epistolas*, XVI:273.

리가 입으로 포도주를 마시는 것에 못지 않은 일이라고 적었다.[36]

1559년에 칼빈의 『기독교강요』 최종판이 출판되었다. 여기서 그는 그리스도의 사역과 성령 사이의 연관관계를 명백하게 설명하였다: 첫째, 그리스도께서 우리 밖에 계시는 한, 우리는 그분과 분리되어 있으며, 인류를 구원하기 위한 그분의 수난과 사역은 우리에게 아무 쓸모 없고 가치가 없다는 사실을 이해해야 한다. 그리스도께서 소유하고 계신 모든 것은 우리가 그분과 한 몸이 되기 전까지는 우리에게는 아무것도 아니다. 우리가 그리스도와 그분의 모든 은덕들을 누리게 되는 것은 성령의 은밀한 힘을 통한 것인데, 성령께서는 그리스도께서 우리를 효과적으로 그분 자신에게 연결시키시는 끈이기 때문이다.[37] 칼빈이 보기에, 그리스도의 사역은 오직 우리가 그분과 연합되어 있을 때에만 우리에게 유익하다. 그리스도와의 연합은 구원의 뿌리이며, 칭의와 성화가 그 속에 포함되어 있다. 이것은 믿음으로 일어나는데, 믿음 그 자체는 성령의 선물이다. 성령께서는 우리를 그리스도에게 연합시키신다. 첫째, 성부께서는 특별한 방법으로 그리스도께 성령의 모든 충만함을 내려주셨고, 그 결과 영원한 기업의 소망으로 그의 백성들을 모으게 하셨다.[38] 믿음은 성령의 주된 사역이며[39], 우리가 그리스도께 연합된 상태에서 일어난다.[40] 그 결과 그리스도께서는 우리 밖에 계시지 않고 우리 안에 거하신다. 그분은 개인적 친교의 끈으로써 우리와 연합되어 계실 뿐 아니라, 놀라운 교류로써 날마다 그분은 우리와 한 몸이 되어가셔서 결국 그분은 우리와 온전히 하나

---

36) *Ibid.*, 9:65.
37) *Inst.* 3.1.1.
38) *Inst.* 3.1.2.
39) *Inst.* 3.1.4.
40) *Inst.* 3.2.24.

가 되신다.[41]

그러므로, 칼빈에 따르면, 성례들을 통하여 오직 그리스도께서 성령을 통하여 그 은덕들을 수여하시는데, 그 성령께서는 우리를 그리스도에 참여하는 자로 만드신다(*per Spiritum sanctum, qui nos facit Christi ipsius participes*).[42] 이것은 성만찬을 통하여 우리에게 아주 명백하게 적용되는데, 성만찬 안에서 그 영혼이 가장 진실되고 깊이 있게 그리스도에게 참여하는 자가 된다. 그래서, 마치 빵을 음식으로 취할 때 활력이 우리의 몸에 전해지듯이, 그분의 생명이 우리 안으로 넘어오며 우리의 생명이 된다(*ut vita sua in nos transeat*).[43] 한 결정적인 선언에서 칼빈은 이 일이 일어나는 방법을 설명한다.

> 우리는 한 가지 친숙한 사례에 의하여 이것의 본질을 설명할 수 있다. 물은 때때로 샘물에서 마실 수 있고, 때로는 길러 올 수 있고, 때로는 수로에 의하여 들판에 공급될 수도 있지만, 그러나 물은 그 자체로부터 흘러나와서 그렇게 많은 용도로 사용되는 것이 아니라 오직 그 근원으로부터 흘러나오는데, 그 근원은 끊임없는 흐름으로 물을 공급하고 제공한다. 마찬가지로, 그리스도의 몸은 마치 우리 안에 그 신성으로부터 흘러 나오는 생명을 쏟아 부어 주시는 풍성하고 마르지 않는 원천과 같다. 자, 그리스도의 살과 피의 교제가 천상적 생명을 열망하는 모든 사람들에게 필요하다는 것을 깨닫지 못할 사람이 누구일까?[44]

이것은 성령에 의하여 이루어진다. 그리스도의 몸이 엄청난 공간적

---

41) *Inst.* 3.2.24.
42) *Inst.* 4.14.16; *OS* 5:274.
43) *Inst.* 4.17.5; *CO* 5:346–47.
44) *Inst.* 4.17.9; *OS* 5:350–51.
45) *Inst.* 4.17.10; *OS* 5:351–52.

거리에 의하여 우리와 분리되어 있기 때문이 이것은 믿을 수 없게 보이지만, 그럼에도 불구하고 성령님의 은밀한 능력은 우리의 모든 감각들보다 월등하며 성만찬에서 참으로 거리상 분리되어 있는 것들을 연합시킨다.[45] 그렇다면, 이 연결의 끈은 그리스도의 성령인데, 우리는 연합 안에서 그와 결합되며, 성령은 그것을 통하여 그리스도 자신과 그분이 가진 모든 것이 우리에게로 전달되는 통로와 같다. 우리에게 그리스도의 살과 피의 교제를 전해주시는 분은 성령이다. 이 때문에, 성경은 우리가 그리스도에게 참여하는 것을 말하면서 그 모든 힘을 성령과 관련시킨다.[46]

브라이언 게리쉬(Brian Gerrish)는 칼빈의 성찬 신학에 관한 자신의 기념비적인 작품에서 성찬에 관한 개혁주의 사상의 세 가지 주된 갈래들을 식별한다.[47] 츠빙글리는 게리쉬가 상징적 기념주의(symbolic memorialism)라고 부르는 견해를 대표하는데, 거기서 성찬은 순전히 인간의 인식으로 표시된다(윌리엄 커닝햄은 이런 범주에 맞아 떨어지는 것 같다). 두 번째는 로버트 브루스(Robert Bruce)로 대표되는 상징적 병행주의(symbolic parallelism)인데, 여기서는 실체가 그 상징과 병행하여 일어난다.[48] 마지막으로, 칼빈은 게리쉬가 상징적 수단주의(symbolic instrumentalism)라고 묘사한 범주에 속하는데, 여기서 실체는 수단으로서의 상징을 통하여 초래된다. 이 세 번째 범주는 두 번째 범주와 양립 가능하다; 실제로, 칼빈에게

---

46) *OS*, 5:355–56; *Inst.* 4.17.12

47) B.A. Gerrish, *Grace and Gratitude: The Eucharistic Theology of John Calvin* (Minneapolis: Fortress Press, 1993), 167.

48) Thomas F. Torrance, trans. and ed., *The Mystery of the Lord's Supper: Sermons on the Sacrament preached in the Kirk of Edinburgh by Robert Bruce in A.D. 1589* (London: James Clarke, 1958).

49) See *Inst.* 4.17.37 for elements of memorialism, 4.17.3 for parallelism, and 4.17.10 for instrumentalism, together with *ST*, 147.

세 가지 요소들 모두의 증거들이 있는데, 첫 두 가지 범주들 역시 성경적 지지를 어느 정도 가지고 있기 때문에 그것은 예상치 못할 일은 아니다.[49]

5. 개혁주의 신앙고백서들은 얼마나 칼빈의 견해를 뒤따랐는가?

칼빈의 견해는 개혁신학과 맞지 않는 낯선 요소이며, 곧 이질적인 것으로 거부되었다는 핫지의 논지는 증거에 의해 실증되지 않은 것이다. 핫지는 역사를 충분히 알지 못했고, 그런 결론들에 이르도록 만드는 발전을 위한 증거를 얻을 수 있게 해 주는 그런 방식으로 역사에 접근하기 보다는 현재를 위한 신학적 무기들을 얻기 위하여 과거를 팠다. 그의 논적인 메르겔부르크의 존 네빈(John Nevin of Mercersburg)의 입장이 옳은 것으로 입증되었는데, 개혁교회의 성만찬 교리에 관한 그의 포괄적인 논문은 시간이 지나서도 그 정당성을 유지하였다.[50] 칼빈의 원고에 바탕을 두고 작성된 프랑스 신앙고백서(French Confession, 1559), 스코틀랜드 신앙고백서(Scots Confession, 1560), 그리고 네덜란드 신앙고백서(Belgic Confession, 1561), 그리고 웨스트민스터 신앙고백서(Westminster Confession of Faith, 1647) 모두 신자들이 그리스도의 살과 피를 참되게 그러나 영적으로 먹는다고 주장한다.

신학자들 개개인에게서는, 칼빈의 입장을 따르는 인물들로서는 부써와 버미글리가 있으며[51], 로버트 브루스가 있는데, 그는 성만찬을

---

49) See *Inst.* 4.17.37 for elements of memorialism, 4.17.3 for parallelism, and 4.17.10 for instrumentalism, together with *ST*, 147.
50) John W. Nevin, "Doctrine of the Reformed Church on the Lord's Supper", *Mercersburg Review 2* (1850): 421–548.

지고한 신적인 신비라고 부르기를 주저하지 않았다. 바젤의 아만두스 폴라누스와 로잔의 귀리데무스 부카누스는 모두 성만찬에서 신자들이 그리스도의 살과 피와 교제한다는 것에 동의하였고, 프란시스쿠스 유니우스도 칼빈의 견해를 따랐다.[52] 신학적으로 커닝햄은 신비한 것들의 기미가 있는 것들을 혐오하는 점에서 츠빙글리주의에 가까웠으며, 이런 점에서 대브니도 그의 뒤를 따랐다. 핫지는 스코틀랜드의 상식적 실재론으로 부터 강한 영향을 받았다. 하나님의 불가해성에 관한 교리 및 삼위일체와 성육신의 초월적 본질의 빛에 비추어 볼 때, 이것(성만찬에서의 그리스도와 살과 피에 참여함)은 거의 유지할 수 없는 입장이다.

칼빈이 루터파를 달래려는 열망으로 그런 입장에 이끌려 갔다는 커

---

51) See Joseph C. McLelland, *The Visible Words of God: An Exposition of the Sacramental Theology of Peter Martyr Vermigli A.D. 1500-1562* (Edinburgh: Oliver and Boyd, 1957).

52) Martin Bucer, *Enarrationum in Evangelia Matthaei, Marci et Lucae libri duo* (Strassburg, 1527), 244a.; *Bericht* aa.3. a.6-9.; Pietro Martire Vermigli, *Disputatio deEucharistiae Sacramento in Celeberrime Angliae Schola Oxoniensi habitae* (London, 1549); idem, *Tractatio de Scaramento Eucharistiae, habita in Universitate Oxoniensi* (London, 1549); idem, *Defensio Doctrinae Veteris et Apostolicae Sacrosancto Eucharistiae Sacramento adversus Stephani Gardineri* ([Zurich: C. Froschauer], 1559); Bruce, *The Mystery of the Lord's Supper*, 52, 82; Amandus Polanus, *Partitiones Theologiae* (Basel, 1590), 149, 277-82; idem, *Syntagma Theologiae Christianae* (Hanover, 1609), 2925-30, 3220-26; Guilielmus Bucanus, *Institutiones Theologiae* (n.p., 1604), 769-88; Fransiscus Junius, *Opera theologica* (Geneva, 1613), 1:2224-26. Robert L. Reymond fails to appreciate that this was not merely Calvin's personal position but that of classic Reformed theology as a whole; see his book *A New Systematic Theology of the Christian Faith* (Nashville: Thomas Nelson, 1998), 961-4. See Joseph C. McLelland, *The Visible Words of God: An Exposition of the Sacramental Theology of Peter Martyr Vermigli AD 1500-1562* (Edinburgh: Oliver and Boyd, 1957), 280, who concludes that Martyr, Bucer, and Calvin were at one on the Lord's Supper.

닝햄의 당혹스런 언급에 관해서는, 칼빈은, 왜냐하면 그의 논박은 대체로 루터파를 겨냥한 것이기 때문에, 루터파보다는 (《취리히 합의》의 불링거와 같은) 온건한 츠빙글리파와의 타협에 도달하려는 마음의 준비가 더 컸다는 사실이 그 증거이다.

6. 칼빈의 성만찬에 관한 교리는 그의 전반적 신학으로 부터 분리시킬 수 없다

그러나, 게리쉬가 그의 책 전반에서 주장하듯이, 칼빈의 신학은 그 자체로 철저하게 성례전적이다. 칼빈의 신학을 성찬론에 관한 그의 입장과 분리하여 취할 수 없다. 왜냐하면 그의 성찬론은 그의 신학에서 흘러나온 것이기 때문이다.

『기독교강요』의 첫머리에서 칼빈은 하나님에 관한 지식과 우리 자신에 관한 지식은 상호연관 되어 있다고 주장한다. 어떤 지식이 먼저 오는지에 대해 칼빈은 두 가지 지식 모두 서로에게 기본적이라고 결론을 내렸다. 하나님의 초월적 주권, 특히 섭리와 예정에 관한 그의 강조에서 볼 수 있듯이, 칼빈에게 창조주-피조물의 구분은 자명한 공리이다. 다른 한편, 창조주-피조물의 양립가능서도 역시 존재하는데, 그것은 인간의 창조와 무엇보다도 성육신에서 명백하게 나타난다.

성육신에서 영원하신 성자께서 성부께 순종하심으로 아담의 자리를 취하셔서, 인간의 본성과의 연합을 취하셨다.[53] 그리스도의 신성이 그 취해진 인성을 거룩하게 한다: 그리고 이것을 통하여 우리는 하나님의 아들의 생명을 그 성례에서 전해 받는다. 그리스도와의 연합 및 성만찬에 관한 그의 교리의 핵심에 이르는 한 결정적인 선언에서,

칼빈은 이렇게 말한다. 마찬가지로, 그리스도의 몸은, 신성으로부터 흘러나오는 그 생명을 우리 안에 쏟아부어주는 풍성하고 다함이 없는 원천과 같다. 이제, 천상의 생명을 열망하는 모든 사람들에게 그리스도의 살과 피에 교제하는 것이 필요하다는 것을 깨닫지 못하는 사람은 누구인가?[54] 요 6:51에 관한 주석에서 칼빈은 유사한 용어를 사용하여 다음과 같이 표현한다: 영원한 하나님의 말씀이 생명의 원천이므로, 그의 몸은 소위 그분의 신성에 고유하게 존재하는 그 생명을 우리에게 쏟아 부어주시는 통로이다. 이런 의미에서 그것(그리스도의 몸?)은 생명을 주시는 것인데, 왜냐하면 그것은 다른 곳에서 가져온 생명을 우리에게 전달하기 때문이다.[55]

따라서, 칼빈의 생각에, 우리는 성만찬에서 그리스도의 생명을 받는다. 이 생명은 그리스도의 살과 피에 의하여 우리에게 중재되고 전해진다. 신성의 생명인 첫 생명은 위격적 연합 덕택으로 두 번째 생명인 그리스도의 살로 흘러 들어간다. 거기로부터, 원천과 같이, 그리스도의 몸이 이 생명을 우리에게 쏟아 붓는데, 그것이 세 번째 생명이다.[56]

베스트팔과 헤수스와 같은 루터파와의 논쟁에서 그리스도의 육체적 승천은 결정적이었다. 그리스도께서 육체적으로 성부의 우편으로 승천하셨다는 것은 로마와 루터 양쪽에 대항한 칼빈의 논쟁이 1529

---

53) *Inst.* 2.12.3.
54) *Inst.* 4.17.9.
55) *Calvin's Commentaries*, 4:167.
56) I am indebted to Andrew Ollerton, a research student of mine, for the classification. His category, first order life, is the life of God. Second order life is that of the incarnate Christ, the humanity being in personal union with the eternal Son as the Son's humanity. Third order life is that of man, the creature.

년 마르부르크 회담 때의 츠빙글리의 입장과 같다는 것을 알려준다. 이 때문에 (그리스도의 육체적 승천 때문에), 칼빈은 그리스도를 빵과 포도주 안에서 우리에게로 이끌어 내려서는 안되고, 오히려 우리가 공간적으로 분리되어 있는 것들을 연결시키시는 성령의 불가해한 능력에 의하여 그리스도께로 올라간다고 주장하였다.

이 모든 것 배후에 그리스도와의 연합에 관한 칼빈의 가르침이 있는데, 그는 그것을 구원에 핵심적인 것으로 보았다.[57] 이것은 믿음으로 말미암아 성령에 의하여 가능해지며, 성만찬 안에서 표현된다. 다시 그는 일차적으로 성례들을 하나님께서 하시는 일의 관점에서 보는데[58], 그 이유는 성례들의 효력은 성령님께로부터 나오기 때문이다.[59]

커닝햄과 핫지가 칼빈에 대하여 그토록 비판적이었던 것은 그들이 칼빈의 신학을 받아들이는데 실패하였다는 것을 말해 준다. 그 이유들 가운데 일부가 윌리엄 에반스의 최근 저서인 *전가와 전수: 미국 개혁신학에서 그리스도와의 연합*(Imputation and Impartation: Union with Christ in American Reformed Theology, Eugene, Oregon: Wipf & Stock, 2008)에서 자세하게 다루어져 있다. 그러나, 그것은 다른 기회에 다룰 일이다.

---

57) *Inst.* 3.1.1; 4.17.33.
58) *Inst.* 4.14.12.
59) *ST*, 159. See I. John Hesselink, *Calvin's First Catechism: A Commentary* (Louisville, Kentucky: Westminster John Knox Press, 1997), 147-9.

예배 안에서의 하나됨
- 칼빈의 예배 신학에서 하나됨의 요소들 -

김 재 윤 박사 (울산교회)

1. 서론: 예배는 하나됨을 이미 '전제'하는가?

'예배'는 '한 분' 하나님을 향한 것이다. 이런 의미에서 예배는 배타적인 하나됨을 전제한다. '한 분' 하나님에 대한 선포(신명기 6:4)는 열등한 신 '들'을 믿는 다신교와 대치하는 문맥에서 이해되기 때문이다. '하나'에 대한 강조는 우주적, 존재론적, 구원론적인 '독보성'을 함축하고 있다.[1] 공적인 예배(public worship)가 드려진다는 것은 한 하나님과 한 주님, 한 성령, 한 몸과 한 세례를 믿는 믿음을 이미 내포한다. 따라서 공적인 예배와 하나됨의 관계는 어떤 의미에서 더 논의할 필요가 없는 주제라 해도 과언은 아닐 것이다.

그럼에도 불구하고 현실교회에서는 예배와 성도의 하나됨의 관계는 끊임없는 긴장 속에 있다. 이런 긴장은 몇 가지 현실적인 도전에서부터 야기되는 것 같다. 첫 번째 도전은 경건주의적 신앙의 영향하에

---

1) Christoph Schwöbel, 'Radical Monotheism and the Trinity', in *Neue Zeitschrift Fuer Systematische Theologie Und Religionsphilosophie* vol. 43. 1999. 63.

서 강조되는 개인주의적 경향이다. 이 경향은 다음을 강조한다; 공적인 예배는 영혼들의 집합이며, 예배에서 각자가 구원과 개인적, 내적인 도덕성을 추구해야 한다는 점이다. 여기에 근대 이후의 개인주의적 경향까지 더해져서 자아(the self)를 풍성하게 하는 자리로서의 예배, 각자의 주관성이 더 강조되는 쪽으로 예배가 경도되고 있다는 사실이다.[2] 공적인 예배는 신앙의 하나됨이라는 기초 위에 있기보다 소위 하나님을 '만나는' 나의 체험을 위한 자리이며 그 감정이 채워질 때 '은혜' 받고 돌아가는 군중 속 고독한 개인들의 일시적이고 짧은 만남의 자리가 되었다.

또 다른 도전은 소위 '구도자 예배'와 같은 믿지 않는 자들을 위한 '예배'이다. 미국교회 현실에서 제기된 소위 구도자는 미국인들의 83%가 평생에 고작 몇 번 '예배'에 참석하는 명목상의 크리스찬이 되어버렸다는 현실이 낳은 것이다. 그들은 '종교적'(Religious)인 것, 곧 단지 제도적인 함의들을 전달하는 예배를 싫어하게 되었다. 반면에 이들에게는 '영적'(Spiritual)인 것, 곧 인격적이고 강력한 능력을 제공하며 삶을 향한 동기부여가 되는 것에 대한 갈망은 가지고 있다.[3] 이 예배가 도전이 되는 이유는 한 몸인 성도들의 예배에 아직 믿음을 가지지 못한 자가 참여하는 형태가 아니라, 분명한 신앙고백이 없는 성도라고 할지라도 한 분 신적인 존재에 대한 독자적인 예배가 가능하다는 새로운 패러다임의 예배를 말하기 때문이다. 나름의 예배가 가능한 것은 그들도 영적인 것, 궁극적으로는 초월적인 어떤 존재와

---

2) John W. Carlton, 'The New Emphasis on Worship and Liturgy', in *Review & Expositor*, 64 no 3 Sum 1967. 311-312.

3) Sally Morgenthaler, *Worship Evangelism: Inviting Unbelievers Into the Presence of God* (Grand Rapids: Zondervan, 1995), 56-57.

그 존재가 제공해주는 영성, 능력에 대한 갈망이 있기 때문이다. 한 신앙을 전제할 필요가 없거나 전혀 새로운 의미의 하나됨 곧, 소위 영적인(spiritual) 것에 대한 요구와 충족이라는 점에서의 하나라면 이들만의 독자적인 예배는 가능하게 되었다.

칼빈에게 말씀에 기초한 공적인 예배를 세우는 일은 교회를 세워가는데 핵심적인 일이었다. 동시에 그것은 매우 신학적인 작업이었다. 본 논문은 칼빈이 로마교의 미사를 거부하고 공적인 예배를 갱신하고 건설해 가는 작업에서 작용한 하나됨이라는 요소들을 주로 살피고자 한다. 첫 번째 장(2)에서는 칼빈이 로마교 미사를 거부한 이유들을 살피고자 한다. 그가 미사를 거부한 핵심적인 고민은 언약의 하나됨, 다름 아닌 구약백성과 신약 성도들의 일치성에 대한 것이었다. 두 번째 장(3)에서는 미사 대신에 칼빈이 예배의 필수적인 요소로 본 말씀의 선포, 성례, 그리고 기도는 어떤 신학적인 확신에 기초하고 있는가를 추적해 보는 것이 하나됨에 대한 그의 이해를 알게 되는 작업이 될 것이다. 마지막 장(4)에서는 칼빈이 실제 공적인 예배를 세워가는데 보여주었던 태도에 대한 문제이다. 그는 로마교의 미사와 차별되는 신학적 기초 위에 공적인 예배를 구성했지만 반면에 어떤 부분에서는 굉장히 유연한 태도를 보여주었다. 동시에 그의 공교회를 믿는 정신은 공적인 기도를 통해서도 드러난다. 첫 두 장(2,3)이 그가 가진 원칙의 측면에 관한 것이라면 세째 장(4)은 현실 교회속에서 그가 어떻게 예배를 통해서 하나됨을 추구했는가를 엿보게 한다.

칼빈이 직면했던 문제는 어떻게 보면 우리와 다르다. 그래서 지금 현재 교회가 맞이하고 있는 현실적인 질문, 특별히 예배와 하나됨에 대해서 현재 교회가 직면하고 있는 도전에 대해서 칼빈에게서 직접적인 답을 찾는 것은 쉽지 않다. 동시에 칼빈 자신이 공적인 예배와 하나됨에 대한 구체적이고 직접적인 작품을 많이 남기지도 않았다. 이런 점에서 우리는 이 주제에 있어서만은 칼빈에게서 너무 많은 것을 기대할 수 없는 것도 사실이다. 그러나 이런 제한에도 불구하고 예배와 하나됨의 관계를 칼빈의 작업에서 유추해보는 것은 우리가 처한 예배 현실을 고려하는데 좋은 신학적 기초를 제공하게 될 것이다.

2. 로마교 미사에 대한 반대

칼빈이 예배 문제, 특히 공적 예배를 세워가는 문제에서 직접적으로 대면한 도전은 로마교 미사였다. 그는 미사의 위험을 다음 다섯 가지로 요약한다. 1)그리스도에게 심각한 모욕을 준다. 2)십자가를 은폐하고 매장한다. 3) 사람들이 그의 죽으심을 잊어버리게 만든다. 4)그의 죽으심으로부터 우리에게 오는 열매 혹은 은덕(frux)을 빼앗는다. 5)그의 죽으심에 대한 기념을 담지하고 있는 성례를 무력화하고 흩어버린다.(*Institutes*, 4.18.1.)

칼빈은 미사가 그리스도에게 모독이라고 본다. 매일 희생제사를 지내는 사람(미사옹호론자들)은 필연적으로 자신이 드려야 할 제사의 의무를 사제에게 넘기는 것이 되는데 그들은 이 제사장(sacerdos)이 그리스도의 계승자로서 그리스도를 대리한다고 본다.(*Institutes*, 4.18.2.)[4] 이런 점에서 미사는 그리스도의 대제사장직을 부인하고 그를 하나님 우편에서 끌어내리는 일이 된다. 미사에서 드려지는 예물

---

4) 여기서 미사찬성론자들은 멜기세덱이 아브라함에게 떡과 포도주를 주는 것(창 14:18)을 토대로 미사의 정당성을 주장한다.

에 대해서 그들은 그리스도의 희생을, 매일 새로운 제물로서 확인하는 절차로 매일 수십만 번씩 희생을 드리도록 한다(*Institutes*, 4.18.3.). 칼빈은 이런 로마교의 미사가 예수님의 대제사장으로의 유일성을 부인하고 그의 희생이 불완전하다는 것을 주장한다고 본다. 동시에 미사는 드릴 때 마다 죄의 새로운 용서와 의의 새로운 획득을 약속하는 만큼 그리스도를 직접 다시 죽이는 결과를 가져온다.(*Institutes*, 4,18.5.) 마찬가지로 미사에서 새로운 구속, 새로운 용서가 일어난다고 보는 것은 우리가 자신을 구속한다는 조건하에서만 그리스도에 의해서 구속되었다고 주장하는 바와 다름없다. 또한 미사에서 한 사람이 교회 전체의 이름으로 받아먹는 일은(private mass) 신자모두가 받아 먹음으로 함께 하나로 몸과 피에 참여하라는 명령을 어기는 것이 된다(*Institutes*, 4.18.8.).

이처럼 로마교 미사를 반대하고 성경에 기초한 공적 예배를 건설하고자 시도한 칼빈은 다음 세 가지 신학적 기초를 가지고 있었다고 할 수 있겠다. 첫 번째, 신 구약 성경의 하나됨이다. 칼빈은 로마교 미사 예전을 본질적으로 여전히 구약 성경에만 머물러 있는 것으로 보았다. 이런 로마교의 견해는 신학적으로 구약과 신약이 언약에 있어서 동일하다(similitude)고 보는 칼빈의 견해와 대치된다. "칼빈은 모든 신앙의 선진들의 언약이 본질과 실재에 있어서 우리의 그것과 다르지 않고 하나이며 같은 것임을 주장한다."[5] 구약 백성들은 중보자이신 그리스도를 소유했고 그리스도를 통해서 하나님과 연결되고 하나님

---

5) Wulfert de Greef, *Calvijn en het Oude Testament* (Amsterdam: uitgeverij Ton Bolland, 1984), 95. 물론 칼빈은 구약과 신약 사이의 차별에 대해서 인식하고 있다. "모든 족장들과 맺어진 언약과 우리와의 언약은 그 본질(substantia)과 실상(res ipsa)에서 같고 동일하기 때문에, 실지는 이 둘이 하나다. 다만 언약이 섬겨지는 방식(administratio)에 있어서 다르다(*Inst.* 2.10.2).

의 약속에 참여할 것을 믿었다.[6] 미사예식은 구약백성과 우리를 분리하고 나누며 무엇보다도 동시에 우리와 족장들을 그리스도와 나누고 만다.

두번째, 신 구약 성경의 하나됨을 믿는 신학은 동시에 그리스도 중심주의로 귀결된다. 칼빈에게 구약은 하나님이 거저 주시는 은혜를 토대로 삼았고 그리스도의 중보에 의해서 확립되었다. (*Institutes*, 2.10.4.) 한 마디로 신구약의 하나됨은 그리스도 안에서만 발견된다.[7] 따라서 공적 예배는 철저하게 그리스도가 현존하며 임재하는 형식이 되어야 한다. 세 번째, 구약의 제사가 더 이상 반복될 필요가 없기에 그 제사를 있는 그대로 행하지 않는다. 제사의 자리에 칼빈은 ‘감사’의 제사를 둔다. 이런 점에서 기도와 찬양은 공적 예배에서 반드시 있어야 하는 것이다. 나아가 사랑의 의무도 포함되고 기도와 찬양, 감사 나아가 우리가 하나님께 드리는 모든 예배행위가 포함된다. (*Institutes*, 6.18.16.) 그는 이어서 기도와 찬양이 제사로 올려지는 것을 분명하게 선포하는 성경구절들을 제시하면서 반드시 우리는 중보자를 통해 우리 자신과 소유를 하나님께 드리게 되는 예배를 드려야 함을 강조한다.[8] 결론적으로 칼빈이 생각한, 로마교의 미사를 대신할 공적 예배는 그리스도가 중심이 되고, 그리스도가 선포되어야

---

6) Cf. *Inst.* 2.10.23. “족장들은 그들이 가진 언약의 보증으로서 그리스도를 소유했고 그 안에 모든 축복의 소망을 두었다(Patres scilicet Christum in foederis sui pignus habuisse, atque in ipso omnem benedictionis fiduciam reposuisse).”

7) “Scripture in both of its testaments narrates a story that at every step along the way points to its conclusion, in which the whole of its history has its meaning. Moreover, it is not only the texts but the reality to which they testify—the persons, offices, events, and institutions that they describe—that point towards Christ and ask to be understood in the context of his activity.” Stephen Emondson, ‘Christ and History: Hermeneutical Convergence in Calvin and Its Challenge to Biblical Theology’, in *Modem Theology* 21 no.1 January 2005. 24.

8) *Inst.* 6. 18.17. 시 141:2; 호 14:2; 시 50:23; 히 13:15.

한다. 동시에 예배하는 자가 그리스도와 연합하는 것이 필수이며 더불어 이 중보자를 통한 하나님에 대한 감사와 찬양이 온전한 의미의 제사로 나타나야 한다.

3. 예배: 그리스도안에서 함께 하나됨

앞에서 언급한 칼빈의 공적 예배에 대한 세 가지 신학적 토대는 한마디로 '그리스도'로 요약된다. 그렇다면 칼빈은 실제로 신 구약이 통일되게 증거하는 그리스도, 그 분 안으로의 하나됨에 부합하는 예배는 어떤 것이라고 생각했는가?

우선적으로 칼빈은 공적 예배가 '성경에 합한' 예전이어야 한다는 생각을 가졌다. 그렇다면 칼빈은 성경을 통해서 우리가 드릴 공적인 예배에 대한 구체적이고 상세한 모든 순서를 가져올 수 있다고 생각했는가? 칼빈이 의도한 것은 이와는 다르다. 그는 기도를 드릴 때 무릎 꿇는 문제를 다루면서 두 가지를 측면을 동시에 고려해야 함을 강조한다. 첫 번째 측면은 앞서 언급한 대로 그의 위엄 앞에 드리는 예배의 모든 국면과 구원에 필요한 모든 것을 그의 거룩한 말씀에 충실히 포함시키며 분명히 표현하셨다는 점이다. 그러나 동시에 두 번째 측면은, 공적 예배는 시대의 형편에 의존하며 한 형식이 모든 시대에 적합하지 않다고 주님이 보고 계시다는 점이다 (*Institutes*, 6. 10.30).

Dr. T. Brienen은 칼빈의 이런 견해들을 이렇게 종합한다. "성경은 어디에서도 예전에 대한 청사진을 제시하지 않으며 어디에서나 사용할 수 있는 정해진 예배순서를 말해주지 않는다. 그럼에도 불구하고 말씀의 선포, 찬양과 기도, 성례, 적어도 이 세가지는 성경에 따라서 계시된 하나님의 뜻에 의한 것이라는 것을 받아들여야 한다. 그러나

이 세 가지 외에 다른 예배에 대한 규칙들은 하나님과 서로에 대한 책임과 지혜와 사랑 안에서 찾을 수 있도록 하나님께서 우리에게 넘겨주신 것이다."[9]

Brienen이 지적하듯이 칼빈은 1542년 작성한 *La Forme*에서 위의 세가지를 공적 예배에서 필수적인 것이라고 언급한다. "우리 주님은 그의 말씀의 설교, 공적인 기도, 성례의 실시, 이 세 가지가 우리의 영적인 집회에 반드시 있어야 할 것으로 받아들이기를 명령하셨다."[10] 이 세가지를 근거로 칼빈은 말씀의 선포, 찬양과 기도, 성례, 이 세가지를 영적인 집회에서 필수적인 것이며 동시에 철저하게 그리스도 중심적이다. 다시 말하면 칼빈이 공적 예배를 생각하면서 가장 중요하

---

9) T. Brienen, *De Liturgie bij Johannes Calvijn* (Kampen: De Grote Goudriaan, 1987), 153-54.

10) Brienen, *De Liturgie*, 148에서 재인용, 칼빈이 복음의 선포, 기도, 성례를 자신이 구상한 공적 예배에서 없어서는 안될 요소라는 신념은 그의 신학과 매우 긴밀한 연관이 있다. Brienen은 칼빈이 정한 예전의 순서가 어디에서부터 왔는가, 그 뿌리와 기원의 문제를 다루면서 크게 두 영향력을 소개한다. 1) 칼빈의 예전은 중세후기의 설교예배, 말하자면 당시 알려진 pronaus가 기원이라고 보는 견해이다. (F. E. Brightman과 W. Nagel) 미사에 덧붙여져 그 전후에 행해진 pronaus는 주기도문, 설교, 기도, 사도신경, 공적 죄의 자백의 순서로 이루어졌다. 그러나 pronaus에는 찬송이 빠져 있고 설교의 시간적 비중이 낮다는 점을 지적한다. 그래서 Brienen은 pronaus-Zwingli-Farel 라인과 칼빈은 그것은 구분될 필요가 있다고 지적한다. 2) 스트라스부르크에서 이루어진 미사에서의 예전적 발전에서 기원한다고 보는 견해가 있다. (E. Weismann, W. F. Dankbaar, B.Buschbeck). 이런 견해는 특별히 스트라스부르크의 독일적인 예전이 로마교의 미사예전의 영향을 많이 받았다는 점을 주목한다. 스트라스부르크 예전은 그야말로 성찬이었는데 이는 로마교의 성찬에서 직접적으로 기초한 것이라고 본다. 칼빈이 스트라스부르크에서 제네바로 돌아왔을 때 이 로마교 미사 전통이 pronaus전통과 연결되고 합해져서 칼빈의 예전이 형성되었다고 본다. 개인적으로는 Bucer의 영향도 언급된다(A. Erichson). 당연하게도 루터의 예전이 가진 설교중심성도 언급되곤 한다(A. C. Barnard). 그러나 Brienen은 칼빈의 공적 예배 구성은 칼빈 자신의 신학에서 온 것이라는 견해를 강력하게 지지한다. 칼빈은 이미 스트라스부르그에 오기 전에, 제네바 예전의 영향(Farel)을 받았음에도 자신만의 예전을 구축하고 있었다. 그 근거는 칼빈의 공적 예배가 1536년 기독교 강요의 초판의 내용과 일치한다는 것이다. 1536년 강요는 율법-사도신경-주기도-성례로 이루어져 있다. Brienen, De Liturgie, 132ff.

게 여긴 것이 어떤 순서구성을 할 것인가의 문제라기 보다는 그리스도라는 필연적 요소에 모든 초점이 모아진다고 볼 수 있다.

칼빈에게 참된 복음의 설교는 그리스도의 신비를 분명히 나타내는 것 외에 다름 아니다. 칼빈은 1536년 강요 초판에서 첫번째 장에서 율법을 다룬다. 최종판에서도 그는 강조한다. 율법에서 하나님이 죄를 거저 용서하심으로써 사람들과 화해하시겠다고 자주 약속하시는 것은 율법이 복음의 일부임을 알게 해 준다. 율법만이 아니라 족장에게 베푸신 자비와 아버지 같은 후의(厚意)에 대한 증언도 복음에 포함된다. 그러나 칼빈은, 복음은 더 높은 의미에서 그리스도에게서 계시된 은총을 선포하는 것이라고 확신한다(*Institutes*, 2.9.2). "하나님의 모든 약속은 그리스도안에서 예와 아멘을 발견한다"(*CO 50, 23-24*).

성례는 예배의 중심이 그리스도임을 드러냄과 동시에 교회가 그리스도와 연합하는 자리인 것을 증거한다. 특별히 성찬은 그리스도와 연합하는 것이 어떻게 연합한 자들 사이의 하나됨을 보장하는가를 보여준다. 그리스도 자신이 성찬의 '물物' 이다(materia, *Institutes*, 6.17.12). 이 연합은 단지 상징적인 것과 단지 몸을 떡 속에 두는 편재설과 다르다. "믿음으로 성례를 받을 때 우리는 참으로 예수 그리스도의 몸과 피의 참된 본질에 참여하는 자가 된다".[11] 이 연합은 동시에 성령론적이다(*Institutes*, 6.17.12)[12]. 성령 안에서 그리스도와 본질적으로 연합하는 이 연합은 서로를 사랑하라는 뜻이 내포되어 있다. 주

---

11) "We all confess, then with one mouth that, in receiving the sacrament in faith, according to the ordinance of the Lord, we are truly made partakers of the real substance of the body and blood of Jesus Christ." John Calvin, *Theological Treaties* (Philadelphia: The Westminster John Knox Press, 2000), 166.

께서는 한편으로는 순결하고 거룩한 생활을 다른 한 편으로는 사랑과 평화와 화목을 권장하며 고취하는 가장 유력한 방법으로 성찬을 제정하셨다(*Institutes*, 6.17.38).

칼빈은 제물을 두 가지로 구별하였다. 하나는 화목 또는 속죄의 제물인데 이는 오직 그리스도만이 최종적으로 성취할 수 있다고 본다(*Institutes*, 4.18.13). 또 한 가지 제물은 감사, 찬양의 제물이다. 이 제물은 죄의 용서나 하나님의 진노를 푸는 것이 아니라 하나님을 찬양하며 높이는 것과 관련되어 있는데 이것은 교회에 없어서는 안될 꼭 필요한 제사이다(*Institutes*, 4.18.16). 칼빈은 쉬지말고 기도하며 범사에 감사하라는 것을 연결시키면서 하나님께서는 우리에게 찬양하며 기도할 확실한 이유를 주신다고 기도와 찬양을 연결시킨다(*Institutes*, 3.20.28). 하나님께서는 사적인 기도와 동시에 신자들의 공기도를 명하신다(*Institutes*, 3.20.30). 심지어 칼빈은 기도중에 말하며 노래하는 것을 적극적으로 장려한다. 곧 찬양하며 기도하는 일은 같은 입으로 모두 함께 하나님께 영광을 돌리고 한 영과 한 믿음으로 하나님을 경배하는 일에 해당한다(*Institutes*, 3.20.36). 그러나 예수의 이름으로 기도함을 잊지 않아야 한다. 예수 그리스도의 중보가 없이는 아무도 기도할 수 없다(*Institutes*, 3.20.18). 기도와 찬양 또한 철저하게 그리스도 중심적이다.

이제까지 칼빈이 로마교의 미사대신에 구성한 공적 예배에 대한 신학적 기초를 추적해 보았다. 앞서 밝혔듯 그는 복음의 선포, 찬양-기도, 성례를 없어서는 안 되는 것으로 보았다(Cf. *Institutes*, 4.10.29).

---

12) "그들에게는 육적인 것이다. 그 이유는 그들은 그리스도를 떡 아래 두기 때문이다. 반면에 우리에게는 영적인 것이다. 그 이유는 성령께서 인쳐주시는 것이 그리스도와 우리를 연합하게 해주는 고리가 되기 때문이다."

그는 이를 성경적이라고 보았고 공적 예배에서 필수적인 요소에 대한 그의 견해는 1536년 강요의 초판에서 그가 서술한 신앙고백적 신학의 순서-내용과 일치한다. 칼빈이 밝힌 공적 예배의 필수요소들은 철저하게 그리스도 중심적이다. 따라서 공적 예배와 하나됨의 관계를 고려할 때 하나됨은 반드시 그리스도안에서의 하나됨 외에 다른 어떤 것이 될 수 없다.

다시 말해 철저하게 기독론적이지 않은 공적 예배는 아무리 참석자들의 마음과 목적이 하나가 된다 하더라도 참된 하나됨을 담보할 수 없다. 그리스도가 선포되고 그리스도를 먹고 마시며 그리스도를 통해 하나님께 감사하지 않는 예배는 일치를 담보할 수 없는 것이다. 막연한 하나님에 대한 의존의 감정, 그리스도와 관련되지 않는 신적인 존재를 느끼고 만나며 신비한 능력을 부여받기 원하는 갈망을 채워주는 예배는 종교적이지 않고 소위 영적일 수는 있으나 칼빈이 구상한 예배는 될 수 없다. 더구나 참석자들의 공통적인 목표인 소위 영성이나 영적인 체험을 함께 경험한다 하더라도 진정한 일치에 이를 수 없는 예배가 된다.

예수님은 요한복음 17장에서 시작되는 대제사장의 간구에서 삼위 하나님이 하나가 된 것같이 우리도 하나되길 위해 기도하신다(21,23절). 예배에 참석한 '우리'가 하나되는 것, 일치된 어떤 목표와 갈망을 가지는 것은 매우 중요하다. 그러나, 이 일치의 전제조건은 그들이 우리(삼위일체 하나님) 안에 하나가 되는 것이다(21절). 그리스도안에서 하나됨을 전제하지 않는 어떤 하나됨도 무의미하다. 칼빈이 구상한 공적 예배는 철저하게 그리스도안에서의 하나됨을 전제한다.

4. 두 가지 다른 일치의 요소들

칼빈이 공적 예배를 구상하면서 강조한 일치와 하나됨과 관련된 가장 중심, 곧 그리스도 중심주의를 살펴보았다. 그리스도 중심주의는 그로 하여금 복음의 말씀 선포, 성례, 감사의 제물로서의 기도와 찬양이라는 것을 반드시 공적 예배에 있어야 하는 필수적인 요소가 되게 하였다.

이번 장에서는 그리스도 중심주의 외에 칼빈이 공적 예배에서의 하나됨을 추구했던 다른 요소들을 살펴볼까 한다. 칼빈이 그리스도 중심이라는 매우 엄격한 하나됨의 잣대를 공적 예배에 적용했음에도 불구하고 그는 여러가지 면에서 반대자들과의 하나됨을 소홀히 여기지 않았고 때로는 자신이 정한 철칙에서 물러나 공적 예배의 순서 문제에서 평화를 더 추구하였다. 나아가 그는 특별한 기도의 날을 정해서 주중에 기도함으로써 교회와 세상이 처한 고통을 외면하지 않고 함께 안고 나가려는 사랑 안에서의 일치의 정신도 잃지 않았다.

(1) 자유와 평화안에서 하나됨

칼빈은 의식을 정하는데 있어서 자유를 강조하면서 현실속에서 일치를 위한 정신을 잃지 않았다. 칼빈이 예배 의식에서 자유를 강조하게 된 것은 일차적으로 로마교에 대한 반대에서 시작된다. 칼빈은 로마교회의 예전들이 하나님에 대한 참된 예배를 타락시켰을 뿐만 아니라 사람들에게 큰 짐을 지워준 것이라고 생각했다. 영혼들에 대해서 말할 수 없는 독재를 행함으로써 '자유'를 압박하고 없애버린 것이 바로 로마교의 예전들이었다. 칼빈이 이것을 향해 싸워야 한다고 믿었다. "양심은 한 왕이시며 해방자이신 그리스도를 고백하며, 하나의 자유의 법 즉 복음의 말씀의 지배를 받아야만 그리스도안에서 얻은 은혜를 유지할 수 있다."(*Institutes*, 4.10.1) 그리스도 중심주의는 엄격한 잣대이지만 그러나 이 엄격한 잣대가 오히려 자유안에서 하나가 되는 자유의 법이 된다. 공적 예배에서 그리스도만을 추구한다는 것은 역설적이게도 당시 상황에서는 매우 큰 자유를 의미했다. 그리스도안에서의 하나됨은 곧 로마교 예전이 얽어 매던 모든 곳에서 자유하게 되는 폭넓은 자유를 안겨주는 것이었다. 그래서 칼빈은 공적 예배가 반드시 어떤 정해진 순서를 따라야 한다는 일종의 예배의 율법주의를 경고한다. "우리를 예수에게로 이끌지 못하는 어떤 예식이라도 그것들은 다 썩을 것들이다." (*Institutes*, 6.10.15)

그리스도안에서 자유라는 신학적 기초를 공적 예배에 적용했기에 칼빈은 일차적으로 로마교의 의식, 의례에서부터의 자유를 얻게 되었다. 반면에 그는 사람이 만든 모든 예전에서 그것을 절대화하는 그 어떤 시도도 이런 그리스도와 연합된 자유를 부인하는 것이 된다고 확신한다.[13] R. Stähelin은 이를 이렇게 요약한다. "칼빈이 예전 문제에서 전파한 자유는 어떤 면에서 예전적 형식에서의 자유를 의미한다."[14]

실제로 칼빈은 스트라스부르크와 제네바에서 하나의 일치된 예전 순서를 고집하지 않았다. 스트라스부르크에서 프랑스 피난민들을 위한 교회를 목회할 때, 처음에는 전혀 예전의 순서를 가지고 있지 않았다. 그는 일주일에 네 번, 그리고 한 달에 한 번 성찬을 베푸는 예전의

---

13) 그의 이런 정신은 다음과 같이 말할 때 암시된다. "우리는 이 순수한 관습을 부패시키거나 흐리게 만드는 오류가 잠입하지 않도록 극도로 주의하며 노력해야 한다. 이 목적을 달성하기 위해서는 어떤 규정을 세우든지간에 분명히 유익하다는 것이 나타나야 하고 수효를 아주 제한해야 한다." (*Inst*. IV. 10. 32)

14) R. Stähelin, 'Die Geschichte des christlichen Gottesdienstes', in *Liturgia* (Handbuch des evangelischen Gottesdienstes. Bnd. I, Kassel 1954), 65. Brienen, *De Liturgie*, 156에서 재인용.

규칙을 정했다. 그리고 모국어로 찬양하는 것도 제정했다.[15] 예를 들어, 1542년 제네바에서 시행되었던 공적 예배에서는 Votum이 들어갔지만 스트라스부르크에서는 아직 이 순서가 없었다. 그리고 문안의 순서도 생략되었다. 이는 칼빈에게서 공적인 예배의 근본적인 뼈대는 1536년의 강요에 기초해 있지만 예전의 순서에 있어서 정해진 틀을 고집하지 않았다는 것을 증거해 준다.[16] 칼빈은 크게는 부써의 영향을 받은 스트라스부르크의 말씀 중심의 예전과 파렐이 기원이 된 제네바 예전의 요소들을 모두 수용했지만 어떤 한 순서에 집착하지 않고 자신의 신학에 따라서 융통성 있게 이를 구성하였다. 이를 통해서 그는 교회들 사이의 균형과 일치를 도모했다고 할 수 있다.

칼빈은 앞에서 말한 세 가지를 공적 예배에서 필수적인 것으로 확신을 가지고 있었지만 로마교의 예전이 양심의 자유를 얽어맨다는 사실에 대해서도 강하게 의식하고 있었다. 그렇기 때문에 그는 부써와 파렐, 루터 그 어느 예전의 강조점에도 치우치지 않고 이런 교회들을 아우르는 관점에서 자유롭게 공적 예배 순서를 구성하였다. 이런 사실들은 공적 예배의 순서를 정하는 문제에서도 그는 교회의 일치에 많은 열정을 쏟았다는 사실을 엿보게 해준다.

아울러서 그는 성찬을 행하는 횟수에서도 화평과 하나됨을 추구했다. 그는 개인적으로 모일 때마다 성찬을 선호했다. 그러나 스트라스부르크에서는 매달 한 번씩, 제네바에서는 일년에 네 번을 행하는 것으로 조정했다.[17] 성찬을 얼마나 자주 행할 것인가의 문제는 그의 신

---

15) Brienen, *De Liturgie*, 65.
16) 1536년 기독교 강요와 스트라스부르크/제네바의 예전에 대한 비교는 Brienen, De Liturgie, 83을 보라.
17) John D. Witvliet and Nathan Bierma, Liturgy in the Calvin Handbook, edited by Herman J. Selderhuis (Grands Rapids: Eerdmans, 2009), 414.

학적인 입장에 비추어 보아도 매우 긴급하고 필수적인 문제였다. 그러나 그는 이 문제도 화평과 하나됨을 위해서 포기했고 상황에 비추어 판단하였다. 공적 예배의 필수요소인 성찬의 횟수를 정하는 문제에서 칼빈은 일치의 정신을 보여준다.

(2) '기도의 날'을 통한 일치

Pfisterer는 칼빈이 특별한 일을 위한 기도의 날 혹은 주간을 정했다는 사실을 소개한다. 기도의 날들(gebedsdagen)은 1542년 La Forme에도 기록되어서 전해진다. 이 예전의 기원은 1541년에 일어난 두 가지 사건 때문이다. 하나는 투르크족이 동유럽을 침공해 온 사건이고 다른 하는 남-독일이 흑사병으로 고통 속에 있게 된 것이다. 칼빈의 친구들인 Simon Gryaeus, 쯔빙글리와 불링거의 동역자인 Leo Judae, 스트라스부르크의 Capito도 이 때 쓰러졌다. 1541년 10월에 작은 공회에서 이 두 문제를 두고 특별한 기도의 날을 정하기로 했다. 주일날 설교 앞 뒤로 행해지던 기도가 수요일을 아예 기도의 날로 정해서 행해지게 되었다. 남녀노소 모두가 아침 8시에 모여 기도를 했고 가게들도 10시까지 문을 닫았다. 통치자들, 역병, 흉년과 기아, 감옥에 갇힌 자들, 병자들을 위한 기도가 이루어졌고 적그리스도를 물리쳐 달라는 기도가 병행하였다.[18] 현재 대륙의 개혁교회에서는 희미하지만 이 전통이 남아있다. 봄, 가을에 한번씩 한 해 농사를 위한 기도와 수확을 위한 기도의 날을 수요일에 지키고 있다.

칼빈은 유럽의 교회 전체가 하나되기를 소망하고 있었기에 투르크족의 위협 앞에 놓인 전 유럽의 교회를 위한 특별한 기도의 날을 제정

---

18) Brienen, De Liturgie, 105f.

할 수 있었다. 뿐만 아니라 교파를 떠나서 고통 당하는 교회와 일반인들까지도 모두 포괄하는 일치의 정신을 가지고 있었다. 칼빈이 공적 예배를 구성해 가는 과정에서는 그리스도 중심의 일치라는 매우 엄격한 잣대를 추구했다. 그러나 이런 기도의 날(들)을 제정하는 부분에서는 매우 폭넓은 일치를 추구한 것을 볼 수 있다.

5. 결론: 엄격한 그러나 폭넓은

이제까지 칼빈이 구성한 공적 예배에서 일치와 하나됨을 생각하게 하는 요소들을 살펴보았다. 오늘날 공적 예배에서의 일치됨이 암묵적으로 암시되어 있는 듯하지만 사실은 이 하나됨은 매우 큰 도전 속에 있다. 주일마다 드려지는 예배에서 일치와 하나됨을 누리는 것은 더 이상 당연한 일이 아니다.

칼빈이 공적 예배에서 가장 중요하게 생각한 것은 그리스도와의 하나됨이다. 이는 동시에 그리스도의 몸으로서 교회의 하나됨을 내포하고 있다. 다만 그리스도와의 하나됨이 부재한 참석자들만의 하나됨은 무의미하다. 공적 예배는 철저하게 그리스도의 몸으로서 함께 드려지는 것이다. 하나님을 예배하지만 동시에 그리스도의 몸으로서 함께 세워져가는 시-공간이다. "교회에 권세를 주신 것은 파하려고 하는 것이 아니라 세우기 위한 것이다"(Cf. *Institutes*, 6.8.1). 그리고 '하나님' 을 찬양하지만 동시에 참석자들이 바로 그 하나님이 베풀어 주신 구원에 참여하는 자들이 되는 것이 칼빈이 구상한 공적 예배이다. 이런 것이 실재적으로 주어지지 않는 모임을 공적 예배라고 하기에는 무리가 있다. 동시에 지극히 개인화되어 있는 공적 예배, 설교 말씀에서 나 혼자 소위 '은혜' 만 누리면 된다고 하는 정신이 강해진 시대에 칼빈이 강조한 그리스도의 몸으로서 그리스도께 연합한다는 공적 예배의 기독론적, 성령론적 성격은 특별한 의미를 지니고 있는 것 같다.

이런 엄격한 예배에 대한 잣대에도 불구하고 사실 칼빈은 예배 순서, 성찬의 횟수에 있어서는 화평을 추구하였다. 그는 로마교의 미사의 관습을 미워했기에 영구 불변한 예배순서를 정하는 것에 대해서는 반대했다. 유연성이 있었고 현실적이었다. 공적 예배를 구성할 때 무원칙적이었다는 것은 아니다. 그가 세워간 공적 예배는 철저하게 1536년의 강요초판을 기초하고 있다. 그러나 때로 그는 화평을 우선시하였다.

뿐만 아니라 그는 공적인 예배에서 진정한 에큐메니칼 정신을 추구하였다. 그것은 기도의 날(들)을 제정 한데서 엿볼 수 있다. 그의 심령은 고통 당하는 전 유럽의 교회들을 향했고 비록 때로 견해차가 있었지만 심각한 문제를 겪고 있는 모든 주님의 교회를 사랑했고 하나되길 원했다. 기도의 날(들)에서 기도한 내용들은 포괄적인 것이고 우주적인 것들이었다. 이런 점에서 그가 예배를 통해서 추구한 하나됨은 매우 폭넓은 것이었다.

우리는 공적 예배를 구성한 칼빈의 신학에서 두 가지 면을 동시에 본다. 하나는 그리스도 중심의 일치라는 매우 엄격한 기준과 또 하나는 화평과 포괄성이라는 다른 얼굴이다. 이 두 가지 얼굴이 동시에 만족되는 공적 예배를 구성하는 것이 이 시대에 새롭게 요구되는 칼빈의 정신이다.

칼빈의 예배와 영적 전투 이해

이 신 열 교수 (고신대학교)

1. 들어가는 말

칼빈에게 예배는 하나님의 존재를 올바로 인식한 인간이 드릴 수 있는 최상의 것이었다. 하나님의 영광과 위엄을 깨달은 인간이 그 분 앞에 자신의 미미함을 깨닫게 될 때 그에게 감사와 찬양과 영광을 돌려 드리게 된다. 칼빈의 삶은 예배로 가득찬 삶이었다. 그는 크리스찬의 삶의 본질과 중심이 하나님께 드리는 예배에 있다고 믿었다. 그의 주요 저서인 『기독교 강요』제 1권에서 미신과 우상숭배에 빠진 중세 로마 카톨릭을 비판하면서 하나님께 드리는 참된 예배가 무엇인가를 분명하게 제시하고 있다.

종교개혁(the Reformation)이라는 역사적 맥락 속에서 고찰해 본다면, 하나님의 영광과 예배를 진작시키려는 칼빈의 의도는 분명히 영적 전투를 위한 것이었다. 그는 로마 카톨릭 교회를 먼저 여로보암 왕 치하의 이스라엘에 비유하였는데 이는 이 교회가 예배의 신성함을 미신과 성상숭배로 왜곡하고 타락시켰다는 사실에 기인한 것이었다.[1]

---

1) *Inst.*, 4.2.7–8.

더 나아가서 로마 카톨릭 교회가 성경의 가르침에서 이탈하게 된 것은 전적으로 적그리스도(Antichrist)의 유혹에 넘어갔기 때문이었으며 이로 인해 이 교회에는 이제 단지 기독교의 흔적(vestige)만 남게 되었다고 분석한다.[2] 그 결과 로마 카톨릭은 하나님이 명령하시지 않은 다양한 방법들을 동원하여 신성한 예배를 과다한 허례허식으로 치장하기에 이르렀다. 칼빈은 카톨릭의 왜곡된 의식들을 악마적인 것으로 간주하였다. 많은 종교개혁자들 가운데서 허황되고 오염된 예배 의식들을 가장 강력하게 정화한 인물도 바로 칼빈이었다.[3] 그에게 로마 카톨릭의 경건은 타락되고 왜곡된 예배를 조장하는 쉽게 옮겨지는 전염병(contagious plague)과 같은 것이었으므로 자신을 보호하기 위해 그는 이 교회로부터 떠나야만 했다.[4]

칼빈이 로마 카톨릭을 떠나게 된 이유에는 대적에게 무참히 짓밟혀 버린 교회의 상황에 대한 탄식과 더불어 하나님의 영광을 위한 영적 전투의 모티브가 자리잡고 있다. 『기독교 강요』서문에 기록된 프랑소와(Francois) 1세에게 바친 헌정문에서 칼빈은 교황주의자들이 개신교도들을 오만스럽고 뻔뻔하게 공격하는 상황을 설명하면서 자신이 영적 전투에 임하고 있음을 천명하고 있다.

그렇다면 칼빈이 생각한 예배와 영적 전투의 관계는 어떤 것인가? 이는 사실상 개신교라는 종교의 사활이 걸린 문제이었다. 본 논문에서는 예배에 대한 이해, 우상숭배와 영적 전투의 필요성, 영적 전투와 예배라는 주제들을 중심으로 이 문제에 대해 고찰해보고자 한다.

---

2) *Inst.*, 4.2.11.

3) Geoffrey Wainwright, *Doxology: The Praise of God in Worship, Doctrine, and Life* (New York: Oxford Univ. Press, 1980), 266.

4) Carlos M. N. Eire, *War Against Idols: The Reformation of Worship from Erasmus to Calvin* (Cambridge: Cambridge Univ. Press, 1989), 228.

2. 예배에 대한 이해

칼빈은 예배를 종교의 핵심으로 간주한다. 종교는 하나님께 헌신하는 자들, 예배하는 자에게만 적용된다.[5] 더 나아가서 예배는 인간을 동물로부터 구분하고 이를 통해 인간은 불멸을 사모하게 된다.[6] 이는 인간 삶의 가장 중요한 목적은 예배이므로 우리 삶과 마음의 생각 모두가 전적으로 하나님께 드려져야 하는 것을 뜻한다.

칼빈은 이러한 예배가 하나님의 뜻에 근거한 것이라고 이해하는데 그분의 뜻은 인간의 예배를 받으시는 것이다.[7] 이는 하나님께서 인간이 드리는 희생 제물이나 다른 어떤 것을 받으시는 것이 아니라 예배를 드리는 사람 자체를 받으시는 것을 뜻한다. 하나님께서 가인이 아니라 아벨의 제사만 받으신 이유는 전적으로 하나님께서 먼저 그를 받으신 사실에서 발견된다고 칼빈은 말한다.[8] 이는 구체적으로 하나님을 향한 아벨의 순전한 마음을 받으셨음을 뜻한다. 아벨은 하나님의 호의를 받아 누렸으되 가인은 그 호의를 얻기 위해 노력하였지만 그 마음에는 신실함이 결여되어 있었다.[9]

여기에서 '마음'이란 인간의 믿음에 관한 것이며 이 믿음은 예배의 필수 요소이다. 이런 이유에서 칼빈은 믿음을 예배의 '핵심

---

5) *CO* 48, 404 (행 17:17 주석): "Vocantur specialiter Dei cultores, qui nomen dederunt Deo Israeli: illis solis tributur religio."
6) *Inst.*, 1.3.3.
7) *Inst.*, 4.20.15.
8) *CO* 23, 85(창 4:4 주석): "Caeterum notanda est series hic a Mose posita: neque enim simpliciter narrat placuisse Deo quem illi cultum Abel exhibebat sed exordium a persona facit: quod significat, nullam fore operibus gratiam coram Deo, nisi quorum autor iam ante gratus sit, ac probetur."
9) *CO* 23, 87(창 4:5 주석).

(essence)'[10]이자 '스승(teacher)'[11]이라고 밝힌다. 믿음이 결여된 외적 의식은 올바른 예배에 전혀 도움이 되지 않을 뿐 아니라 죄악 가운데 하나님의 호의를 누리려는 의도를 지닌 의식은 오히려 신성모독에 해당된다.[12] 마음의 순결함이란 오직 믿음을 통해서 주어지기 때문이다. 이 믿음의 대상은 예수 그리스도인데 이는 어느 누구도 그리스도의 피로 씻음 받지 않고는 순결함을 누릴 수 없기 때문이다.[13] 따라서 칼빈이 말하는 예배는 영적 예배인데 이는 물질적 위세에 대한 신뢰, 인간에 의해 고안된 의식의 결여, 그리고 하나님에 의해 명령된 예배를 뜻한다.[14] 달리 말하자면, 이는 믿음과 양심의 청결함, 그리고 자기부정으로 드리는 예배를 가리킨다:

왜, 그리고 어떤 의미에서 하나님께 드리는 예배가 영적이라고 불리워지는

---

10) *Inst.*, 2.8.11.

11) *CO* 55, 147–48(히 11:6 주석): "Primum hinc ostendit apostolus quo modo gratiam nobis conciliet fides: nempe quia nobis ad colendum verum Deum magistra est."

12) *CO* 31, 490(시 50:8 주석): "Quoniam ergo caeremoniae, si per se reputentur, nullius eunt momenti: negat Deus eas se flagitare ac si in illis occupari vellet servos suos, quum tantum sint spiritualis cultus adiumenta. ... Ubi autem njon modo sine fide eas hypocritae obtrudunt, sed neglecta cordis munditie ad propitiandum Deum, fingunt esse piacula: non tantum pro nihilo duci quasi frivolas nugas, sed graviter damnari tanquam inquinamenta quae Dei cultum profanant."

13) *CO* 23, 89(창 4:7 주석).

14) *CO* 7, 607 (The True Method of Giving Peace): "Primum enim statuendum est, spiritualem esse Dei cultum, ne in externis vel caeremoniis, vel aliis quibuslibet operibus reponatur: deinde non esse legitimum, nisi ad eius cui praestatur voluntatem sit compositus, tanquam ad suam regulam. Utrumque plus quam necessarium est: ..."; Eire, *War Against the Idols*, 200. 영적 예배의 본질에 관해서는 필자의 졸고를 참고할 것. "칼빈의 예배론: 칼빈의 창조론을 통해 살펴본 그의 예배 본질 이해," 고신대학교개혁주의학술원 편, 『칼빈과 교회』(부산: 고신대학교출판부, 2007), 216–19.

가? 하나님께 드리는 예배는 기도, 양심의 청결, 그리고 자기 부정을 가져오는 마음의 내적 믿음 때문에 영적인 것으로 간주되는데 이를 통해 우리는 거룩한 제사로서 하나님께 대한 순종으로 헌신된다.[15]

이 사실에 근거하여 칼빈은 "합당한 예배의 시작은 화해"라고 밝힌다.[16] 그리스도를 떠나서는 믿음도 없으며 올바른 예배가 시작될 수 없는데 이는 화해의 유일한 저자는 그리스도이시기 때문이다.[17] 그리스도는 자신을 희생제물로 하나님께 드림으로써 하나님과 인간 사이에 화해를 획득하셨다. 칼빈은 이를 통해 그리스도께서 우리가 영적 성전이 되게 하셨다고 밝힌다. "요약하자면 그에게 합당한 직분은 우리를 하나님에게 영적 성전이 되게 준비하는 것이다."[18] 그리스도의 화해 사역으로 말미암아 중생함을 입은 사람은 하나님과 평화를 누리고 그의 뜻에 순종하게 되고 하나님께 예배자로 설 수 있게 된 것이다. 예배의 시작은 그리스도의 화해에서 비롯된 순종에 놓여 있음을 가리킨다.[19]

그러나 자아가 살아 있는 한 올바르게 하나님의 뜻에 순종할 수 없다. 자기 부정이란 육체에 대한 신뢰를 버리는 것을 가리키는데 이는

---

15) *CO* 47, 88(요 4:23 주석): "Primium tamen hic quaeritur, cur et quo sense spiritualis vocetur Dei cultus. ... Dicitur ergo spiritu constare Dei cultus, quia invocationem parit, deinde conscientiae puritas, abnegatio nostri, ut addiciti in Dei obsequium simus illi quasi sacrae victimae."

16) *CO* 55, 111–12(히 9:14 주석): "Quare initium legitimi cultus est reconciliatio."

17) *CO* 52, 88(골 1:20 주석): " ,,, nempe sic Christum unum reconciliationis esse autorem, ut alia quaevis media excludat. Nemo enim alius pro nobis crucifixus. Ergo ipse solus est per quem et cuius gratia Deum habemus propitium."

18) *CO* 55, 239(벧전 2:8 주석): "In summa, proprium eins munus est nos in spirituale Deo templum aptare: ... "

19) *Inst.*, 2.8.5.

예배에 있어서 즉각적 자발성과 기쁨으로 표현된다.[20] 하나님의 법궤가 아비나답의 집에서 다윗의 성에 도착하게 되었을 때 다윗은 기뻐서 에봇만을 걸친 채 법궤 앞에서 춤추었다. 이를 목격한 그의 아내 미갈은 다윗의 이러한 행위를 스스로를 비하하는 행위라고 조롱하면서 극도로 비난하였다. 이에 대해 다윗은 "내가 이보다 더 낮아져서 스스로 천하게 보일지라도 네가 말한바 계집종에게는 내가 높임을 받으리라"(삼하 6:22)고 대답했다. 칼빈은 이 구절에 관하여 다음과 같이 설교하면서 다윗은 참된 예배자로서 하나님 앞에서 그의 영광을 위해 스스로를 낮추고 부인하는 자이었다고 주장한다:

> 여기서 다윗은 비록 자신이 철저하고 완전하지는 못했지만 그래도 중요한 것, 곧 자신의 보잘 것 없음을 인정하고 하나님의 영광을 위해 살지 않는다면 그 삶은 가치가 없다고 말하면서 자기를 부인하는 일을 했다.[21]

즉 다윗은 왕이라는 자신의 육체의 지위에 관계없이 자발적으로 기쁜 마음으로 하나님 앞에 자신의 순종을 표현했던 것이다.

또한 육체에 대한 신뢰는 하나님 대신 우상을 숭배하려는 경향으로 표현된다. 모든 사람에게는 하나님을 형상화하고 이를 육적으로 경배하는 행위가 여전히 남아 있다.[22] 사람의 마음속에 자리 잡은 우상숭

---

20) *CO* 55, 185–86(히 12:28 주석): " ... etsi promptitudinem et gaudium exigit in nostris obsequiis, simul tamen nullum illi probari cultum significat, ... Ita damnat tam praeposteram carnis fiduciam, quam desidiam, quae inde gigni solet."
21) Johannes Calvin, *Predigten über das 2. Buch Samuelis*, ed. by Hanns Rückert (Neukirchen: Kreis Moers, 1936), 167.
22) Ernst Saxer, *Aberglaube, Heuchelei und Frommigkeit: Eine Untersuchung zu Calvins reformatorischer Eigenart* (Zurich: Evangelischer Verlag, 1970), 26f.

배에 대한 욕망이 얼마나 강렬한 것인가에 관해서 칼빈은 여호수아의 마지막 설교(여호수아 23장)를 주해하면서 이스라엘 백성을 향한 여호수아의 경고를 통해서 설명한다. 비록 하나님을 떠나지 않고 그에게만 경배하도록 거듭해서 훈계를 받았고 이스라엘도 이에 전심으로 동의했지만, 얼마가지 않아 그들의 열정은 식어졌고 이방 종교에 휩싸이고 말았던 것이다. 이는 그들의 마음속에도 우상으로 하나님을 대신하려는 사악한 마음이 자리 잡고 있었음을 여지없이 드러내는데 칼빈은 이를 놓치지 않고 다음과 같이 지적한다:

> 여기서 우리는 그 어느 것으로도 억제할 수 없는 사악한 예배에 대한 무절제
> 한 욕망이 인간의 마음에 도사리고 있다는 점을 파악하게 된다.[23]

이러한 육체에 대한 신뢰는 우상숭배 뿐 아니라 인간 사회가 만든 전통으로도 나타난다. 예수님께서는 올바른 예배가 전통에 의해 왜곡되고 손상된다고 지적하신다. 칼빈은 마태복음 15:1이하를 주해하면서 예배가 손상될 때 하나님에 대한 순종 대신에 인간의 권위가 더 중요한 자리를 차지하게 된다고 다음과 같이 비판한다:

> 세상은 합법적 지배를 향하여 참을성이 없으며 특히 하나님의 멍에를 메지
> 않으려고 한다. 그렇지만 세상은 재빨리 자발적으로 공허한 전통의 올무에
> 걸려든다. 오히려 많은 사람들이 이런 노예가 되는 것을 원하는 것 같다. 이
> 로 말미암아 하나님을 향한 예배는 손상되어버리고 만다. 왜냐하면 이 예배

---

23) *CO* 25, 561(수 23:12 주석): "Unde perspicitur humani ingenii intemperies ad perverse cultus, quae nullis faciens cohiberi satis potest."

의 원칙과 주요 부분은 순종이기 때문이다. 인간의 권위가 더 좋은 것이 되어버린다.[24]

칼빈은 우상숭배를 떠나고 전통에 얽매이지 않고 올바른 순종으로 하나님께 예배드리기 위해서는 먼저 하나님에 관한 지식이 필요하다고 밝힌다. 이 지식은 인간으로 하여금 하나님이 어떤 분이신가를 올바로 깨닫게 해서 그를 두려워 할 뿐 아니라 동시에 그를 사랑하고 그에게 담대함으로 나아가도록 이끄는 지식이다.[25]

그러나 마음이 일깨움을 받아 하나님의 선하심을 맛보면서 어떻게 하나님을 사랑하는 마음이 동시에 생겨나지 않을 수 있겠는가? 하나님을 두려워하는 자들에게 예비해 두신 풍성한 복을 깨닫게 되면 그것과 동시에 우리의 마음이 강하게 감동을 받지 않을 수가 없기 때문이다. 그리고 누구든지 그것에 한번 감동을 받게 되면, 그것이 그 사람을 완전히 휘감아서 그것에게로 이끌려 올라가게 된다. 그러므로 불경하고 악한 사람들의 마음이 이런 감동을 전혀 체험하지 못하는 것은 무리가 아니다. 그러나 우리는 그런 감동으로 말미암아 하늘에까지 이끌려 올라가서 하나님의 감추어진 보배들을 접하고 그의 나라의 가장 거룩한 곳을 보게 된다.[26]

하나님에 관한 지식을 통해서 그에 대한 두려움과 신뢰를 깨닫게

---

24) *CO* 45, 446(마 15:1 주석): "Porro mundus, quum legitimi imperli sit impatiens, maximeque ad iudem Domini ferendum contumax, laqueos tamen vanarum traditionum facile ac libenter induit: imo servitutem videntur multi appetere. Interea vitiatur cultus Dei, cuius principium ac caput est obedientia: eius imperio praefertur hominum autoritas."
25) Edward A. Dowey, Jr., *The Knowledge of God in Calvin's Theology* (Grand Rapids: Eerdmans, 1994, expanded edition of 1952), 30.
26) *Inst.*, 3.2.41.

되므로 우상을 버리고 하나님께 올바르게 예배드리는 것과 그를 의지
하는 법을 배우게 된다:

> 더욱이, 우리를 위하여 성경에 계시된 하나님에 관한 지식은 먼저 하나님을
> 두려워하게 하고, 그 다음에 그를 신뢰하기 위한 것이라는 점에 있어서, 그
> 피조물 속에 빛나는 하나님에 관한 지식과 지극히 동일한 목적을 지향하는
> 것이다. 이 지식을 통해서 우리는 온전히 순결한 마음과 거짓 없는 순종으로
> 하나님께 예배드리기를 배울 수 있고, 또한 전적으로 그의 선하심에 의지하
> 기를 배울 수 있다.[27]

　하나님의 말씀은 하나님이 어떤 분이신가를 밝히 보여 주므로 이
지식이 결여된 예배의 대상으로서의 하나님은 사실상 우상에 불과한
것이다.[28] 그렇다면 예배의 요소로서의 순종은 우상숭배와 전적으로
대립되는 것이며 우상의 타파를 요구한다:

> 그러나 이와 동시에 그는 참된 예배의 원리는 순종으로 시작된다고 우리에
> 게 교훈한다. ... 그는 먼저 사람들을 우상숭배에 임하는 것을 막아야 하는데
> 이는 참된 종교가 우리 마음속에 뿌리 내리기 위해서는 우상들이 먼저 제거
> 되고 사라져야 하는 것이 필요하기 때문이다.[29]

　잘못된 예배에서 벗어나서 우상을 버리고 참된 예배자가 될 수 있

---

27) *Inst.*, 1.10.2.
28) *CO* 47, 87(요 4:22 주석).
29) *CO* 31, 763(시 81:9 주석): "Sed interea simul admonet, principium veri cultus
incipere ab obedientia. ... Forte etiam praeparationis vice initio hoc posuit, ut
populum a superstitionibus abduceret, quas prius evelli ac purgari necesse est,
quam radices in nobis agat vera pietas."

는 유일한 길은 중생밖에 없다.[30] 이것이 칼빈이 종교개혁에 가담했던 가장 중요한 이유인데 이는 그가 미신적 우상을 섬기는 로마 카톨릭을 떠나서 참된 예배를 통해 하나님께 영광을 돌려드리기를 원했기 때문이다.

그렇다면 칼빈이 이해한 참된 예배와 우상 숭배의 구별을 위한 기준은 무엇인가? 이는 분명히 하나님의 말씀이었다.[31] 믿음의 확실성은 말씀에서 비롯되므로 말씀없이 드리는 예배는 참된 예배가 아니며 이는 곧 우상숭배와 동일한 것이다:

> 믿음의 확실성을 제외하고는 하나님께 합당한 예배를 드릴 수 없는데 이러한 확실성은 하나님의 말씀이 아니고는 결코 주어지지 않는다. 따라서 말씀을 저버리는 모든 사람은 우상에 빠지게 된다. 우상 또는 그들의 헛된 상상이 하나님을 대신하기에 이르렀다고 그리스도께서 분명하게 증언하신다. 사람은 참된 하나님에 관해 무지하므로 자신의 모든 무지를 하나님께서 스스로 그것을 드러내시지 않았기 때문이라고 정죄한다. 우리는 그의 말씀의 빛을 잃어 버리고 어두움과 무분별이 다스리게 된다.[32]

따라서 하나님의 말씀은 우상 숭배로부터 참된 예배를 구별하는 기

---

30) Dieter Schellong, *Das evangelische Gesetz in der Auslegung Calvins* (München: Chr. Kaiser, 1968), 48.

31) *CO* 6, 460: "Porro, universalis est regula, quae purum Dei cutlure a vitioso discernit: ne comminiscamur ipsi quid nobis visum fuerit, sed quid praescribat is, qui solus iubendi potestatem habet, spectemus."; *CO* 48, 158(행 7:44 주석).

32) *CO* 47, 87-88(요 4:22 주석): "... ex fidei certitudine, quam ex Dei verbo gigni necesse est, unde sequitur ad idololatriam prolabi quicunque a verbo discedunt. Clare enim testatur Christus, idolum aut igmentum statui Die loco, ubi verum Deum homines ignorant, damnat autem ignorantiae ommnes quibus se Deus ipse non patefecit. Nam simul ac verbi eius luce destitumur, regnant tenebrae et caecitas."

준일 뿐 아니라 합당한 예배의 기초에 해당된다. 홍수를 겪고 난 후에 노아는 모든 예배가 하나님의 명령에 근거한 것이어야 함을 분명히 깨달았다. 이에 관해서 칼빈은 다음과 같이 설명한다:

> 전체적 상황으로 살펴보면 노아는 하나님의 말씀에 의지하여, 즉 신적 명령에 기초하여 이 예배를 드렸는데 그는 여기에서 이 예배가 아무런 의심없이 하나님께서 받으시는 것임을 깨달았다.[33]

또한 칼빈은 예배에 있어서 말씀이 필수적 요소라는 사실을 노아의 예배를 통하여 파악하고 믿음의 중요성을 지적하면서 이와 더불어 말씀이 곧 예배에 맛을 내는 소금이라고 표현하기도 한다:

> 따라서 준수되어야 할 일반적인 규칙은 믿음의 향기가 풍기지 않는 모든 종교적 예배는 하나님 앞에서 악취에 불과하다는 것이다. 노아의 제단이 하나님의 말씀에 기초해 있었다는 사실을 깨닫도록 하자. 그리고 바로 그 말씀이 그의 제사에 있어서 마치 소금과 같은 것이었는데 이는 그 제사가 풍미(豐味)를 잃지 않도록 하기 위함이었다.[34]

이렇게 예배가 하나님의 말씀에 기초해 있으며 믿음과 순종을 통해서 시작된다면 말씀에 대한 인간의 반응과 행위로서 예배의 주된 내

---

33) *CO* 23, 138(창 8:20 주석): " ... adque ex toto contextu, subnixum fuisse Noah Dei verbo, eiusque mandato fretum, cultum hunc praestitisse, quem illi placere indubie sciebat."

34) *CO* 23, 139(창 8:20 주석): " Tenenda autem est generalis regula, foetere coram Deo cultus qui fidei odore perfusi non sunt. Sciamus ergo altare Noah fundatum fuisse in Dei verbo. Et idem verbum instar salis fuisse eius sacrificiis, ne insipia essent."

용은 무엇인가? 칼빈은 하나님이 받으시는 영적 예배의 구성요소로
서 찬양과 기도, 그리고 감사를 들고 있다.[35] 첫째, 찬양은 받으시는
가장 고귀한 예배에 해당된다.[36] 하나님이 자기 백성들로부터 영광을
받으시기에 합당한 존재라는 사실을 밝히 드러내는 것이 찬양의 본질
에 해당된다. 왜냐하면 하나님께서 그들에게 그의 영광을 축하하기에
필요한 모든 것을 매일 제공하시기 때문이다.[37] 이러한 하나님을 찬
양하지 않고 침묵을 지키는 것은 합당하지 못한 행동일 수밖에 없다.
따라서 목소리를 높여 하나님을 찬양할 때 하나님의 위대하심과 전능
하심이 합당하게 선포되고 더 많은 사람이 이를 인식하게 되어 그분
의 존귀함이 더욱 분명하게 증거된다.[38] 따라서 찬양은 하나님을 향
한 열정으로 가득 채워진 자원하는 심령에서 비롯되며 입술로 선포되
고 더 나아가서 다양한 보조수단을 통해서도 표현된다. 여기서 악기
를 포함한 보조수단은 하나님을 찬양하려는 열심을 극대화하고 찬양
을 독려하는 역할을 담당한다.[39]

　둘째, 예배에 있어서 기도는 필수적이며 결정적으로 중요한 요소이
다. 기도 특히 간구(Bitte)를 통해 하나님의 속성이 그의 충만함 가운

---

35) *CO* 31, 501(시 50:14 주석): "... quum satis prophetae fuerit pro vulgi captu crasse
describere spiritualem Dei cultum sub laude, precibus, et gratiarum actione." 물
론 칼빈이 하나님의 말씀에 대한 설교를 예전의 가장 중요한 요소이며 최고점으로 생각한
다는 사실에는 의심의 여지가 없다. T. Brienen, De liturgie bij Johannes Calvijn
(Kampen: De Groot Goudriaan, 1987), 149.
36) *CO* 55, 193(히 13:15 주석).
37) *CO* 51, 324(시 33:1 주석): "Et certe quum assiduis beneficiis Deus celebrandae
suae gloriae materiam ipsis praebeat, ac immensa (ut alibi vidimus) eius bonitas
in proprium thesaurum ipsis sit reposita, eos de laudibus Dei silere turpe et
absurdum foret."
38) *CO* 55, 29(히 12:2 주석).
39) *CO* 31, 558(시 57:8 주석): "Primas quidem partes cordi dedit: sed adiungit oris
confessionem: tertio, adminicula adhibet, quae studium magis accendant."

데서 온전히 드러나게 되는데 이는 인간의 비참함과 하나님의 존귀함에 대한 깨달음에 근거한 것이기 때문이다. 이러한 기도를 통해 그가 존귀함을 받으시게 된다.[40] 하나님께 간구하는 것은 하나님에 대한 믿음에서 비롯된 것이지만 그분이 아닌 다른 것들에 간구하는 것은 이들을 부분적으로 신뢰하기 때문인데 이는 우상숭배에 해당된다.[41] 기도하지 않는 사람들은 사실상 기도를 통해서 만나게 되는 하나님을 제대로 깨닫지 못하는 사람들이다. 이는 자신의 비참함을 올바로 인식하지 못하는 교만에서 비롯된 것이다. 칼빈은 기도하지 않는 교만한 마음을 지닌 사람들은 예배의 중요성을 망각하는 자들이라고 다음과 같이 주장한다:

> 외식하는 자들은 겸손과 온유함을 겉으로 가장하면서, 교만하게도 기도하라는 하나님의 명령을 멸시하며, 또한 하나님의 은혜로운 초청의 신빙성을 아예 부인해버린다. 아니 하나님께 드리는 예배의 가장 중요한 부분을 빼앗아 버린다.[42]

셋째, 감사는 전적으로 하나님 앞에서 자신을 낮추고 버리는 겸손에서 비롯된다. 감사는 단순히 자신이 누리고 있는 좋은 것들이 순수한 하나님의 선물임을 깨닫는데 머무르지 않는다. 오히려 한 걸음 더

---

40) Hans Scholl, *Der Dienst des Gebetes nach Johannes Calvin* (Zürich: Zwingli Verlag, 1968), 39.
41) *CO* 6, 86(Genevan Catechism): "Deinde si in sanctorum, angelorumve fidem nos conferamus, ubi nos ad se unum Deus vocat, partemque fiduciae, quae tota residere in solo Deo debuerat, transferamus
in ipsos, in idololatriam prolabimur: quum scilicet partiamur inter eos, quod sibi Deus in solidum uni vindicabat."
42) *Inst.*, 3.20.13.

나아가서 자신이 행한 일을 신뢰하지 않고 다른 사람보다 스스로를
더 못하게 여기게 될 때 참된 감사가 발생한다. 감사는 자신이 행한
일의 어떤 공로도 인정하지 않고 이를 신뢰하지 않는 겸손과 관련된
다. 이 사실을 칼빈은 누가복음 18:11을 주해하면서 세리가 드린 감사
의 기도가 하나님께 열납되지 않은 이유는 그가 하나님의 은혜를 깨
닫지 못했기 때문이 아니라 자신을 다른 사람보다 더 신뢰했기 때문
이라고 밝히는데 이것이 바로 그의 감사가 위선이었던 이유이었다.[43]
따라서 감사를 통해서 하나님께 드리는 예배는 더욱 진정성을 지니게
되고 더욱 거룩해진다.[44]

3. 우상 숭배와 영적 전투의 필요성

우상은 어디에서 비롯되는 것인가? 우상은 사탄에 의해 세워진 것
인데 이는 마땅히 하나님께서 받으셔야 할 사람들의 경배를 사탄이
대신 가로채고 싶기 때문에 발생하는 것이다. 사탄은 높은 곳에 상
(statues)을 세우고 인간들로 하여금 거기에 경배하도록 교활하게 유
도함으로써 인간으로부터 영광과 존귀, 즉 예배를 받는다.[45] 종교적
차원에서 하나님을 섬기기 원하는 자들이 자신의 생각을 따라 가시적

---

43) *CO* 45, 419(눅 18:11 주석).
44) *CO* 55, 194(히 13:16 주석): "Summa haec est, si Deo sacrificare libeat, ipsum esse
   invocandum, et cum gratiarum actione praedicandam esse eius bonitatem,
   deinde fratibus nostris benefatiendum esse." 월레스,『칼빈의 기독교 생활원리』,
   358.
45) *CO* 37, 146(사 45:20 주석): "Quemadmodum haec Satanae astutia fuit, erigener
   statutas in columnis et altioribus locis, ut homines raperet in admirationem, et
   solo earum respectu ad cultum et venerationem adduceret."

형태로서 하나님을 나타내는 것은 사실상 사탄의 유혹에 속아 넘어가는 것과 다를 바 없다.[46] 여기에서 우상 숭배가 시작된다. 우상숭배란 하나님이 마땅히 누리셔야 할 영광을 탈취하여 피조물에게 돌리는 행위이며 참된 하나님 대신 가공된 하나님을 예배하는 행위이다. 즉 우상의 원리는 예배의 진정한 단순함에 대한 인간의 반항과 이를 새로운 것으로 대체하려는 시도에 놓여 있다.[47] 따라서 이렇게 행해지는 우상숭배는 전적으로 헛된 것에 불과하다.[48] 우상의 허상(vanity)에 관하여 칼빈은 히스기야가 파괴한 구리뱀(왕하 18:4) 이상의 가치를 지니지 않는 것이라고 설명하기도 한다.[49] 또한 예레미야 10:7을 주석하면서 그는 우상숭배가 단지 헛된 것에 머무르는 것이 아니라 한 걸음 더 나아가서 괴물 같은 것이며 광란에 가까운 것이라고 지적한다. 이는 참된 하나님을 경멸하고 혐오하는 모독적 행위로서 모든 진리를 저버린 어리석음의 극치에 해당된다:

---

46) *CO* 38, 68(렘 10:8 주석): "Iam ex hoc loco elicimus generalem doctrinam, nempe ubi sibi volunt homines Deum repraesentare sub aliqua visibili forma, eos se coniicere in fallacias et imposturas Satanae."

47) *CO* 24, 282(신 12:29 주석): "Hoc enim est idololatriae principium ubi cognita est genuina cultus Dei simplicitas: non illic acquiescere, sed curiosius inquirere sitne aliquid in hominum figmentis fide dignum. Novitatis enim illecebra mox capiuntur mentes : ut quod verbo Dei traditum erat, multiplici fermento inquinent." Eire, *War Against Idols*, 209.

48) *CO* 49, 28(롬 1:25 주석): "Idololatriae flagitium proprie notat. Creaturae enim dari honor, religionis causa, non potest quin a Deo indigne et per sacrilegium transferatur: frustraque excusatur propter Deum imagines coli: quando hunc cultum non agnoscit, nec sibi acceptum fert Deus. Et omnino tunc non colitur veius Deus, sed factitius, quem sibi caro somniavit."

49) *CO* 6, 475, 476. 같은 글에서 이는 또한 오물과 쓰레기로 표현되기도 한다. *CO* 6, 464: "Ubi excusso iugo evagamur ad nostra figmenta, et cultus humana temeritate fabrefactos illi offerimus: utcunque nobis arrideant, coram eo inanes sunt nugae, imo sordes et inquinamenta."

따라서 사람이 스스로 다양한 신들을 고안해내고, 모든 사람이 분별력 없이 여러 곳으로 이끌리게 된다. … 참된 하나님은 이방인들에 의하여 멸시당하였으며 그의 법 또한 경멸의 대상으로, 그리고 심지어는 가증스러운 것으로 간주되었다. … 이는 가공할 만한 것이며 광란에 가까운 것이다. 사람들은 유일하신 하나님에 아무런 관심을 표명하지 않으며 자신들의 어리석은 고안을 따라 방황하게 되었다.[50]

우상은 자기 자신과 대적하여 싸우는데 이는 사실상 자기 모순적인 행위이며[51] 무지하고 야수적이며 사악한 행위이다.[52] 우상은 거짓에 대한 가르침이며[53] 우상숭배는 하나님 앞에서 가장 심각한 죄악에 해당된다.[54] 우상숭배를 벗어나지 아니하고는 하나님 앞에 참된 예배를 드릴 수 없고 죄악에서 해방되는 구원도 있을 수 없다. 디터 쉘롱(Dieter Schellong)은 이런 관점에서 칼빈이 하나님에 대한 경배와 구원을 나란히 병립시킬 수 있었다고 지적하면서 이것이 칼빈의 독특

---

50) *CO* 38, 66(렘 10:7 주석): "Quod ergo comminiscuntur sibi varios deos homines, deinde quod quisque rapitur huc atque illuc absque iudicio, hoc prodigiosum est: … Scimus tunc verum Deum fuisse despectum a profanis gentibus: imo scimus legem eius non tantum fuisse ludibrio, sed etiam abominationi. … non absque indignatione portento similem esse hanc vesaniam, quod homines non respiciant ad unicum Deum, sed vagentur in stultis suis figmentis."
51) *CO* 48, 411(행 17:24 주석): "… idoloratraim secum pugnare."
52) *CO* 38, 67(렘 10:7 주석): "Sequitur ergo plus quam stupidos et brutos esse, qui ita transferuntur ad varias superstitiones: … sed tamen residet in ipsis culpa tam malitiae quam negligentiae, quod scilicet ipsis libuit negligere, vel contemnere verum Deum." 칼빈은 하나님께 올바르게 예배드리지 못할 때 오히려 야수보다 더 비참하게 된다고 주장한다. Inst., 1.3.3.
53) *CO* 43, 557(합 2:18 주석): "Certe est doctrina mendacii, hoc est, est mera illusio."
54) *Inst.*, 1.11.4; Eire, *War Against Idols*, 216: "Idolatry is thus the most sinister parody of man's relationship with God and the boldest front on the divine majesty."

한 사고라고 주장한다.[55]

칼빈이 이해한 우상숭배의 몇 가지 특징을 살펴보면 다음과 같다. 첫째, 우상숭배는 하나님의 말씀과 인간의 생각을 혼합하는 것이다. 이는 하나님의 순수한 말씀을 교묘히 인간의 지혜로서 대체하는 행위로 나타난다. 하나님은 모든 물질적인 것을 초월하시는 분으로서 인간의 지식이나 감정에 의해 접근 불가능한 분이시다.[56] 세상의 무엇으로도 결코 이해되거나 포괄될 수 없는 무한한 하나님을 유한한 인간이 자신이 고안한 형상으로 감히 표현하려는 불순한 시도가 우상숭배의 본질에 해당된다. 이러한 불순한 혼합이 비록 가장 고상한 완전함으로 보인다 하더라도 하나님과 피조물의 고유한 위치를 전도시키려는 의도에서 비롯된 것으로서 하나님 앞에서 인간이 품게 되는 가장 심각한 죄악에 해당된다:

> 우리의 견해가 이 땅에 제한되어 있고, 우리 자신의 의로움, 지혜와 덕으로 완전히 만족하는 한, 우리는 스스로 공연히 우쭐해지며, 우리가 반신들(demigods)보다 열등하지 않다고 상상하게 된다. 그러나 하나님을 향하여 우리의 사고를 높이 올려서, 그의 속성, 그의 의로움, 지혜와 능력이 얼마나 절대적으로 완전한가를 고찰하게 된다면, 또한 그것이야말로 우리가 따라야 할 표준이라는 것을 생각하게 된다면 그 이전에 잘못된 가정으로 우리를 매료시켰던 것들이 가장 큰 죄악으로 혐오될 것이며, 지혜라는 이름으로 우리

---

55) Schellong, *Das evangelische Gesetz in der Auslegung Calvins*, 50; *CO* 45, 284(마 10:21 주석): "Dominus in haec parte iubet, nos sanguinis et carnis oblitos ad vindicandam nominis sui gloriam omne studium conferre. Nec vero ubicunque viget Die timor et religio, suis quisque consanguineis parcet, quin salutis doctrinam, cultum Dei aboleri."

56) Kilian McDonell, *John Calvin, the Church and the Eucharist* (Princeton: Princeton Univ. Press, 1969), 163.

를 이상하게 속였던 것들이 지극히 어리석은 것으로 경멸될 것이며, 덕의 옷
을 입었던 것들이 가장 사악한 무능함으로 드러나고 말 것이다. 우리 안에
있는 가장 고상한 완전함으로 보이는 것은 신적 순결함과는 너무 거리가 먼
것이다.[57]

둘째, 우상숭배는 하나님께서 무감각한 인간들에게 복수하시기 위
한 목적으로 그들을 사탄의 손에 넘겨주신 결과로 주어진 것이다.[58]
우상숭배는 단순히 인간이 자신의 상상을 따라 하나님을 형상화하는
데 그치지 않는다. 이는 인간이 하나님으로부터 버림받아 사탄의 노
예가 되었음을 증명한다. 그 결과 영적 분별력을 상실하기에 이르렀
다. 영적 분별력의 상실은 우상숭배에 대한 하나님의 형벌이 임박하
였음을 가리킨다.[59] 우상숭배에 대한 형벌은 먼저 우상숭배자들이 악
의 세력에 의해 끊임없이 괴롭힘을 당하게 되는 것을 뜻한다.[60] 이스
라엘이 우상숭배에 빠져 하나님을 져버렸을 때 바벨론을 포함한 많은
대적들로부터 반복적으로 고난을 당했다는 사실을 여러 선지자들은
계속해서 언급한다. 그러나 우상숭배로 인해 결국 이스라엘은 최종적

---

57) *Inst.*, 1.1.2.
58) *CO* 48, 155(행 7:42 주석): "Est quidem fertilis idololatria, ut ex uno deo fictitio
centum mox gignantur: ex superstitione una mille scaturiant. Sed hinc tanta
hominum insania, quod Deus Satanae illos tradens se ipsum ulciscitur: quia ex
quo nos suscepit regendos, nulla contingit in parte eius mutatio, sed temeraria
nostra levitate a nobis distrahitur." Inst., 2.8.18-21.
59) *CO* 25, 558(수 22:30 주석): "Ergo omnis idololatria ostendit iam ante alineatum
fuisse Deum, ut poenas scelerum iusta excaecatione exigeret."
60) *CO* 25, 561(수 23:12 주석): "Iam quum ab una parte pro nihilo duceret populus,
terram impiis superstitionibus contaminari, et illic idola coli pro vero Deo: ab
altera parte contagionem nimis cupide ex earum vitiis traheret, iusta fuit tam
crassi contemptus merces, sentire molestos et infestos, quibus male
pepercerat."

파멸을 맞이하게 되었고 바벨론에 의해 포로가 되는 결과가 초래되었다. 이는 여호수아가 경고하였던 예언적 내용이 그대로 실현된 것이다.[61] 이는 궁극적으로 영적 죽음과 같은 것이다.

셋째, 우상숭배는 하나님의 영광을 탈취하는 행위이므로 모든 크리스찬은 이에 대항해서 싸워야 한다. 우상숭배는 하나님의 영광을 다른 신들에게 넘겨주는 배교행위이며 이를 통해 종교는 왜곡되고 타락된다.[62] 예배는 기독교의 모든 실체가 달린 문제이므로 우상숭배는 결코 나귀의 그림자와 같이 사소한 것이 아니다.[63] 모든 크리스찬은 순수한 예배가 왜곡되는 우상숭배를 바라보면서 이를 참을 수 없는 열정을 느껴야 한다. 하나님의 명예가 손상되는 것을 보면서 불같이 화가 치밀어 오르게 되고 이는 우상숭배의 제거를 위한 투쟁과 참된 예배를 향한 열망을 불러 일으킨다.[64] 만약 이러한 행위가 확장되는 것을 그냥 방치한다면 이는 우상숭배자들이 잠에 빠지도록 방치하는 것이며 그들을 멸망시키는 것과 동일한 것이다.[65] 따라서 순수한 예배를 유지하기 위해서 크리스찬들은 전력을 다해 싸워야 한다고 칼빈

---

61) *CO* 25, 562(수 23:14 주석): "... ita non irritas nec inanes fore eius minas, quin ultimo eorum interitu uncliscatur cultus sui profanationem."

62) *CO* 25, 364(신 32:12 주석): "Unde sequitur, quoscunque deos admisit populos, in eos transtulisse veri et unius Dei honorem. ... nisi in solidum colatur Deus, impia corruptela totam religionem perverti."

63) *CO* 6, 502: "Non enim de umbra asini, sicut dictum est, litigamus: sed tota religionis christianae summa in quaestione vertitur."; *CO* 5, 392 (Reply to Sadoleto): "Hoc quoque tibi non aegre concedo, non aliunde esse gravius saluti nostrae periculum, quam a praepostero perversoque Dei cultu." Eire, *War Against Idols*, 199.

64) *CO* 32, 278(시 119:139 주석); CO 32, 285(시 139:22 주석). 월레스,『칼빈의 기독교 생활 원리』, 334.

65) *CO* 6, 503: "Quid ergo? quum apertam idololatriam passim grassari in mundo cerneremus, fuitne connivendum? Atqui, perinde id fuisset, ac mundum suo exitio indormientem palpare, ne expergisceretur."

은 주장한다:

> 그러므로 하나님의 영광이 심히 더러워졌고 아니 오히려 갈기갈기 찢겨졌음
> 에도 불구하고 만일 우리가 침묵을 지키거나 보고도 못 본 척 한다면 그것은
> 배신행위가 아니겠는가? 개라도 주인이 공격을 당하는 것을 보면 짖어대고
> 덤벼드는데 우리가 하나님의 거룩하신 위엄과 영광이 많은 모독적 행위에
> 의해서 상처받고 있는 것에 대해 침묵하거나 가만히 방관하고만 있을 수 있
> 겠는가?[66]

4. 영적 전투와 예배

칼빈에게 있어서 영적 전투의 모든 것이 예배와 관련된 것은 아니
지만 이에 대한 이해에 있어서 예배는 중요한 역할을 차지한다. 먼저
영적 전투는 개인의 신앙적 나태함에서 비롯된다. 모든 사람의 마음
에는 하나님께 예배드리기 싫어하는 경향과 이에 상응하는 나태함이
존재하는데 이는 결국 예배를 통해 하나님께서 제공하시고자 하는 유
익을 누리지 못하게 되는 결과를 낳는다.[67] 나태함은 하나님께 순수
한 마음으로 예배드리는 것을 방해하는 요소이므로 우리는 열심을 다
해서 이러한 부주의와 자기 방임의 유혹을 이기고 극복해 내어야 한
다. 그리스도를 섬기는 것은 편안함 속에 거하는 것이 아니라 영적 전

---

66) Ibid: "Quum ergo tot pollueretur, vel potius laceraretur, modis Dei gloria, nonne
connivendo et tacendo perfidi fuissemus? Canis, si quam suo domino violentiam
inferri viderit, protinus latrabit: nos tot sacrilegiis violari sacrum Dei nomen
taciti aspiceremus?"
67) Calvin, *Predigten über das 2. Buch Samuelis*, 134.

투임을 깨달아야 한다.[68] 칼빈은 이런 맥락에서 죄악에 빠진 인간을 자신의 욕심으로 인해 하나님과 대항하여 싸우는 군사라고 표현하기도 한다:

사실, 사람들의 욕심이 어떤 것입니까? 이를 철저히 살펴보면, 하나님께 대항하기 위한 대립만을 추구할 따름입니다. 사람들이 지닌 생각과 감정만큼이나 하나님과 싸우는 군사들이 존재합니다. 이와 같이 다윗은 자신이 그의 나쁜 욕심과 악한 탐심에서 깨끗하게 될 때 까지는 하나님을 섬길 수 없음을 깨달았습니다.[69]

왜 인간이 이런 싸움에 빠지게 되는가? 칼빈은 이를 사탄의 공격이라는 관점에서 이해한다. 하나님의 은혜를 받았음에도 불구하고 나태함으로 인해 이 은혜를 끊어버린 결과로 사탄의 공격을 받게 되고 이로 인해 하나님을 대적하게 되는 것이다.[70]

따라서 영적 전투는 나태함과 욕망에 사로잡혀 하나님을 대적하는 자신과의 싸움일 뿐 아니라 그 배후에 자리잡은 사탄과의 싸움이기도 하다. 사탄이 하나님에게 끊임없이 그리고 격렬하게 대항하므로 이 싸움 또한 끊임없고 격렬한 싸움이다. 하나님께서는 우리가 사탄의 이런 공격에 맞서서 싸움에 임할 것을 명령하셨으므로 영적 전쟁은 곧 하늘의 칙령(heavenly decree)에 해당된다. 이 싸움을 소홀히 하

---

68) *CO* 52, 328(딤전 6:12 주석): "Nam inde securitas et indulgentia, quod maior pars in otio quasi per lusum Christo servire vult, quum servos omnes suos Christus ad militiam vocet."
69) *CO* 32, 536(시 119:36 설교).
70) *CO* 45, 346(마 12:45 주석): "Porro his verbis docet Christus, si a sua gratia excidimus, bis Satanae fieri obnoxios, ut maiore in nos licentia quam prius grasseutru, et hanc iustam esse ignaviae nostrae poenam."

는 것은 하늘의 명령을 저버리는 배교행위와 다를 바 없다.[71] 사탄에
대항해서 싸워야 하는 중요한 이유는 이 싸움이 하나님께 대한 예배
를 방해하기 때문이다.

> 그는 그[사탄]를 경건한 자들의 대적이라고 부르는데 이는 그들로 하여금 그
> 들이 이러한 상태에서 하나님께 예배드리고 그리스도에 대한 믿음을 고백하
> 며, 악마와 지속적인 전쟁에 임하고 있으며, 악마는 자신의 머리에 대항하여
> 싸우는 지체들을 남겨두지 않으려 한다는 사실을 깨닫도록 하기 위한 것이
> 다.[72]

따라서 그리스도의 좋은 군사가 되기 위해서 이 격렬한 투쟁에 맞
서서 전력을 다해 싸워야 하며[73] 미리 준비하고 이에 임해야 한다.[74]
이 싸움이 격렬하고 지속적이라는 사실은 고난에 대한 인내를 요구하

---

71) *CO* 31, 447(시 44:22 주석): "Sic ergo statuere convenit, coelesti decreto iniunctam
nobis esse perpetuam crucis ferendae militiam. Verum quidem est, interdum
inducias vel relaxationem dari, quia infirmitati nostrae Deus parcit: sed quamvis
non semper exserti sint contra nos gladii, quia tamen sumus Christi membra, ad
societatem crucis paratos esse nos oportet." 헤르만 셀더르하위스, 『칼빈: A Pilgrim'
s Life』, 조승희 옮김(서울: KOREA.COM, 2009), 329: "칼빈은 성도의 삶을 '끊임없이
능동적으로 임하는 군복무' 로 보았다. … 하나님이 우리를 무장시키시는 이유는 사탄과의
전쟁 때문이다."
72) *CO* 55, 289 (벧전 5:8 주석): "Adversarium piorum nominat, ut sciant hac lege se
Deum colere, et Christi fidem profiteri, ut cum diabolo continuum bellum
habeant. Neque enim membris parcet, qui cum capite proeliatur."
73) *CO* 45, 497(마 17:21 주석): "… ubi altas radices fixit Satan, et diuturna
possessione invaluit, vel ubi effraeni licentia grassatur, difficilem esse et
arduam victoriam, ideoque totis viribus pugnandum."
74) *CO* 45, 713(눅 22:31 주석): "Ergo antequam appareat pugnandi necessitas, iam
nos paremus: quia scimus expeti a Satana nostrum exitium, et omnes nocendi
modos astute et sedulo ab eo captari. Ubi vero ad conflictum verntum fuerit,
sciamus in illius hostis officina fabricatas esse omnes tentationes, undecunque
prodeant."

므로[75] 때로 우리는 모든 것을 희생할 각오를 지녀야 한다. 이러한 희생은 자신의 목숨을 아끼지 않는 순교의 정신을 뜻한다.[76] 헤르만 셀더르하위스(Herman Selderhuis)는 이러한 칼빈의 저항정신을 예배와 관련하여 다음과 같이 표현하고 있다:

> 잘못된 기독교에 대해 처음으로 소극적으로 저항하지만 그런 노력이 무위로 끝난다면 적극적인 저항이 뒤따라야 한다. 하나님을 진실로 예배하기를 포기하느니 차라리 죽음을 택하는 것이 나을 것이다. … 그는 미사를 도입하느니 대포의 불비가 도시에 떨어지는 편이 낫다고 이야기했다.[77]

또한 칼빈은 하나님의 예배를 지키기 위해서라면 자신의 가족까지도 희생할 수 있어야 한다고 말한다.[78] 그러나 이보다 더 중요한 것은 주님께서 이미 승리를 허락해 주셨다는 확신이다. 이는 구체적으로 십자가를 통한 그리스도의 승리에 근거한 확신이며 그리스도의 깃발 아래 믿음으로 싸울 때 승리가 주어진다는 것을 가리킨다.[79]

그러나 이러한 영적 전투는 결코 개인적인 차원에서의 전투에 머무르지 않는다. 칼빈은 이 전투를 교회론적 차원에서 이해하고 접근한

---

75) *CO* 52, 361(딤후 2:3 주석).
76) 황정욱,『칼빈의 초기 사상 연구 I』 (오산: 한신대학교출판부, 2000), 415f.
77) 셀더르하위스,『칼빈: A Pilgrim's Life』, 343.
78) *CO* 45, 284(마 10:21 주석): "Fieri enim potest, ut sancto zelo pater filium persequatur, si apostatem a sincero Dei cultu esse videat: … Nec vero ubicunque viget Dei timor et religio, suis quisque consanguinete parcet, quin perire Christi regnum, exsitingui salutis doctrinam, cultum Dei aboleri: quod si recte compositi essent affectus, haec una iusti odii causa esset."
79) *CO* 55, 289(벧전 5:9 주석): "… sciamus prosperum fore belli eventum, si quidem militemus sub Christi vexillo. Quisquis enim fide instructus in certamen descendet, eum fore certo victorem pronuntiat."; Inst., 1.14.18.

다.[80] 사탄과의 격렬한 영적 전투에서 인내할 수 있는 능력은 개인의 능력이 아니라 교회를 통해서 그리스도에 의해 약속된 것이다.[81] 또한 개인의 힘으로 감당할 수 없는 강력한 사탄의 공격에 대항하기 위해서 교회가 반드시 필요하다. 칼빈은 이런 이유에서 성도들 사이에서 거룩한 연합이 교회를 통해서 진작되어야 한다고 주장한다.

> 이것은 사탄이 하나님의 자녀들을 분산시키려고 어떤 방법을 사용하든 간에 그리스도 안에서만 그들이 함께 붙들어야 하는 거룩한 연합의 매듭을 찾을 수 있다는 뜻이다. … 이것은 여러 가지 갈래의 과오가 교회의 몸을 찢는 것을 막고 거룩한 연합을 진작시키기 위해서 규정된 원칙이다.[82]

영적 전투를 교회의 사명으로 파악하고 더욱 구체화 되어 칼빈의 삶 가운데 현실화되어 나타난 것은 로마 카톨릭 교회와의 투쟁이었다. 로마 카톨릭 교회가 더 이상 하나님의 교회가 아니라 사탄의 도구로 전락해 버렸다는 그의 확신은 그가 종교개혁에 가담했던 가장 중

---

80) Wilhelm Kolfhaus, *Vom christlichen Leben nach Johannes Calvin*(Neukirchen: Kreis Moers, 1949), 424f; Charles A. Hall, *With the Spirit's Sword: The Drama of Spiritual Warfare in the Theology of John Calvin* (Zurich: EVZ Verlag, 1968), 140; 빌헬름 니이젤, 『칼빈의 신학』, 이종성 역(서울: 대한기독교서회, 1973), 207.
81) *CO* 48, 194(행 8:33 주석): "Sensus itaque prophetae procul dubio est, vitam Christi perpetuam fore, quum semel patris gratia liberatus a morte fuerit: quanquam vita haec, quae fine caret, ad totum ecclesiae corpus pertinet: quia non ut sibi vivat, sed suis, Chrjstus resurrexit. Fructum ergo et effectum illius quam in capite posuit victoriae nunc in membris omnibus celebrat." 니이젤, 『칼빈의 신학』, 207.
82) *CO* 45, 665(마 24:28 주석): "Sensus est: quibuscunque artificiis conetur Satan huc et illue distrahere filios Dei, in ipso tamen Christo sacrum esse unitatis vinculum, quo devinetos teneri conveniat. … Ergo hic modus praescribitur fovendae sanctae coniuctionis, no errorum distratctiones corpus ecclesiam lacerent: nempe si in Christo defixi manemus."; *CO* 48, 507(행 23:6 주석).

요한 이유이기도 하였다. 로마 카톨릭 교회는 미사를 통해서 예배를 왜곡시키고 타락시켰는데 칼빈은 이를 다음의 두 가지 이유로 우상숭배로 간주하였다. 첫째, 성찬을 희생제사와 동일시하는 신성모독을 범하여 그리스도의 대속의 유일성과 효력을 무너뜨리기 때문이다.[83] 이는 그리스도의 십자가를 전면적으로 부정하는 행위이며[84] 더 나아가서 그리스도를 믿는 믿음으로 드리는 예배의 기저를 뒤흔들어 놓는다. 둘째, 미사는 성찬을 왜곡하여 우상숭배로 만든다.[85] 성찬의 떡을 하나님처럼 숭배하도록 만드는 것이 성찬 왜곡의 본질에 해당된다. 이를 통해서 떡을 숭배하게 되는 우상숭배가 미사에서 행해진다고 칼빈은 다음과 같이 비판한다:

> 사람들이 떡을 신적인 것으로 상상하게 하고, 그것을 높이 들어 올려서 하나님으로 숭배되게 할 때, 사실 그것은 들려 올리워져서 모든 사람들에 의해 숭배된다. 이것은 가증스러운 우상숭배에 해당된다.[86]

그렇다면 어떤 방법을 통해서 또는 어떤 무기를 사용해서 사탄과 대항하는 영적 전투에 임해야 하는가? 첫째, 믿음과 말씀을 들 수 있다. 먼저 하나님의 말씀은 사탄의 공격의 무력화시키는 무기이다. 특별히 사탄이 우리 마음속에 두려움을 주려고 할 때 하나님의 약속에 대한 신뢰가 이러한 두려움을 몰아낸다.[87] 하나님은 그의 말씀으로

---

83) *CO* 5, 450 (*Short Treatise on the Lord's Supper*).
84) *Inst.*, 4.18.3.
85) *CO* 8, 384(*Four Sermons*).
86) *CO* 5, 257(*Two Epistles*): "... nempe nefanda idololatria, dum panis divinitatem induere fingitur, proque Deo in sublime adorandus tollitur, sublatus ab omnibus colitur."; Inst., 4.18.8.
87) *CO* 48, 511(행 23:11 주석).

우리에게 보이는 것을 통해서 우리를 강하게 하신다.[88] 칼빈은 이를 성령론적으로 검토한다. 즉 말씀은 참된 성령의 검이며 이를 통해 사탄을 물리칠 수 있으며 그를 밟아버릴 수 있게 된다.[89] 악인들에 의해 이 말씀이 경멸당하는 것을 볼 때 이들에 대항해서 싸워야 한다.[90] 이렇게 말씀을 배우고 깨달아서 영적 전투에 올바르게 사용하기 위해서는 반드시 믿음이 필요하다. 왜냐하면 믿음이 없이는 말씀이 올바로 성립될 수 없고 그 능력을 발휘할 수도 없기 때문이다. 이런 이유에서 칼빈은 영적 전투에서 말씀의 필요성과 믿음을 자연스럽게 하나로 묶어서 언급한다.[91] 이 믿음은 구체적으로 하나님의 진노로 원수들이 소멸되고 하나님의 군사들이 승리할 것에 대한 신뢰를 가리킨다.[92] 이는 원수에 대한 그리스도의 승리를 기초로 삼는다. 그리스도께서 이미 사탄의 세력을 이기고 승리하셨기 때문에 사탄에 대한 우리의 싸움도 승리할 것이라는 확신에서 비롯된 것이다.[93] 비록 지금은 공격당하고 고난 가운데 놓여 있지만 그리스도의 승리가 우리의 최후 승리에 대한 보장에 해당된다.

둘째, 기도를 들 수 있다. 영적 전쟁의 무기는 "폭군에 대항하여 화

---

88) *CO* 17, 682. 박건택,『칼뱅의 자유론』(서울: 도서출판 솔로몬, 2000), 284, 각주 79.
89) *CO* 51, 833-34(엡 6:17 설교).
90) *CO* 32, 585-86(시 119:58 설교). 윌레스,『칼빈의 기독교 생활 원리』, 333, 각주 56.
91) *CO* 48, 511(행 23:11 주석).
92) *CO* 45, 661(마 24:21 주석): "Quum vero in ipsis tam severe obstinatum evangelii contemptum una cum pervicaciae rabie ultus sit Dominus, nobis semper ante oculos versetur eorum poena: ac inde discamus nihil Deo magis esse intolerabile quam pertinacem gratiae suae contemptum."
93) *Inst.*, 1.14.18; *CO* 55, 316(요일 2:12 주석): "Proinde Iohannes non contentus hac simplici doctrina, quod nobis peccata Deus remittat, nominatim addit, propitium nobis esse Christi respectu, ut alias omnes rationes excludat. Nos quoque ut hoc beneficio fruamur, omnia alia nomina omittere et oblivisci necesse est, solumque Christi nomen amplecti."

를 내거나 이를 갈지 않고 눈물과 기도로 겸비하는 것이다."[94] 더 이
상 영적 전투가 벌어지지 않고 평화 가운데 경건 생활에 임할 수 있도
록 기도해야 한다. 이는 국가를 다스리는 왕을 위한 도고를 가리킨
다.[95] 이는 아울러 영적 전투에 있어서 모든 폭력 사용이 배제되어야
함을 뜻한다. 박건택은 칼빈의 영적 전투의 원칙이 철두철미하게 비
폭력적이라는 사실에 관하여 다음과 같이 설명한다:

> 그가 우상숭배와 미신에 대한 강력한 증오심을 심은 것은 사실이지만, 어느
> 곳에서도 종교적 폭력 행사를 말한 적은 없다. 그가 갖고 있었던 근본적 개
> 념은 영적 전쟁이었다.[96]

그러나 이는 영적 전투에서 개인이 폭력을 사용하는 것이 허락되지
않음을 뜻하는 것이다. 즉 폭력의 사용은 공적 권력을 지닌 자에게만
국한되어야 한다고 칼빈은 믿었다.[97] 왜냐하면 왕이나 국가가 마땅히
행해야 할 의무 가운데 하나는 심각한 불경건을 제어하여 예배를 보
호하는 일이라고 믿었기 때문이었다:

---

94) *CO* 17, 687. 박건택,『칼뱅의 자유론』, 284, 각주 80.
95) *CO* 52, 267(딤전 2:2 주석): "Secundus fructus est pietatis conservatio: dum
scilicet incumbunt magistratus ad fovendam religionem, ad asserendum Dei
cultum, ad sacrorum reverentiam exigendam."
96) 박건택,『칼뱅의 자유론』, 282.
97) *CO* 47, 395(요 18:11 주석): "Notanda autem ratio est: quia privato homini non
licuit contra eos insurgere, qui publica autoritate instructi erant. ... Cavendum
ergo, ne vi et armis repellere conemur hostes nostros, etiam qui iniuste nos
lacessunt, nisi quantum permittunt leges ac ius publicum. Nam quisquis se
ultra vocationis suae metas ingerit, etiamsi plausum reportet a toto mundo,
factum suum Deo nunquam probabit."

그러나 왕들은 더 이상 그들이 왕이 되지 아니한다는 차원에서 그리스도에
게 복종하는 것이 아니라 그들의 모든 권세를 하나님께 드리는 예배를 보호
하고 올바른 정부를 다스리는 방식으로 행해야 한다.[98]

5. 나가는 말

칼빈은 하나님의 말씀에 기초한 참된 예배, 즉 영적 예배를 위해서
종교개혁에 가담했다. 하나님께 합당한 영광을 돌려 드리는 예배는
하나님의 말씀에 기초해야 하며 이에 대해 믿음의 반응이 뒤따라야
한다. 즉 참된 예배는 믿음에서 비롯되는 찬양, 기도, 그리고 감사로
구성되는 예배이다.

로마 카톨릭이 참된 예배를 왜곡하여 우상숭배에 빠진 것은 우상의
기원인 사탄의 공격에 의한 것이었다. 칼빈은 우상숭배를 하나님의
영광을 탈취하여 피조물에게 주는 행위로 이해하므로 이를 그대로 지
나갈 수 없는 합당한 의분을 지니고 있었다. 여기에서 영적 전투의 모
티브가 발생한다. 영적 전투란 전적으로 사탄의 계략에 의해서 예배
가 왜곡되는 우상숭배의 제거를 위한 투쟁이다. 이를 통해서 올바른
예배가 회복되고 하나님께 온전한 영광을 돌려드릴 수 있게 된다. 영
적 전투는 하늘의 명령이므로 이를 간과하는 것은 배교행위에 해당된

---

98) *CO* 37, 361(사 60:10 주석): "Atqui reges ita se submittunt Christo ut reges esse
non desinant: sed omnem potestatem snam ad cultum Dei servandum et iustam
politiam administrandam conferant." *CO* 37, 210(사 49:23 주석); *CO* 37, 365(사
60:16 주석); *Inst.*, 4.20.5.

다. 이런 이유에서 칼빈은 크리스찬을 자주 군사에 비유했다. 군사로서 크리스찬에게 주어진 두 가지 무기는 믿음과 말씀, 그리고 기도이다. 이 두 가지 무기를 통해서 사탄의 격렬하고 집요한 공격에 맞서서 싸우는 것이 군사된 자의 마땅한 의무이다. 이러한 전투를 통해 하나님께 드리는 올바른 예배가 유지되고 회복될 수 있다.

칼빈은 예배를 거룩한 하나님의 말씀에 대한 인간의 겸손하고 합당한 반응이라는 차원에서 이해하였지만, 그는 하나님의 이름과 명예가 존귀함을 받아야 한다는 신념을 지니고 살았다. 칼빈이 살았던 시대에 많은 사람들이 개신교로 개종했다는 이유로 로마 카톨릭으로부터 핍박과 박해를 받는 상황에서 그는 예배의 중요성이 하나님의 영광에 있음을 철저하게 깨닫고 이를 현실 세계에서 영적 전투로 실현하고자 했다. 칼빈 신학은 전능하신 하나님의 주권을 인정하고 그에게만 모든 영광과 존귀를 돌려 드리는(롬 11:36) 신학이다. 따라서 그에게 믿음으로 드리는 예배는 신학의 시작이자 결말이었다. 이러한 예배를 방해하고 왜곡하려는 사탄의 공격에 맞서서 싸우는 영적 전투 또한 칼빈의 신학에 있어서 간과되어서는 아니될 중요한 요소임이 분명하다. 사탄의 세력을 죽음으로 물리치셨던 그리스도께서 최후 승리를 허락하신다는 확실한 신뢰가 이 전투를 이끌어가는 원동력에 해당된다. 비록 사탄의 공격이 참된 예배를 파괴하는 우상숭배의 유혹이 더욱 거세게 엄습하는 현실 속에 살고 있지만, 모든 크리스찬은 그리스도의 승리를 통해 무한한 용기와 위로를 누리면서 최후 승리에 대한 소망을 항상 되새겨야 할 것이다.

칼빈과 예식서
: 〈기독교 강요〉를 중심으로[1]

루돌프 피터 (R. Peter)

번역: 황 대 우 교수 (부산외대)

루돌프 피터(R. Peter)는 프랑스 스트라스부르크(Strasbourg) 개신교 신학부의 교수이다. 이 신학부가 위치한 곳은 8 Place St. Thomas, F-67000이다. 이 글은 John Calvin's Institutes, His Opus Magnum, Proceedings of the Second

1) 자료: *Ioannis Calvini opera quae supersunt omnia*, "Corpus Reformatorum", 59 volumes, Brunswick & Berlin, 1863-1900. *CO*로 인용됨. -- Joannis *Calvini opera selecta*, 5 volumes, Munrich, 1926-1952. OS로 인용됨. 〈기독교 강요〉 불어판은 장-다니엘 버누아(Jean-Daniel Benoît)가 5권으로 편집한 *Institution de la religion chrestienne* (Paris, 1957-1963)를 사용하고 『기독교 강요』로 인용되며 권, 장, 절로 표기한다. 영어 인용은 베틀즈(F.L. Battles)의 번역판을 사용한다. 전기: Emile Doumergue, *Jean Calvin, Les hommes et les choses de son temps*, 7 volumes, Lausanne & Neuilly (Seine), 1899-1927. 1969년에 Geneva에서 재판됨. -- Eduard Stricker, "Calvins liturgische Bedeutung", in *Monastschrift für Gottesdienst und kirchliche Kunst*, XIV (1909), pp. 212-227. Léon Wencelius, *L'esthétique de Calvin*, Paris (1937), pp. 225-303.(1979년에 Geneva에서 재판됨). -- Auguste Lecerf, *Etudes calvinistes*, Neuchâtel & Paris, 1949, pp. 45-53: "La liturgie de la sainte cène à Genève en 1542". -- Leiturgia, *Handbuch des evangelischen Gottesdienstes*, 5 volumes, Kassel, 1954-1970. -- Markus Jenny, *Die Einheit des Abendmahlsgottesdienstes bei den elsässischen und schweizerischen Reformatoren*, "Studien zur Dogmengeschichte und systematischen Theologie, no. 23", Zurich & Stuttgart, 11968, pp. 103-136. -- Kilian McDonnel, "Conception de la liturgie selon Calvin et avenir de la liturgie catholique", in *Concilium*, no. 42 (1969), pp. 75-84. -- Nicolaus Mansson, Calvin och gudstjänsten (Calvin and Worship), Stockholm, 1970. -- Richard Stauffer, *Interprètes de la Bible. Etudes sur les Réformateurs du XVIe siècle*, "Théologie historique, no. 57", Paris, 1980, pp. 153-165: "L'apport de Strasbourg á la réforme française par l'intermédiaire de Calvin". -- Bruno Bürki, "Jean Calvin avait-il le sens liturgique?", in *Communio sanctorum. Mélanges offerts á Jean-Jacques von Allmen*, Geneva, 1982, pp. 157-172.

South African Congress for Calvin Research July 31-August 3, 1984, Potchefstroom: Potchefstroom University, 1986, pp. 239-265. 의 내용이다. 이 글은 포[illegible]스트롬 대학의 독일어학부의 쿠슈크(Gudrun F.T. Kuschke) 박사가 독일어 원문에서 번역한 것이며, 〈기독교 강요〉의 영어 번역은 배틀즈(F.L. Battles)의 영어 번역판에서 인용되었다.

예전(liturgy. 예배순서)이라는 단어는 칼빈의 라틴 저술이나 불어 저술 어디에서도 찾아볼 수 없다.[2] 1580[3]년에야 비로소 그 단어가 불어로 등장했는데 이것은 그 종교개혁가가 죽고 난 16년 후였다. 하지만 공적인 예배를 의미하는 그 단어의 어원학적인 의미(laos + ergon)는 칼빈이 자주 사용했다.[4]

공적인 자국어 모임들

그에게 있어서 예배는 '공적인 모임'[5]이요, 여기서 발생하는 것은 민족 전체와 연관되는 것이다. 예배란 청중들이 단지 수동적으로만 참여한 가운데 벌어지는 인간적인 강의나 한 사람의 개인적인 기도가 아니다. 그것은 한 분이시요 유일하신 주님에 대한 모든 사람들의 예배이

---

2) 이런 점에서 칼빈의 제자 발레랑 뿔랭(Valérand Poullain)이 피난민 교회를 위한 예식서를 1551년 런던에서 〈거룩한 예배식서〉(Liturgia sacra)라는 제목으로 출판한 것은 주목할만한 가치가 있다. 이것은 이런 이름을 가진 최초의 개신교 예배식서이다. 참조. Valerandus Pollanus, *Liturgia sacra*, published by A.C. Honders, "Kerkhistorische Bijdragen, no. 1", Leiden, 1970. -- 칼빈이 자신의 예배식서를 다음과 같이 불렀다는 것은 잘 알려져 있다: *La forme des priéres et chantz ecclesiastiques, avec la maniere d'administrer les sacremens, et consacrer le mariage, selon la coustume de l'Eglise ancienne*, (Geneva), 1542. 보라. OS, volume II, pp. 1-58.

3) 이 단어는 쟝 보댕(Jean Bodin)의 다음 저술에서 처음 불어로 등장한다. Jean Bodin, *De la demonomanie des sorciers*, Paris, 1580. 참조. *Trésor de la langue française*, Paris, volume X (1983), p. 1291.

4) 칼빈의 주석들, 예를 들면 행 13:2의 "leitourgein"라는 단어와 고후 9:12의 "leitourgia"라는 단어에 대한 그의 주석을 보라. 여기에는 '공적인' (public) 사역의 개념이 강하게 표현되었다.

다. "그러므로 또한 분명해지는 것은 공중 기도가 지금까지 내려온 관습대로 라틴 사람들 사이에서 헬라어로 표현되거나 프랑스 혹은 영국 사람들 사이에서 라틴어로 표현되어서는 안 된다는 것이다. 오히려 그들은 회중 전체가 일반적으로 이해할 수 있는 대중의 언어로 기도해야 한다. 왜냐하면 이것은 교회 전체의 건설을 위해 반드시 행해져야 하는 것인데, 이해되지 않는 소리로는 어떤 유익도 얻지 못하기 때문이다." 청중 개인이 "방언으로 표현되는, 그리고 때로는 화자 자신도 전혀 이해하지 못하는"[6] 그런 기도에 대해 '아멘'을 외칠 수 있는지 개혁가는 사도 바울의 견해에 의지하여(고전 14:16-19) 자문한다. 결론적으로, 칼빈에게 있어서 예배는 공적인 것이기 때문에 예전이다.

『기독교 강요』의 무조직적 취급

『기독교 강요』에서 칼빈이 예전에 대해 어떻게 말하는지 조사하고자 하는 우리의 일은, 그럼에도 불구하고 훨씬 어려운데, 이유는 그가 이 문제를 하나의 구별된 장으로 다루지 않기 때문이다. 비록 예배 문제가 『기독교 강요』에서 특별한 자리에서 다루어지지는 않지만 그렇

---

5) 『기독교 강요』 3.20.29; 4.1.5. – 또한 공예배를 기술하기 위해 개혁가가 사용한 다른 용어들도 참조하라. 그 모든 용어들은 예배의 공적인 공공의 측면들을 강조한다. 여기에 그 용어들을 나열하면 다음과 같다: "les assemblées ecclésiastiques"(교회의 공회들)(『기독교 강요』 2.8.32); "les assemblées qui se font tant le dimanche que les autres jours pour honorer et servir Dieu"(하나님을 공경하고 예배하기 위해 다른 날과 마찬가지로 주일에 모이는 공회들)(*La forme des priéres, OS* 2, 12); "nos assemblées spirituelles"(우리의 영적 공회들)(Idem, p. 13); "l'assemmblées chrétienne"(기독교 공회)(Idem, p. 15); "les fidéles quand ils conviennent au nom de Jésus-Christ"(그리스도의 이름으로 만날 때의 신자들)(Idem, p. 15); "quand nous convenons en son Nom"(우리가 그의 이름으로 함께 만날 때)(Idem, p. 12)

6) 『기독교 강요』 3.20.33. 동일한 생각이 *Les actes de Ratisbonne, CO* 5, 634와 *La forme des prieres, OS* 2, 13에도 표현되어 있다.

다고 그것에 대한 아무런 언급도 없다는 의미는 아니다. 『기독교 강요』 전체의 목적은 교회의 건설에 있다.[7] 하지만 내가 말했던 것처럼 기독교 공동체의 삶이 어디서나 포괄적으로 정의되는 것은 아니다.

기초 예전 요소들

그러므로 우리가 해야 할 일은 칼빈이 예전에 대해 어떤 생각을 가지고 있는지 결정하기 위해서는 그의 모든 저술들에 흩어져 있는 다양한 요소들을 모으고 조사하는 것이다. 우리는 『기독교 강요』 초판 (1536)에 이미 제시되어 있는 중심 구절에서부터 시작할 것이다.

거기서 칼빈은 기독교 예배의 특성들을 강조한다. 그는 사도행전 2장 42절을 언급하면서 다음과 같이 주장한다: "따라서 교회의 어떤 모임도 말씀과 기도와 성찬 참여와 구제 없이는 개최되지 말아야 한다는 것은 불변의 법칙이 되었다."[8] 이 본문 보다 먼저 일어난 것은

---

7) 1536년의 『기독교 강요』와 1541년 불어 초판의 부제는 동일하다. 참조. *OS* 3, VI and XI. 불어로는 다음과 같이 되어 있다: "...en laquelle est comprise une somme de piété et quasi tout ce qui est nécessaire à connaître en la doctrine du salut"(그 속에는 경건의 총체, 그리고 구원 교리를 아는데 필요한 거의 모든 것이 포함되어 있다.). "une somme de piété"(경건의 총체)가 먼저 오고 그 다음에 "de doctrine"(교리에 관하여)가 온다는 것에 유의하시오. 칼빈의 교리는 항상 "실천적 교리"라고 명명되고 건설(edification. 교회건설)을 지향한다.

8) 『기독교 강요』 4.17.44(1536년판: *OS* 1, 149). 그것을 자세히 살펴보면 불어판들은 라틴판과 비교할 경우 약간의 차이가 난다는 것을 알 수 있다. 라틴어 본문에서는 "eleemosynes"(구제)가 "coena"(성찬) 다음에 네 번째로 오지만, 불어 본문에서는 말씀 다음으로 두 번째 자리에 온다. Jean-Daniel Benoît는 이런 상세함을 다루지 못했다. 다른 곳에서는 예배의 표지가 3 가지로 묘사되어 있다: 『기독교 강요』 2.8.32(1536년판: *OS* 1, 48); 그리고 *La forme des prières*(*OS* 2, 13)에도 다음과 같이 기록되어 있다: "우리 주님께서 우리의 영적인 모임들을 위해 우리에게 명령하신 세 가지가 있는 것은 적절한데, 그 세 가지는 말씀의 설교, 공적이고 엄숙한 기도, 그리고 성찬의 시행이다." 마지막 이 두 본문에서는 가난한 자를 돕는 것이 특별하게 언급되어 있지 않고 논리적으로 선한 성례적 실천으로부터 도출된다.

종교개혁적인 예배의 모든 요소를 이미 갖추고 있는 1536년의 예배 순서이다. 이 순서에 따라 칼빈은 다음과 같은 내용으로 된 "매주 예배"를 제안한다: "그렇다면 먼저 그것은 공적인 기도로 시작해야 한다. 그 다음으로는 설교가 제공되어야 한다. 그런 다음 빵과 포도주가 식탁에 준비되었을 때 목사는 성찬 제정의 말씀을 반복해서 낭독해야 한다. 그 다음 그는 그 속에 있는 약속을 열거해야 한다. 동시에 그는 주님의 금지 규정에 의해 성찬에서 제외된 모든 사람들을 배제해야 한다. 그렇게 한 다음 그는 주님께서 우리에게 이 거룩한 음식을 제공해신 바로 그 친절하심으로 친히 또한 우리가 믿음과 진심어린 감사로 그것을 받도록 우리를 가르치시고 다듬어 달라고 기도해야 한다. 그리고 우리 스스로는 그렇게 하지 않기 때문에 주님의 자비하심으로 우리가 그런 축전(祝典)에 합당한 사람이 되게 해 달라고 기도해야 한다. 그러나 이 때 시편이 노래되든지 아니면 무엇인가 낭독되어야 한다. 그리고 질서에 따라 신자들은 가장 거룩한 잔치에, 즉 목사들이 빵을 떼고 컵을 나누어 주는 일에 참여해야 한다. 성찬이 끝날 때 진지한 믿음과 신앙 고백에 대한 권면, 사랑과 기독교적인 건덕에 대한 권면이 있어야 한다. 마지막으로는 하나님에 대한 감사와 찬양이 있어야 한다. 이 모든 것이 끝나면 교회는 평화롭게 흩어져야 한다."[9]

이와 같이 종교개혁가는 다음과 같은 예배의 요점을 제시한다: 공

---

9) 『기독교 강요』 4.17.43(1536년판: *OS* 1, 161). 만일 칼빈이 1536년에 저스틴 마터(Justin Martyr)의 저작들을 알았더라면 비슷한 예배 순서를 제시한 저스틴의 〈변증서〉(Apologie) 1권을 인용했을 법하다. 하지만 저스틴의 저작들은 1551년에야 비로소 파리(Paris)에서 출판되었을 뿐이다. 1536년부터 칼빈에 의해 발전된 예배 순서에 관해서는 다음 참조. Alexandre Ganoczy, *Le jeune Calvin, Genèse et évolution de sa vocation réformatrice*, "Veröffentlichungen des Instituts für europäische Geschichte, Mainz, no. 40", Wiesbaden, 1966, p. 228-232.

적 기도 – 설교 – 성찬 제정 선언 – 성찬에 포함된 약속을 해설하기
와 참여 금지된 자들을 제외하기 – 시편 찬양 – 성찬 집행 – 권면 –
신앙고백 – 연보 – 감사기도 – 찬양 – 축도.

루터와 쯔빙글리, 그리고 부써와는 달리 칼빈은 사제로 훈련받지
않았으며 성품성사도 받지 않았다. 그럼에도 불구하고 그는 예전에
관심을 가지고 고대 교회의 예배 관습과 일치하는 개혁을 제안했다.
인용된 위의 본문은 칼빈이 공적인 사역에 종사하지 않았던 시절, 즉
바젤(Basel)에 피난해 있던 1535/36년에 기록된 것이다. 『기독교 강
요』의 여러 수정판들 모두에 지속적으로 위의 문구를 존속시켰다.

제기될 수 있는 두 가지 질문은 다음과 같다: 이 예전의 모델은 어
떻게 기원된 것이며 칼빈은 왜 그것을 고집했는가?

이 예전의 모델을 어떻게 기원된 것인가?

첫 번째 질문에 대한 대답은 어렵다. 내 생각에 그것은 칼빈의 회심
과 연관이 있다. 우리는 칼빈이 종교개혁 신앙에 접근한 것이 1533년
의 만성절보다 약간 이전에 일어났고 또한 여러 사건들에서 드러났다
고 가정하는데, 그 사건들이란 그가 1533년 11월에 파리에서 일어난
꼬르(Korp)의 강연에 연루된 것, 1534년 5월에 누와용(Noyon)의 교
회 연금을 포기한 것, 1534년 가을에 쁘와띠에르(Poitiers)에서의 예
배 거행과 오를레앙(Orleans)에서 자신의 첫 신학 논문인 〈영혼수면
설〉(Psychopannychia)을 저술한 것 등이다. 우리의 관심사는 칼빈이
망명 도중에 머물렀던 쁘와띠에르에서의 활동이다. 이십년이 지난 후
칼빈은 그것에 대해 언급하는데, 1555년 2월 20일에 그가 쁘와띠에

르에 있는 신자들에게 쓴 편지에서 그들에게 다음과 같은 것을 상기 시켰다. "당신들이 부분적으로 우리로부터 받은 교리를" 상기하라는 내용이었는데, "왜냐하면 우리의 노력이 당신들의 구원을 섬기도록 하는 것이 하나님을 기쁘시게 하기 때문입니다."[10]

만일 카톨릭 역사가 플로리몽 드 래몽(Florimond de Raemond)[11]을 신뢰할 수 있다면 심지어 칼빈은 쁘와띠에르에서 개신교 신앙고백을 향한 결정적인 조처를 취했다. 도시 근처 한 동굴에서[12] 그는 친구들과 함께 분명 예배를 드렸는데 사도적 예배의식에 따라 매우 간단하게 했다. 그 역사가는 말하기를 "이러한 격리된 장소들에서 그들은 소위 '빵 먹음'(Manducation)이라 불리는 최초의 칼빈주의적 성찬을 거행했다... 칼빈은 '권면' 내지는 설교를 했다. 그는 성령께서 그분의 이름으로 모인 이 작은 모임에 임재하실 수 있도록 성령께 기도했다. 또한 그는 성경 한 장을 읽고 여러 가지 난해한 점들을 설명했는데 이 때 각자 자신의 의견을 개인적인 토론 형식으로 개진했

---

10) *CO* 15, 437.

11) 플로리몽 드 래몽(± 1540-1601)가 기록한 것은 일부만 믿을 수 있을 뿐이다. 그는 몇몇 흥미로운 구전들을 수집했다. 그의 책 *L'histoire de la naissance, progrez et décadence de l'hérésie de ce siècle* (그 시대 이단의 생성과 발전과 쇠퇴의 역사)는 1605년 파리에서 그의 아들에 의해 출판되었다. 우리가 여기에 인용한 것은 1648년 루뱅(Rouen)에서 출판된 삐에르 마이여(Pierre Maille)의 재편집판이다. 저자와 그의 책에 관하여는 다음 소논문 참조. Martin Busch, "Florimond de Raemond et l'anabaptisme", in *Les dissidents du XVIe siècle entre l'humanisme et le catholicisme. Actes du colloque de Strasbourg (5-6 février 1982).* 이 책은 Marc Lienhard에 의해 "Bibliotheca dissidentium, Scripta et studia, no. 1", Baden-Baden, 1983, pp. 250-263으로 출판되었다. – 부쉬(Busch)의 도서목록에 관해서는 다음 책도 겸해서 참고해야 한다: E. Doumergue, *Jean Calvin*, volume 1, pp. 458-464, 522-527, 580-583.

12) 이런 전통 때문에 심지어 그 도시에서 3킬로 떨어진 끌렝(Clain) 강 가의 한 동굴에는 칼빈의 이름이 붙게 되었다. 이것에 대해서는 에밀 두메르그의 책을 참고하시오. E. Doumergue, *Jean Calvin*, volume 1, p. 461.

다."[13] 어느 날 그와 같은 모임 중에 미사에 관한 토론이 벌어졌다. 칼빈은 성경을 자기 앞에 놓고는 이렇게 말했다. "이것이 내 미사이다." 그런 다음 곧이어 자신의 창 없는 모자를 탁자 위에 던지면서 하늘을 향해 자신의 두 눈을 들고는 이렇게 외쳤다. "주님, 만일 당신이 제가 미사에 참석하지 않았고 그것을 포기했다는 이유로 심판의 날 저를 부르셔서 추궁하신다면 저는 선한 양심으로 이렇게 말할 것입니다: '주님, 당신은 제게 그와 같이 명령하지 않으셨습니다. 보십시오. 당신의 계명이 있기 때문에 당신의 말씀이 있습니다. 바로 이 말씀이 당신이 제게 주신 율법이며 저는 그 안에서 십자가의 제단에 희생된 것 이외의 어떤 다른 희생도 발견할 수 없었습니다.'"[14]

이러한 예배 모임들은 그 때 주의 만찬으로 마무리 지었다. "내가 이런 광대 짓들에 참여한 사람들을 통해 들은 바 이 '빵 먹음'의 형식은 다음과 같은 순서로 진행되었다: 선택된 사람이 사복음서 중 성찬의 성례와 연관된 한 구절을 봉독했다. 그리고 그는 미사를 신랄하게 비판하면서 악마의 창작물이라 부르고 교회를 수없이 비방한 다음, 이렇게 말한다: '형제들이여, 주님의 고난과 죽으심을 기억하면서 주님의 빵을 먹읍시다.' 그러면 그들은 식탁에 앉고 그는 빵을 떼어 각자에게 한 조각씩 나누어 주었으며 각자는 조용히, 그리고 가능한 매우 정숙하게 그것을 먹었다. 그들은 포도주 사용에 있어서도 동일한 방법으로 진행했다. 그런 다음 선출된 사람이 하나님 아버지께 그들이 교황제의 악습을 깨닫고 진리를 알게 하신 은혜를 베풀어 주신 것을 감사했다. 그런 후에 그와 다른 사람들은 주기도문과 신조를 라틴

---

13) F. de Raemond, *L'histoire de la naissance*, pp. 892-893 (7.11.3).
14) *Ibid*, pp. 905-906 (7.14.1).

어로 고백했다. 그리고 그들은 교제를 나누었다."[15]

칼빈이 쁘와띠에르(Poitiers)에서 경험한 것을 자신의 『기독교 강요』 초판(1536)에 기록했다. 예배에 관한 두 도안의 배열은 비슷하다. 그리고 칼빈이 당시 알고 있었던 다른 종교개혁 예식서들, 즉 쯔빙글리(Zwingli)의 영감을 받은 것으로 1533년의 파렐(Farel)의 규정집 Manière et fasson[16]에 기록되어 있는 것이나 외콜람파디우스(Oecolampadius)가 바젤(Basel)에서 사용했던 것[17]과는 비교될 수 없다. 쁘와띠에르의 규정집은 교회 치리와 찬송에 관심을 기울이지 않았는데, 그것은 교회 치리란 확증된 친구들 사이에선 불필요한 것이었고 찬송이란 찬송집 없이는 불가능한 것이었기 때문이다.[18] 그러나 두 규정집 모두에서 말씀과 성례의 통일성은 근본적이었다.

---

15) Ibid, pp. 910-911 (7.15.3) 플로기몽 드 래몽은 두 증인에게서 이러한 정보를 얻었다고 말했는데, 한 사람은 라 보르데리(La Borderie. 1513?-1591)의 아버지 쟝 부와쏘(Jean Boisseau (혹은 Boiceau)이고, 다른 한 사람은 삐에르 까이에(Pierre Cayet. 이는 라 빨머(La Palme) 혹은 빨머 까이에(Palme Cayet)의 삐에르 빅토르 까이에(Pierre Victor Cayet)로도 알려진 인물)이다. 이 두 인물에 대해서는 다음 책 참조. *La France protestante* by Eugéne & Emile Haag, 2nd edition under the direction of Henri Bordier, Paris, volume II (1879), 682-683, and volume III (1881), col. 944-954; and also E. Doumergue, *Jean Calvin*, volume I, pp. 526-527 and 581-582.

16) 기욤 파렐(Guillaume Farel)의 이 소책자, *La manière et fasson* (Neuchâtel, 1533)은 개혁 교회의 최초 불어 예식서이다. 이것의 재편집은 기욤 봄(Guillaume Baum)이 1859년 스트라스부르크와 파리에서 발행한 것이다.

17) 차이점들은 다음 책, M. Jenny, *Die Einheit*, p. 107에서 제공하는 대조표에서 즉시 확인할 수 있다. 파렐과 외콜람파디우스가 놓친 것은 예식 순서에 있어서 합당한 순서 배열이다. 예배 중심적이지 않고 그리스도와의 교제라는 정점에 도달하지 못한다.

18) 아직 찬송가가 존재하지 않았던 1536년과 같은 이른 시기에 칼빈이 시편 찬송을 공예배의 필수 요소로 보았다는 것은 가치가 없다(? 영어는 'it is worth nothing that~' 으로 되어 있으나 아마도 'noting' 에 'h' 가 잘못 첨가 된 것이 아닌가 싶다. 이것이 사실이라면 '가치가 없다' 는 '언급할만한 가치가 있다' 로 수정되어야 할 것이다.). 특히 이런 찬양 형식에 대해서는 『기독교 강요』 초판의 다른 부분에서도 있는 언급이다. (참조. 아래 본문과 71번 각주.) 찬양이 바젤 교회에서 사용되었다는 것을 칼빈이 발견했을 때 그 문제에 대한 칼빈의 관심이 고조되었을 수 있었을 것이다. 비록 그 말의 실제적인 의미가 칼빈에게서 시작된 것이라 할지라도! 참조. M. Jenny, *Die Einheit*, p. 109.

왜 칼빈은 이런 예배 모델을 고집했는가?

이제 우리는 두 번째 질문에 이르렀다. 왜 칼빈은 1536년의 예배 규정을 『기독교 강요』의 모든 판에 남겨두었는가? 매주 성찬을 시행하도록 되어 있는 규정은 그가 고수한 형식을 대표했다.[19] 칼빈은 설교와 성찬의 유기적 통합을 원했고 성찬과 감사를 예배의 절정으로 생각했다. 마치 모세가 약속의 땅에 대해 그러했던 것과 너무나도 유사하게 칼빈 역시 이 프로그램을 일찌감치 환영했지만 1538-1541년 동안 머물렀던 스트라스부르크 외에는 결코 그것을 실행할 수 없었다.[20] 스트라스부르크에서 칼빈은 매월 성찬을 시행할 수 있었으나 제네바 정부는 그에게 단지 그것을 1년에 4번만 허락했다.[21] 그 이유 때문에 그는 1561년 8월 12일의 한 제안에서 이렇게 말했다. "우리의 공적 문서들에[22] 들어 있는 정규 예식이 우리의 후진들에게 좀 더 쉽고 또한 좀 더 자유롭게 개정하기에는 불충분한 것으로 지적되는 것을 저는 지금까지 걱정해 왔습니다."[23]

---

19) 자신의 『기독교 강요』 모든 판에 남아 있는 또 다른 구절에서 칼빈은 "최소한 1 주일에 한 번"이라고 언급한다. 『기독교 강요』 4.17.46. (1536년 판: *OS* 1, p. 150).

20) 아마도 제네바 보다는 오히려 스트라스부르크에서 칼빈은 자신이 적합하다고 생각한대로 예식서를 사용할 수 있었을 것이고 동시에 스트라스부르크에서 사용되고 있던 탁월한 예식서들이 그에게 유용했을 수 있다. 각주 1에 인용된 리샤 스토페르(R. Stauffer)의 글과 다음 책 참조. René Bornert, *La réforme protestante du culte à Strasbourg au XVIe siécle* (1523-1598), "Studies in medieval and reformation thought, no. 28", Leiden, 1981, 특히 pp. 192-201.

21) 칼빈이 성찬을 성탄절과 부활절과 오순절의 가장 가까운 주일, 그리고 9월 첫 째 주일에만 거행하도록 강요되었던 것은 제네바의 정치권력의 남용 때문이었다. 1541년의 *Ordonnances ecclesiastiques* 참조. *CO* 10a, 25.

22) 1561년의 *Ordonnances ecclésiastique* 참조. *CO* 10a, 104. 1541년의 교회 규정집에도 이미 나타남. *CO* 10a, 25.

23) *CO* 10a, 213: "Curavi tamen referri in acta publica vitiosum esse morem nostrum, ut posterioris facilior esset ac liberior correctio."

칼빈 예배의 4 가지 기본 요소들

자 이제 칼빈이 『기독교 강요』에서 예배의 다른 요소들에 대해 어떻게 말하고 있는지 살펴보자. 우리는 4 가지 주요 구성 요소, 즉 말씀과 성찬과 기도와 연보에 대해서는 이미 언급했다.

무엇보다도 먼저, 말씀이 있어야 한다. 하나님께서는 자신의 말씀이 자신의 종들의 목소리를 통해 들려지도록 허락하셨다. "우리 가운데 가시적 임재로 거하시지 않기 때문에(마 26:11) 그래서 우리는 하나님께서 말로써 우리에게 자신의 뜻을 공적으로 선포하시기 위해 사람의 사역을 마치 일종의 대리 사역처럼 사용하신다고 말했던 것이다. 하지만 그들에게 자신의 권한과 영예를 넘겨주시는 방식이 아니라, 다만 그들의 입을 통해 그분 자신의 사역을 수행하시는 방식으로 그렇게 하시는데 이것은 마치 일꾼이 도구를 사용하여 자신의 일을 하는 것과 같은 것이다."[24]

사역자들의 모든 권한은 그들에게 위임된 말씀으로부터 온다. "왜냐하면 만일 우리가 그들 모두를 잘 살펴보면 주의 이름과 말씀으로 하는 것 이외에 가르치거나 대답하는 어떤 권위가 그들에게 주어졌다는 것을 볼 수 없기 때문이다. 왜냐하면 그들이 직분에로 부르심을 받은 곳에서 동시에 그들 자신의 것들을 전하는 것이 아니라 주의 입에서 나오는 것만 말하도록 강요되기 때문이다."[25]

인간의 첨가물과 뒤섞여진 말씀은 더 이상 말씀이 아니다. 말씀은

---

24) 『기독교 강요』 4.3.1.
25) 『기독교 강요』 4.8.2.

어떤 혼합도 참지 못한다. 칼빈이 스콜라학자들을 비난하는 그 주된 죄악은 "말하자면, 그리스도 위에 가면을 그려 그를 가리는" 교리들을 세우는 것이다.[26] 더 이상 세우는 것은 없으며 설교자들의 설교는 효력이 없다. "신학자의 일은 수다 떠는 것으로 귀를 즐겁게 하는 것이 아니라, 참되고 확실하고 유익한 것들을 가르침으로 양심을 강화하는 것이다."[27]

> "교회 사역자들이 말씀 사역에 성실히 주의를 기울이되 구원의 가르침을 더럽히는 것이 아니라 그것을 순수하고 더렵혀지지 않게 하나님의 백성에게 전하도록 해야 한다. 그리고 그들은 단지 가르치는 것을 통해서뿐만 아니라 삶의 본을 보임으로써 백성을 가르쳐야 한다. 요컨대, 그들은 자신의 양들을 돌보는 선한 목자들로서의 권위를 행사해야 한다."[28]

설교자들을 위한 지침들

실제로 하나님의 말씀을 설교한다는 것은 무엇을 의미하는가? 부정적으로 말하자면, 칼빈이 강조한 것은 강단에서 우리 자신이 돋보이게 해서는 안 된다는 것이다. 칼빈은 설교자의 주관성으로부터 설교를 구해내기를 원한다. 그렇다면 그는 그것을 어떻게 긍정적으로 생각하는가? 우리는 하나님의 계시를 증거해야 하고 구원역사의 위대한 사실들을 선포해야 한다. 하나님께서 예수 그리스도를 통해 말씀하시기 때문에, 또한 자신의 사랑하시는 아들을 통해 들려지기를

---

26) 『기독교 강요』 3.2.2.
27) 『기독교 강요』 1.14.4.
28) 『기독교 강요』 2.8.46.

원하시기 때문에,[29] 그러므로 우리는 육신이 되신 말씀을 전하지 않을 수 없다. "율법과 선지자들 속에 기록되어 있는 범위와 그 다음으로 사도의 저술들 속에 묘사되어 있는 범위 내에서 제공하는 것 외에는, 그리고 그 모든 것이 그리스도 안에서 성취되었다고 지시하는 것 외에는 합법적으로 가르칠 수 있는 다른 방법이 교회에는 없다."[30]

그러나 복음이 어떤 혼합에도 불구하고 순수하게 나타나는 곳에서는 그것을 선포하는 자들이 충분히 권위 있게 전달할 수 있다. "그렇다면 교회의 목사들이, 이들이 어떤 이름으로 불리든 간에, 부여 받아야 하는 최상의 능력이 여기에 있다. 그것은 바로 그들이 감히 하나님의 말씀으로 모든 것들을 용감하게 행할 수 있게 된 것이다. 즉 세상의 모든 능력과 영광과 지혜와 우쭐거림을 그분의 위엄에 굴복하고 복종하도록 강압할 수도 있고 하나님의 능력에 힘입어 지위고하를 막론하고 모든 사람들에게 명령을 내릴 수도 있다. 그리스도의 가정을 세우고 사탄의 가정을 허물 수도 있으며 양들을 먹이고 늑대들을 쫓아낼 수도 있다. 가르칠 수 있는 자들을 교육시키고 권면할 수도 있다. 반역자들과 완고한 자들을 고발하고 징계하고 정복할 수도 있다. 묶을 수도 풀 수도 있다. 마지막으로, 필요할 경우 천둥번개와 광명을 발할 수도 있다는 것이다."[31]

"그러나... 우리는 복음 설교와 분리된 어떤 능력을 꿈꾸지 않도록 항상 경계해야 한다."[32] "왜냐하면 그리스도께서는 이런 능력을 실제

---

29) 참고. 『기독교 강요』 4.8.1; 4.8.7 (참고 성경구절은 마 17:5절.)
30) 『기독교 강요』 4.8.8.
31) 『기독교 강요』 4.8.9.
32) 『기독교 강요』 3.4.14.

로 사람에게 주신 것이 아니라, 자신의 말씀에 주셨기 때문인데, 사람을 그 말씀의 사역자로 삼으셨다."[33] 사역자들은 주의 집의 청지기들이다. 그들이 복음을 선포하는 동안 그들은 말씀을 받아들이는 자들을 위해 천국 문들을 열고 말씀을 부인하는 자들을 위해 그 문들을 닫는다.[34]

주의 만찬

두 번째로 우리는 성찬을 살펴볼 것이다. 주의 만찬은 우리에게 "믿음을 양육하고 강화하는 유용한 도구"로 주어졌다.[35] 참으로, 믿음은 듣는 말씀을 통해 발생한다. 하지만 보는 표지에 의해 지탱된다. 이 성례는 "하나님의 약속들을 마치 그림을 그리듯이 묘사하며, 그것들을 사실적이고 형상적으로 그려서 우리 눈앞에 놓는다."[36]

칼빈은 또한 성례를 기둥에 비교한다. "왜냐하면 마치 건물이 그 자신의 기초 위에 서 있고 세워지지만 하부에 놓인 기둥에 의해 더 확고하게 건설되는 것처럼, 그와 같이 믿음도 하나님의 말씀이라는 기초 위에 세워지지만 성례가 첨가될 때, 마치 기둥 위에서처럼, 그 성례 위에서 믿음은 더욱 든든하게 세워지기 때문이다."[37]

---

33) 『기독교 강요』 4.11.1.

34) 칼빈에게 있어서 이것은 마 16:19에 근거한 열쇠 권능의 최초의 의미이다. 그에 따르면 말씀의 권위는 설교 속에서 그리고 설교를 통해 실행된다. 참고. 『기독교 강요』 4.1.1.

35) 『기독교 강요』 4.1.1.

36) 『기독교 강요』 4.14.6.

37) Ibid.

‘들을 수 있는 말씀’(Verbum audibile)과 ‘볼 수 있는 말씀’(Verbum visibile)은 서로에게 영향을 주며 분리되지 않아야 한다. 그러므로 우리는 왜 칼빈이 한 해에 한 번만 성찬을 거행하는 카톨릭교회의 관습을 "악마의 진정한 의도"[38] 라고 분류했는지 이해할 수 있다. 그와 같이 신자들은 축성의 행위를 놀라움으로 바라보면서 상호 간의 교제 대신에 축성된 성체를 경배하는 일이 발생했던 것이다. 칼빈은 외적인 의식들에 대한 모든 신뢰를 미신으로 정죄하고 모든 성례 예배를 우상숭배로 정죄한다. "만찬은 우리 모두가 그리스도 예수 안에서 함께 떼어서 나누는 교제를 우리에게 가르치기 위해 교회의 공적인 모임에서 분배되었던 것이었다."[39]

누가 참여할 수 있는가?

그렇다면 누가 주의 만찬 석상에 앉을 자격이 있는가? 예배 형식으로 기록된 칼빈의 아름다운 본문은 대체로 잘 알려져 있다. "왜냐하면 만일 그것이 우리 자신에게서 찾는 자격의 문제라면 우리는 절망적인데, 우리에겐 절망과 죽음의 파멸만이 남아 있기 때문이다... 그러므로 이것이 자격인데, 이것은 우리가 하나님께 가져갈 수 있는 최

---

38) 『기독교 강요』 4.17.46. 성찬의 잦은 거행이 실제 로마 카톨릭교회 안에서는 단지 1905년 12월 20일 피우스 10세(Pius X)의 교령으로 세워졌을 뿐이다. 다음 참조. Henricus Denzinger, *Enchiridion symbolorum*, Friburg-in-Brisgau, 1937, numbers 1981-1990, pp. 559-561.

39) 『기독교 강요』 4.18.7. 칼빈은 이 구절에서 성례와 그리스도의 몸인 교회의 유기적 통일성 사이의 끈을 정확히 파괴하는 "사적인 미사들"의 실행을 정죄한다.

상의 유일한 종류이다. 즉 그분의 자비가 우리에게 자격을 주도록 우리의 천함과 소위 무가치함을 그분께 드리는 것이요, 우리가 그분 안에서 위로를 받도록 우리 자신에 대해 절망하는 것이요, 우리가 그분에 의해 높이 들려지도록 우리 자신을 낮추는 것이요, 우리가 그분에 의해 의롭게 되도록 우리 자신을 정죄하는 것이다."[40] 무가치함(=무자격자임)에 대한 이런 감정은 성찬 참여자들을 괴롭히기는커녕 오히려 그들을 즐겁게 만드는 원인이어야 한다.[41] 우리의 무가치함이 바로 우리를 주님의 만찬 석상에 다가갈 수 있게 만드는 것이다.

다른 한 편으로 교회는 "또한" 권리를 가져야 하는데, 이 권리란 이 큰 비밀을 더럽히지 않고는 받아들일 수 없는 사람들을 주의 만찬의 교제로부터 추방하는 것이다.[42] 왜냐하면 "그리스도의 구원 교리가 교회의 영혼인 것처럼 치리는 그것의 힘줄로써 봉사하는데, 이 힘줄을 통해 몸의 지체들이 함께 묶고, 각자를 그 자신의 자리에 묶기" 때문이다.[43]

---

40) 『기독교 강요』 4.17.41 & 42. 불어 본문에는 이렇게 첨가되어 있다. "그분 안에서 살아나도록 우리 자신에 대해 죽는 것이다."(que soyons morts en nous-mêmes, afin d'etre vivifiés en lui). 이 주제에 대해서는 다음 참조. Jean-Daniel Benoît, *Initiation à la liturgie de l'Eglise Réformée de France*, Paris, 1956, p. 80.

41) 칼빈은 성찬을 일종의 축제 행사로 여긴다. 그는 1536년(OS 1, p. 136)과 1539년 라틴 판에서 그것을 "eucharistia"로 부른다. 그리고 1541년 불어 판에서는, 1542년 스트라스부르 예전 *La manyere de faire prières* (OS 2, p. 39)에서와 같이 "eucharistie"라고 부른다. 1543년부터는 그것을 "영적 연회" 즉 "spirituale epulum" 혹은 "spiritual banquet"이라 부른다. (『기독교 강요』 4.17.1.)

42) 『기독교 강요』 4.11.5. 이것은 열쇠 권능에 대해 칼빈이 말하는 두 번째 의미이다. 칼빈은 마 18:8을 그 근거로 삼는다. (참고. 『기독교 강요』 4.11.2.). 그는 그 실행을 교회, 특히 치리회(Consistory)에 위임하는데, 이 치리회는 목사들과 함께 단체 조직의 기능을 발휘하는 장로들의 회의이다. 치리회는 회중의 신앙과 품행과 관계된 모든 제반 문제들을 관할한다. 참고. 아래의 본문과 각주 79 & 80.

43) 『기독교 강요』 4.8.1. – 말씀과 성찬에 관해서는 다음 참고. Alexandre Ganoczy, *Calvin, théologien de l'Eglise et du ministère*, "Unam sanctam, no. 48", Paris, 1964, pp. 327-344.

회중은 기도로 화답하기

세 번째로는 기도이다. 말씀과 성찬은 은혜의 선물이다. 하나님께서 자신의 백성을 함께 부르시고 "외적인 도구들을 사용하여 우리를 그리스도의 교제에로 초대하시며 우리를 그 속에 묶으신다."[44] 하나님의 은혜와 선물에 대한 응답으로 회중은 입술에 경의를 담아 화답하고, 또한 동료에 대한 섬김으로 화답한다. 다른 말로 하면, 기도와 연보로 화답한다.[45]

칼빈에게 있어서 기도의 두 가지 형식이란 기도 그 자체와 찬양이다. "하나님의 영광이 어느 정도는 우리 몸의 여러 부분에서 빛나야 하기 때문에 특히 혀가 노래하는 것과 말하는 것, 둘 다를 통해서 그 일을 하도록 계획되었고 정해졌다는 것은 적절하다."[46]

말로 하는 기도가 첫 번째 자리를 차지한다. 왜냐하면 주님께서는 "여기서, 우리가 이미 앞에서 설명한 것처럼, 우리의 기억 속에 풍성한 은혜를 상기시켜 주실 뿐만 아니라, 소위 그것을 우리의 손에 쥐어 주시고 그것을 알도록 우리를 깨우치시는 일도 하시기 때문이다. 동시에 주님은 우리가 그러한 아낌없는 은혜를 저버리지는 것이 아니라, 오히려 합당한 찬양으로 선포하며 감사함으로 경축하도록 권면하

---

44) 이 말은 교회와 성례를 다루는 『기독교 강요』 4권의 제목에 나타난다.

45) 칼빈은 두 번째 연보로서의 기도를 성례의 세 번째 용도라고 말하는데, 첫 번째는 하나님을 믿는 믿음을 강화하는 것이다. 참고. 『기독교 강요』 4.17.37 & 38.

46) 『기독교 강요』 3.20.31. 참고. *La forme des prières* (OS 2, 15): "공적인 기도에는 두 종류가 있다. 하나는 단순히 말로만 하는 것이고, 다른 하나는 노래로 하는 것이다. 그리고 이런 구분은 최근에 만든 것이 아니다. 왜냐하면 그것은 역사가들이 기술하고 있는 것처럼 교회가 시작된 이후로 존재해온 것이기 때문이다. 그리고 심지어 바울도 역시 말로만 기도하는 것이 아니라, 노래로도 기도한다.(골 3:16)"

신다.”[47] 감사 역시 공적이고 공공의 신앙고백을 포함한다. “왜냐하면 우리에게 주신 ‘주의 죽으심을 그가’ 심판하러 ‘오실 때까지 전하’(고전 11:26)라는 명령은 우리가 성찬에서 깨달은 것, 즉 그리스도의 죽으심이 우리의 생명이라는 사실을 입으로 고백함으로써 선포해야 한다는 것 외에 다른 것을 의미하지 않기 때문이다.”[48] 칼빈은 사도신경을 선호하는데 그 이유는 그것이 “알맞은 순서대로 믿음을 요약하기”[49] 때문이다.

기도는 말로 표현될 뿐만 아니라, 노래로 불려진다. “그것은[=노래하는 것은] 거룩한 행위에 위엄과 은혜를 더해주고 우리 마음에 기도하기 위한 참된 열정과 열망을 타오르게 하는데 가장 크게 기여한다. 하지만 우리가 매우 조심해야 하는 것은 우리의 귀가 단어의 영적인 의미보다는 곡조에 더 주목하지 않도록 하는 것이다.”[50] 더욱이 기도와 노래는 오직 그것들이 “마음의 깊은 절박함으로 나올” 때에만 하나님 앞에서 가치 있는 것이다.[51]

---

47) 『기독교 강요』 4.17.37. 그것이 『기독교 강요』에서 명기되어 있지는 않지만, 정상적으로는 “주기도문”이, 원형으로든 각색된 형태로든, 여기에 활용되어야 한다는 것을 주목하라. 왜냐하면 이 기도 형식은 “마치 도표에 열거하듯이 우리가 구하도록 허락하신 모든 것, 우리에게 유익한 모든 것, 우리가 요청할 필요가 있는 모든 것을”(『기독교 강요』 3.20.34.) 보여주기 때문이다. 주기도문에는 하나님을 찬양함에 있어서 고려되어야만 할 것 가운데 제외된 것은 아무 것도 없고, 사람의 지복을 위해 생각해야 할 것 가운데 제외된 것은 아무 것도 없다. (『기독교 강요』 3.20.49.).

48) 『기독교 강요』 4.17.37.

49) 『기독교 강요』 2.16.5.

50) 『기독교 강요』 3.20.32. 이것은 1543년에 작성된 문구이다. 그 때 칼빈은 예배에서의 찬송의 자리에 대해 좀더 깊이 고민했다. 그 때에 *La forme des prières*의 서문 역시 중요한 내용이 첨가되었다. 참고. OS 2, 15, line 39 to 18, line 9.

가난한 자들에 대한 기부

네 번째로는 연보가 있다. 주님의 뜻에 따라 성찬은 "우리에게 사랑과 평화와 조화를 고무하고 불러일으키도록" 해야 한다. "한 덩어리가 있기 때문에, 우리 모두가 그 한 덩어리에 참여함으로 우리는 다수지만 한 몸이다." (고전 10:17) "… 우리는 마치 우리 자신의 몸을 돌보듯이 형제의 몸을 동일하게 돌보아야 한다. 왜냐하면 그들은 우리 몸의 지체들이기 때문이다."[52]

확고한 예전적 통일성

이것이 그 당시 칼빈에게 있어서 그가 회심 이후 알았고 『기독교 강요』 모든 판에 유지되었던 예배 모범이다. 이 모범의 여러 부분들은 전체를 세우는데, 말씀이 중심이고 성찬은 면류관이다. 에밀 두메르

---

51) 『기독교 강요』 3.20.31. – 기도에 관해서는 다음 참고. Hans Scholl, *Der Dienst des Gebetes nach Johannes Calvin*, "Studien zur Dogmengeschichte und systematischen Theologie, no. 22", Zurich & Stuttgart, 1968; Charles Garside, *The origins of Calvin's theology of music: 1536-1543*, Transactions of the American Philosophical Society, volume 69, part 4, Philadelphia, 1979.

52) 『기독교 강요』 4.17.38. 스트라스부르에서 사용된 칼빈의 예전인 1542년의 *La manyere de faire prières*는 성찬 집행을 소개하는 자리에 기부 혹은 "자기희생"에 대한 이 아름다운 문구가 들어 있다. (OS 2, 42): "선한 이유로 우리는 그렇게 많고 큰 복들을 감사하여 우리 자신을 온전히 하나님 아버지와 우리 주 예수 그리스도께 드리고 종속시킨다. 그리고 우리는 기독교 사랑이 그리스도의 가장 작은 지체들, 즉 주린 자들, 목마른 자들, 이방인들, 병자들, 수감자들을 위해 요구할 때 우리의 희생과 거룩한 은사들로써 그것을 증거한다." 동일한 생각을 『기독교 강요』 4.18.16.에서도 별견할 수 있다. 이 문제에 대해서는 다음 참조. Elsie Anne McKEE, *John Calvin on the diaconate and liturgical almsgiving*, "Travaux d'humanisme et renaissance, no. 197", Geneva, 1984.

그(Emile Doumergue)가 이미 "모든 개혁가들 가운데 예배에 있어서 분열을 가장 강력하게 반대했던 인물은 칼빈이었다. 칼빈에게 있어서 그것은 통일성을 이루었다."[53]

예식들과 치리

이제『기독교 강요』에 따라, "거룩하고 건전한 것으로 받아들일 수 있는 교회 구성요소들은 무엇인지" 생각해보자. 그것들은 "두 부분"으로 요약될 수 있는데, "첫 번째 유형은 의례들과 의식들에 속하고, 두 번째 유형은 치리와 평화에 속한다."[54]

의례들과 의식들

칼빈은 극소수의 의식들만 원하고 "하나님의 권위에 기초한, 그리고 성경으로부터 온 것들"[55] 만 인정하고 싶어 한다. 결과적으로 모든 "열매 없는 허식"과 "모든 어리석은 전시"는 피한다.[56] 개혁가에 따르면 "데코룸"(decorum), 즉 "타당성"은 모든 의식 문제에 적용해야 한다. 그리고 이것은 가치 있고 덕스러운, 그리고 "거룩한 것들에 존경

---

53) E. Doumergue, *Jean Calvin*, volume II, p. 504.

54) 『기독교 강요』 4.10.29. 세부적인 것들에 대해서는 다음 참조. E. Doumergue, *Jean Calvin*, volume V, pp. 88-95.

55) 『기독교 강요』 4.10.30.

56) 『기독교 강요』 4.10.29.

을 표하는" 모든 것들을 의미한다.[57] 불행하게도 "사도 시대 이후 곧
장 성찬은 녹슬어 부패되고 말았으며" 또한 "세례는 성유와 축귀 사
용으로 손상되었다."[58] 진정한 의식들은 "곧바로 그리스도께로 인도"
해야 한다.[59]

　교회 지체들의 행동에 관하여 칼빈은 기도하는 동안에는 무릎을 꿇
어야 하고[60] 노래는 단음으로 합창해야 한다. 감각에만 호소하는 음
악은 모두 거부되어야 하고, 또한 "콧노래(humming), 목청이 떨리
는 노래(warbling), 교황주의자들의 감동적인 음악, 그리고 사부 합
창"[61] 역시 거부되어야 한다.

　의식의 문제에 있어서 칼빈은 율법의 문자만 고집하는 잔소리꾼은
아니다. 왜냐하면 그는 자유와 다양성을 허용하기 때문이다. "그것들

---

57) 『기독교 강요』 4.10.28.

58) 『기독교 강요』 4.17.43. – 성찬식과 관련하여 『기독교 강요』 4.10.19.에서 발견할 수 있는
한 구절은 그 내용이 라틴 판보다는 불어 판에서 훨씬 더 솔직하다. "사도들은 성찬 시행
을 굉장히 단순화했다. 그들 직후의 계승자들은 위엄과 신비를 나타내기 위해 비난되어
질 수만은 없는 몇 가지 실행 방법들을 첨가했다. 하지만 그 이후 다른 원숭이들이 지나친
혁신에 대한 미친 열망을 가진 자들로 드러났다. 그래서 그들은 사제들을 위해서는 특별
한 옷을, 제단을 위해서는 장식들을 제작했고 조롱과 광대놀음을 제공했는데, 오늘날 우
리는 이것들을 미신들로 가득 찬 미사에서 볼 수 있다." 점차 세례식을 뒤덮었던 저 인간
적인 장식들에 대해서는 『기독교 강요』 4.15.19.에 묘사되어 있다.

59) 『기독교 강요』 4.10.29.

60) 『기독교 강요』 4.10.29 & 30.

61) 『기독교 강요』 3.20.32.– 이 문구는 단지 1545년 이후의 『기독교 강요』 불어판들에서만
발견된다. 칼빈은 음악을 들을 때 하나님께서 주시는 감동적인 기쁨과 "단지 귀만 즐겁게
하는 것으로 작곡된" 재세례교도들의 곡조들에 대해 언급한다. 후대의 제네바 시편의 화
음 곡들에 대해서는 여기서 비난하지 않는다. 그러나 공예배에서 회중은 단음으로 합창하
되 오직 시편만 불러야 한다. 칼빈 사후에야 비로소 마르뚜랭 꼬르디에르(Marturin
Cordier)의 Saincts cantiques (영가)가 소개되었다. 참조. Edith Weber, La musique
protestante de langue francaise, "Musique-Musicologie, no. 7", Paris, 1979, pp.
39-59.

은 구원을 위한 본질적인 것으로 간주될 수 없으며, 따라서 양심의 문제이다."[62] 어떤 교회도 "외적인 순서의 다름 때문에 다른 교회를 비난해서는" 안 된다.[63]

성찬에서도 그것은 같다. 즉 "신자들이 그것을 손으로 받든, 그것을 그들 가운데 나누든, 각자에게 주어진 것을 개별적으로 먹든지, 컵을 집사에게 돌려주든 그것을 다음 사람에게 넘기든, 빵이 발효된 것이든 발효되지 않은 것이든, 포도주가 붉은 것이든 흰 것이든, 그것은 어떤 차이도 없다. 이러한 것들은 아무래도 좋고, 또한 교회의 자유재량이다."[64]

칼빈이 "하찮은 이유로 무턱대고 쇄신해버리는 일에 대해 지속적으로" 경고하지 않았다고 말하는 것은 불필요하다. 다른 것들에서처럼 이것에서도 절제는 지켜져야 한다. "참으로 나는 우리가 불충분한 이유로 급하고 갑작스럽게 쇄신을 감행하지 말아야 한다는 점을 인정한다. 하지만 무엇이 상처는 내는 것인지 무엇이 세워가는 것인지는 사랑이 가장 잘 판단할 것이다. 그리고 만일 우리가 사랑을 우리의 안내자로 삼으면 모든 것이 안전할 것이다."[65]

---

62) 『기독교 강요』 4.10.27.

63) 『기독교 강요』 4.10.32.

64) 『기독교 강요』 4.17.43. 그것은 세례에서도 동일하다. "세례 받는 사람이 완전히 물에 잠겨야 하는지, 그것이 세 번인지 한 번인지, 퍼 올린 물로 뿌려지지만 해야 하는지와 같은 이런 세부적인 것들은 중요하지 않고 지역적인 차이에 따라 교회들이 선택할 수 있어야 한다." (『기독교 강요』 4.15.19.).

65) 『기독교 강요』 4.10.30. 이 문제에 대한 칼빈의 입장은 결코 변하지 않았다. 1538년 바젤에서 출판된 *Instruction et confession de foy*의 라틴어 번역 서문에 있는 아름다움 문구를 참조하라. "주님께서 우리가 더 위대한 건설을 할 수 있게 하시려고 우리의 자유에 맡기신 것들과 관련하여, [교회] 건설에 대한 어떤 고려도 없이 자주성 없는 일치만 추구하는 것은 전적으로 무가치하다." (OS 1, 432).

치리와 평화

치리와 평화에 관한 교훈에 대해서는 주로 고려되어야 할 두 국면이 있는데, 그것은 예배 준비와 치리 그 자체이다.

주일 예배

첫 째로 우리는 예배 조직을 알고 있다. 모이는 날은 제 4 계명에 연결되어 있다. (출 20:8-11) 칼빈에 따르면 이 계명의 주요점은 "주께서 자신의 성령을 통해 우리 안에서 일하실 수 있도록 우리가 우리의 모든 일로부터 벗어나 영원한 안식일의 안식에 평생 묵상해야 한다는 것"이다.[66] 비록 우리가 항상 하나님의 뜻에 복종하는 일을 실행해야 하지만 하나님의 방법에 대한 이 복종은, 그럼에도 불구하고, 외적이고 합법적인 의식에 의해 고무되어야 한다. 확실히 나는 나의 온 삶을 하나님의 일에 헌신해야 하기 때문에 나 스스로 그 일에 헌신하기 위해서는 특별한 시간이 필요하다. 그리스도인들은 의식적으로 이전의 안식일을 그리스도의 부활의 날로 대신했는데, 그 이유는 모든 일로부터 해방되는 참된 안식은 그리스도 안에서 발견될 수 있기 때문이다.[67]

---

66) 『기독교 강요』 2.8.34.

67) Ibid. 그리스도의 부활에 대한 논증은 일요일을 예배의 날로 선택한 것을 정당화하기 위한 고전적 논증으로써 여기서는 1543년에 첨가된 단문의 형식으로만 나타난다. 칼빈은 이 날의 장엄성을 과도하게 강조하는 것에 대해 두려워했던 것이 틀림없다. 청교도들은 분명 이런 위험에 빠졌으며 그들은 이 점에 있어서 칼빈의 사상에 충실하지 않다. 참고. John H. Primus, "Calvin and the puritan sabbath: a comparative study", in *Exploring the heritage of John Calvin (Essay in honour of John Bratt)*, editor David E. Holwerda, Grand Rapids (Michigan), 1976, pp. 40-75; and Daniel Augsburger, *Calvin and the mosaic law*, thèse de doctorat èt sciences religieuses, Faculté de théologie Protestante de Strasbourg, (2 volumes) 1876, pp. 248-284 (text) and pp. 78-88 (notes) (= chap. X: The fourth commandment).

일요일의 선택이 "영적 비밀"과 연결되어 있지 않다는 것은 우리에게 분명해야 한다.[68] 다른 날도 수용될 수 있다. 하지만 일요일은 교회 안에서 선한 질서를 유지하도록 허용하고 종들과 장인들에게 안식을 보증한다. 칼빈에 따르면 "하나님의 말씀을 듣고 거룩한 빵을 떼기 위해, 그리고 공적인 기도를 위해 공인된 날에 모이는 것"은 중요하다.[69] 하지만 이것은 "한 날을 다른 날로부터" (롬 14:5) 구분하지 않아야 하는데,[70] 이것은 이 날 혹은 저 날을 미신적인 방법으로 숭배하지 않아야 한다는 뜻이다.[71] "이런 이유 때문에 하나님께는 하찮은 것이지만 인간의 편리를 위해서는 필수적인 특정 시간들은 모두의 편의를 도모하기 위해, 그리고 바울의 말씀에 따라 교회에서 모든 것을 '품위 있고 질서 있게' 하기 위해 합의되고 지정된다. (고전 14:40)"[72]

이런 취지로 "시편이 특별한 날에 불려져야 한다는 것"을 아는 것은 중요하다.[73] 또한 설교하는 동안에는 침묵이 유지되어야 하고 여

---

68) 『기독교 강요』 2.8.33.

69) 『기독교 강요』 2.8.32.

70) 『기독교 강요』 2.8.33.

71) 제네바에서는 일요일이 아닌 날의 모든 기독교 축제가 파렐과 비레(Viret)에 의해 초기에 폐지되었는데, 베른(Bern) 시 정권의 압력으로 인해 1538년에 복구되었다가 결국 1550년에 폐지되었던 것으로 알려져 있다. 참고. *Les sources du droit du canton de Genève*, published by Emile Rivoire and Victor Van Berchem, 4 volumes, Aarau, 1927-1935, volume II, p. 540; and E. Doumergue, *Jean Calvin*, volumes III, pp. 440-441 and VI, p. 24ff. 대부분 성자들에게 헌정된 축일들의 준수가 불어권 종교개혁가들의 눈에는 미신들을 유지시키고 게으름과 술취함을 조장하는 대표적인 우상숭배 행위였다.

72) 『기독교 강요』 3.20.29.

73) 『기독교 강요』 4.10.29 & 31. 칼빈은 1536년부터 이것을 예견한다. (참고. *OS* 1, 257); 그때 칼빈은 어떤 시편집도 정리하지 않았고 "일요일 아침과 수요일 저녁에 불러야 하는 시편을 표시하는 목록"(table pour connaître quel psaume on doit chanter le dimanche matin et soir, et le mercredi)은 1546년에서야 비로소 제네바에서 일종의 포스터로 출판된다.

자는 교회에서 가르치지 말아야 한다(고전 14:34)는 것을 아는 것 역시 중요하다.[74]

치리

이제 우리는 치리의 특별한 문제들을 다룰 차례인데, 이것은 성례에 대한 존중, 교회의 가르침, 교회 치리, 출교, 금식 등이다.[75] 세례를 통해 "어린아이들이 교회 공동체에 받아 들여 지는 것"이라면[76] 산파들이 베푸는 개인적인 세례는 성례에 대한 신성모독이다.[77]

세례와 신앙고백

1536년에 이미 칼빈은 자신의 『기독교 강요』에서 세례를 위한 예배 순서를 다음과 같이 계획했다. "... 누군가 세례를 받아야 할 때마다 그를 신자들의 회중에게 보이고, 온 교회가 증인으로써 바라보면서 그를 위해 기도함으로써 그를 하나님께 드린다. 그런 다음 학습자가 교육 받아야 했던 그 신앙고백을 암송한다. 그리고 성부와 성자와 성령의 이름으로 학습자에게 세례를 베푼다. (마 28:19) 마지막으로 기도하고 감사함으로 그를 내보낸다."[78]

---

74) 『기독교 강요』 4.10.29.
75) Ibid.
76) 『기독교 강요』 4.15.1
77) 『기독교 강요』 4.15.20.
78) 『기독교 강요』 4.15.19. 1536년 판 문구에 대해서는 OS 1, 160.

아이들이 종교 교육을 받아야 할 때는 간단한 교훈이 필수적이다. "10살에 그들은 자신들의 신앙을 고백하기 위해 교회에 소개될 것이다. 그 때 또한 그들은 개인적으로 답변해야만 하는 주요 교리들에 대해 질문을 받게 될 것이다."[79] 어린이들이 신앙고백을 하고 자신들의 믿음을 확인한[=입교한] 후에 그들은 안수와 엄숙한 축복을 통해 내보내져야 한다. 칼빈에게 있어서 안수는 성례가 아니고 기도의 한 형태이다. "그러므로 나는 단순히 축복의 한 형태로 행해지는 그와 같은 안수에 찬성한다. 그리고 그것의 순수한 사용이 회복되기를 원한다."[80]

---

79) 『기독교 강요』 4.19.13. 1536년처럼 이른 시기에 이미 칼빈은 어린이를 위한 교본을 원했는데, 그것은 제네바에서 출판되었던 철자 교본이다. 거기서 발견할 수 있는 것은 믿음의 기초 원리, 기도, 그리고 "우리 주 예수 그리스도의 성찬에 참여하기를 원하는지 아이들에게 질문하는 방법"(La manière d'interroger les enfants qu'on veut recevoir à la cène de notre Seigneur Jèsus-Christ)이다. 이 책의 가장 초기 본으로 알려진 것은 1551년의 것이다. 참고. Rodolphe Peter, "L'abécédaire genevois ou catéchisme élémentaire de Calvin", in *Revue d'Histoire et de Philosophie Réligieuses*, vol. 45 (1965), pp. 11-45. "La manière d'interroger"의 본문 역시 CO 4, 147-160에서 찾아볼 수 있다.

80) 『기독교 강요』 4.19.4. 1549년의 그의 소논문 *Interim adultero germanum. Cui adiecta est: Vera christianae pacificationis et Ecclessiae reformandae ratio*에서 칼빈은 입교(Confirmation)에 대한 자신의 견해를 분명히 한다. (CO 7, 629) 우리는 여기서 *Recueil des opuscules, c'est-à-dire petits traictez de Calvin* (Geneva, 1566)라는 제목으로 출판된 불어 번역판의 p. 1077로부터 다음 구절을 영어로 인용한다. "우리 편을 위해 우리는 다음과 같은 방법이 모든 곳에서 지켜지기를 원한다. 즉 아이들 위에 손을 얹은 상태에서 그들의 신앙을 고백하도록 하거나 안수함으로써 그 젊은이들로 하여금 하나님께 고백하게 하는 방법이다. 이것은 교리교육서가 허용하는 적합한 방법이다. 비록 그것이 인간의 법령과 관련하여 선하고 합당한 것일 수 있지만, 이런 법령들을, 하나님께서 정해 놓으신, 우리에게 영원한 생명의 보증이 되는 성례들보다는 열등한 것으로 생각해야 한다." 살펴본 대로 칼빈은 안수를 수용하되 그것을 성례로 간주하는 것에 대해서는 반대한다. 하지만 제네바 정부는 성례전적인 회상[=로마교의 성례전 신학으로 돌아가는 것]을 두려워하여 [안수]를 실천하지 못했던 것은 확실한 것일 수 있다. 참으로 칼빈이 안수가 목사를 임직할 때 임직식의 일부가 되기를 원했던 것은 사실이다. (『기독교 강요』 4.3.16.). 하지만 정부는 "우리 시대의 연약함이라는 이유로"(à cause de l'infirmitè du temps) 1541년의 *Ordonnances ecclesiastiques* 최종 본문에서 그것을 제거했다. 참고. CO 10a, 18, note g. 칼빈 시대에 제네바에서의 목사 임직식에 관하여는 다음 참조. E. Doumergue, Jean Calvin, volume V, p. 106; and Jean-Jacques von Allmen, *Le saint ministère selon la conviction et la volonté des Réformés du XVIe siècle*, Neuchâtel, 1968, pp. 43-54.

치리회(consistory)에 위임된 치리

주의 만찬의 순수성을 보존하기 위해서는 세속 사법권과 구별된 영적 사법권이 세워져야 한다. 앞에서 언급된 것처럼[81] 개혁가는 치리의 집행을 치리회에 위임한다.

교회 치리에는 3 단계가 있는데, 개인적인 훈계, 공적인 책망, 출교가 그것이다.

먼저, 개인적인 호소는 부재자에게 해당된다. 그를 훈계하고 권고한다. "만일 누군가 증인들이 참석한 가운데 두 번째 훈계를 받은 후에도 그 훈계를 완강하게 거부하거나 자신의 악덕을 고집하면서 그 훈계를 비난하는 자세를 보일 경우 그리스도께서는 그가 교회 법정, 즉 장로들의 회에 소환되어야 한다고 명령하신다. 그런데 이것에 굴복하지 않을 뿐만 아니라 자신의 악함을 계속 고집할 때 그리스도께서는 그를 교회를 경멸하는 자로 여기고 신자들의 교제에서 제거되어야 한다고 명령하신다. (마 18:15, 17)"[82]

---

81) 참고. 위의 본문과 각주 40.

82) 『기독교 강요』 4.12.2. 예전집은 이런 치리권을 그대로 반영하고 있으며 추문을 일으킨 모든 장본인들에게 선언하기를 성찬 참여를 금해야 한다는 것이다. (참고. *La forme des prières, OS* 2, 46-47). 제네바에서는 교회 치리회가 정부와의 많은 갈등과 충돌을 겪은 후 1555년부터 교인들의 행동에 대한 실제적인 통제력을 성공적으로 발휘하기 시작했다. 매년 25명 당 한 명 꼴로 성인이 출교되었고 (대체로 일정 기간 동안에만 그랬다), 매년 15명 당 한 명 꼴로 치리회에 소환되었다. 간음, 폭행과 구타, 신성모독, 명령불복종과 미신적 관습 등이 가장 자주 처벌되는 위반 행위들이었다. 결혼 문제를 처리하는 법정으로서 치리회는 모든 가능한 수단을 동원하여 결혼의 품위를 유지하려고 노력했다. 참고. E. William Monter, "The Consistory of Geneva, 1559-1569", in *Bibliothèque d'Humanisme et Renaissance*, volume 38 (1976), pp. 467-484.

그런 처벌에는 교회의 삼중적인 치료 목적이 있다.

첫 번째로는 하나님의 영광이 유지되는 것과 동시에 그리스도의 몸이 "악취 나고 부패한 교인들로 인해" 더럽혀지는 일을 방지하는 것이다. 두 번째로는 선한 사람들이 "악인들과의 지속적인 교제로 인해" 손상되는 일을 방지하는 것이다. 세 번째로는 죄인들이 스스로 부끄러워하고 "자신들의 악함에 대한 양심의 가책을 느끼기 시작하도록" 하는 것이다.[83] "교회 공동체로부터 분리된 자들이라고 해서 구원의 희망조차 없는 것은 아니다. 왜냐하면 그들의 벌은 그들이 자신들의 악한 삶을 버리고 새로운 피조물로 거듭날 때까지 지속되는 일시적인 것이기 때문이다."[84]

자연히 그러한 처벌은 개인의 독단에 맡겨져서는 안 되며 심지어 집단의 판단에만 맡겨져서도 안 된다. 치리회가 맡은 책임과 회중의 의견 사이에 건전한 균형이 있어야 한다. "… 사람을 출교시킴에 있어서 바울의 행동 과정은 장로들이 그들만의 독단으로 처리하지 않고 교회의 지식과 승인을 얻어 처리한다는 조건 하에서 합법적이다. 이런 방법으로 다수의 백성이 행동을 결정하지는 않지만 증인과 관리자로써 감시하여 아무 것도 소수의 변덕에 따라 처리되지 못하도록 한다."[85]

금식과 죄의 고백, 그리고 회개의 날

금식은 죄 고백의 문제와 관련된다. 이와 연관된 『기독교 강요』 속

---

83) 『기독교 강요』 4.12.5.
84) Ibid, 각주 d. 이 내용은 단지 1536년부터 1541년까지의 판에서만 나타난다.
85) 『기독교 강요』 4.12.7.

의 문구들은 1539년과 1543년에 발생한 것이고 칼빈이 알자스 지방에 체류한 동안 영향을 받은 것이다. 스트라스부르크 종교개혁가들의 예전 개혁에 감명을 받은 칼빈은 죄 고백의 형식을 도입하는데, 사실 그것은 이중적인 형식 즉 매주일의 정규 형식과 행사를 위한 비정규 형식으로 나뉜다.

처음 우리는 관습적인 방법을 본다. "… 참으로 우리는 잘 정돈된 교회들에서 선한 결과가 보존된 이런 관습을 보는데, 즉 이것은 주일마다 목사가 신앙고백문을 자기 자신과 백성의 이름으로 만들어 이것으로 모든 악을 정죄하고 주님께 용서를 구하는 것이다. 요컨대, 이 열쇠로 기도의 문이 열리되 사적인 자리에 있는 개개인에게도, 그리고 공적인 자리에 있는 모든 사람에게도 열린다."[86] 일반적으로 잘 알려져 있는 것은 스트라스부르크에서 가져 온 것으로 그의 예전의 장식품이 된 아름다운 죄 고백이다.[87]

자신의 죄를 고백한 자들에게 사죄를 보증하는 것은 정당하다. 목사들은 복음에 힘입어 겸손하고 회개하는 죄인들을 사죄하는 하나님의 도구들이다. "이제 나는 그들이 다른 사람들보다 나은 적임자들이라고 말하는 이유는 주님께서 그들을 참된 소명으로 목사의 자리에 임명하셨기 때문인데, 우리의 죄를 정복하고 교정하기 위해 입의 말로 우리를 가르치시려고, 또한 용서의 확신을 통해 우리에게 위로를 주시려고 임명하신 것이다. (마 16:19)"[88]

왜 아직도 비범한 방법이 있겠는가? 칼빈은 스스로 이 문제에 대해 다음과 같이 표현한다. "그러므로, 시간마다 우리가 전염병이나 전

---

86) 『기독교 강요』 3.4.11.

87) 참고. *La forme des prières, OS* 2, 18–19.

88) 『기독교 강요』 3.4.12.

쟁, 혹은 기근, 혹은 어떤 다른 종류의 재난으로 괴로워할 때마다, 만일 슬픔과 금식, 그리고 우리 죄에 대한 다른 표지들에서 위로를 찾는 것이 우리의 의무라면, 나머지 모든 것들이 달려 있는 이러한 참된 고백을 우리는 결단코 무시하지 말아야 한다."[89]

여기서 다시 스트라스부르의 모범이 권위가 있었다. 마르틴 부써(Martin Bucer)는 회개와 금식을 위한 특별한 날을 도입할 것을 정부에 요청하여 획득한 최초의 개신교 신학자였다. 그것은 터키의 침략 위기나 라인 계곡에 창궐하는 전염병 때문이었을 수 있고, 혹은 1540년의 보름스(Worms)와 1541년의 레겐스부르크(Regensburg) 국회에 즈음하여 참된 교회 개혁과 참석자들의 개신교적 열심을 기원하기 위해서 그랬을 수도 있다.

초기에 이런 기도일들은 불규칙하게 지켜졌으나 나중에는 화요일로 정해져 규칙적으로 지켜졌다. 칼빈이 제네바로 돌아왔을 때 그도 역시 그와 같은 공적인 금식을 고려했으므로 해설을 위한 서문이 있는 *Forme des prièrer*에 그것을 첨가했다. 약간의 동요가 있은 후에 그것 역시 규칙적으로 시행되었는데, 사실 그 날은 수요일이었다. 수요일 아침마다 중보기도와 회개를 위한 엄숙한 예배가 드려졌다. 이 예배는 "큰 종" 소리로 시작되었고 실제 예문은 매우 긴 마무리 기도가 들어 있는 주일의 예문이었다.[90]

---

89) 『기독교 강요』 3.4.11. 또한 참고. 『기독교 강요』 3.3.17. 여기서 칼빈은 이미 회개하는 공적인 금식일들에 대해 언급하는데, 다음 내용은 1539년에 작성된 것으로 1541년 불어 판에서 약간 더 발전되었다. "오늘날 목사들이 백성들의 목에 멸망이 걸려 있는 것을 보면서 그들에게 서둘러 금식하고 슬피 울라고 외쳤다면 잘못한 일이 아닐 것이다. 이런 조건-이것이 관건이다-에서, 즉 그들이 항상 더 크고 더 집중적인 관심과 노력으로 '옷이 아니라 마음을 찢어야 한다' 고 주장할 경우에!"

예배 장소

예배 장소는 건축에 달려 있지도 재료의 선택에 달려 있지도 않았다. 그것은 마치 성전이 필수적이지 않았던 것과도 같다. "벽에 대한 사랑이 당신[=프랑스 왕 프랑수와 1세. 역주]을 사로잡은 것은 잘못입니다. 당신이 하나님의 교회를 지붕과 건물로 존경을 표하는 것도 잘못입니다. 또한 당신이 이런 것들 아래서 평화의 이름을 받아들이는 것 역시 잘못입니다."[91]

외적인 아름다움이 위험한 것일 수 있는 이유는 그것이 하나님께로 인도하는 대신에 하나님으로부터 멀어지게 할 수 있기 때문이다. "오직 하나님만이 자신의 말씀으로 성전들을 거룩하게 하시되, 자신을 위해 합당하게 사용하도록 하신다."[92]

칼빈은 예배 장소가 "기도의 집"(사 56:7)이라는 이름과 일치하는 곳이기를 원한다. "성전이 신자들을 위해 깃발처럼 세워진 것은 그들로 하여금 한마음 한뜻으로 기도에 동참하도록 하기 위해서이다."[93] "만일 이것이 교회 건물들을 합당하게 사용하는 것이라면... 반대로 우리가 주의해야 하는 것은 그곳을 하나님께서 우리에게 자신의 귀를 더 가까이 기울일 수 있는 그분의 적절한 거처인 것으로 여긴다든지-

---

90) 스트라스부르크의 화요 "기도일"(Bettage)과 제네바의 공적 기도일에 관해서는 다음 참고. Calvin, *Sermons sur les livres de Jérémie et des Lamentations* published by Rodolphe Peter, "Supplementa calviniana, volume VI", Neukirchen, 1971, introduction pp. xxv-xxxix. 다음 책도 참고. *La forme des prières, OS 2, 26-30.*

91) 『기독교 강요』 Epître au Roi, p. 42 (= 칼빈은 성 힐라리우스의 본문을 인용함). By F.L. Battles, Prefatory address to King Fances, p. 25.

92) 『기독교 강요』 4.1.5.

93) 참고. 『기독교 강요』 3.20.29.

수세기 전에 교회 건물들은 그렇게 간주되기 시작했다, 그곳에 어떤 비밀스러운 거룩함이 있다거나, 혹은 기도를 하나님 앞에서 좀 더 거룩한 것으로 만들어 주기라도 하는 다른 무엇이 있는 것으로 가장한다든지 하는 것이다."[94]

하나님을 새긴 성상들과 성인들

따라서 성상들을 통해 하나님을 묘사하는 문제가 불거진다. 이 점에 있어서 칼빈은 완강하다.[95] 출애굽기 20장 4절에는 정식 계명이 있다. 우상과 성상들은 예배 장소에 금지된다. 하나님께서는 영이시므로 조각술과 미술을 수단으로 하나님을 묘사하는 것은 하나님을 손상시키는 일이다. 그것은 모순이나 불가능일 뿐만 아니라, 그분의 신성을 격하하는 것이다.[96] 마찬가지로 성인들에 대한 성상의 유행도 정죄 받아 마땅하다. 남녀 성인들이 일생 동안 결국 전능하신 분의 증거자가 되기를 원했을 뿐인데 반해, 성상숭배자는 그들 앞에 무릎을 꿇고 기적을 소원한다.[97]

---

94) 『기독교 강요』 3.20.30.

95) 참조. 『기독교 강요』 1.11 & 12 전체. 하지만 칼빈이 조각이나 그림과 같은 것을 정죄하지는 않는다는 것을 주목하자. 그러나 그가 그것들의 세속적인 특성을 주장하면서 그것들로 창조되지 않은 것을 묘사하는 것에 대해서는 반대한다. (참고. 『기독교 강요』 1.11.12.). 성상에 대한 칼빈의 견해에 대한 문제에 관하여는 다음 참조. *L. Wencelius, L'esthétique de Calvin*, note 1; and Margarete Stirm, *Die Bilderfrage in der Reformation*, "Quellen und Forschungen zur Reformationsgeschichte," no. 45, Gütersloh, 1977, pp. 161–228.

96) 참고. 『기독교 강요』 1.11.1.

97) 참고. 『기독교 강요』 1.12.3.

성상들이 "평신도를 위한 책"이요 단순한 백성을 위해서는 필수불가결하다는 주장은 훨씬 더 무분별하다. 단순한 백성은 종종 자신들에게 제공되는 성상들보다는 말씀을 분명하게 설교하는 것을 훨씬 더 잘 받아들인다.[98] "만일 내가 교회들의 의도된 용도를 생각할 때, 아무튼 살아 있는 것들과 다르고 주님이 자신의 말씀으로 성별하신 상징물들과 다른 성상을 취하는 것은 교회의 거룩함에 부합되지 않는 것처럼 내게는 보인다. 내가 의미하는 것은 다른 의식들과 더불어 세례와 성찬인데, 이것들이 우리의 눈을 너무 강렬하게 사로잡고 너무 격렬하게 감동을 주어 더 이상 인간의 재주로 주조된 다른 성상들을 찾지 않도록 해야 한다."[99]

결론: 칼빈의 예전의 안내 원리들

칼빈에 따르면, 개혁주의 예배는 실제로 무엇처럼 보여야 하는가?

다음과 같은 안내 원리들은 1536년 『기독교 강요』이후로 변함없이 그대로 나타난다. "주님은 그분 자신의 예배의 유일한 입법자로 간주되기를 원하신다."[100] "주를 섬기는 예배와 구원에 대한 가르침에 관한 한 하나님의 말씀으로부터 어떤 것도 가감하지 않도록 우주적 교회에 금하신 이런 말씀에는 복잡한 것도, 모호한 것도, 애매한 것도 전혀 없다."[101]

---

98) 참고. 『기독교 강요』 1.11.5 & 7.
99) 『기독교 강요』 1.11.13.
100) 『기독교 강요』 4.10.23.
101) 『기독교 강요』 4.17.17.

영과 진리로 하나님을 예배하는 것은 인간의 발명도 첨가도 용납하지 않는다. 어떤 예식도 그것의 "제정자가 하나님이시지"[102] 않으면 필요 없다.

그러므로 요점은 처음에는 듣는 것과 하나님의 진리로 교육을 받는 것이다. "그리스도의 교리는 교회의 영혼이다."[103] 그분의 가르침만 깊이 연관된 것이 아니라, 그분의 인격 역시 "성례에서 우리에게 분명하게 제시되는" 것이다.[104]

칼빈은 말씀과 성례가 신적 계시의 두 구성 요소이며 예배하는 인생을 조건으로 요구한다는 것을 확신했다. 하나님의 임재는 어떤 특별한 거룩한 장소에서도, 성례의 본질에서도 나타나지 않지만 다만 신자들의 마음과 몸 안에는, 강단과 주의 식탁 주위에 함께 모인 그리스도인들의 육신적 교제 속에는 나타난다. "감사에는 사랑의 모든 의무가 포함되어 있고 이것들로 우리가 형제들을 포용할 때 우리는 그분의 지체들 속에서 주님께 영광을 돌린다는 것"은 명백한 사실이다.[105]

그렇다면 이것은 개혁가가 예전에 관하여 목표로 삼았던 바로 이상이다. 즉 말씀을 고수하는 것, 지성과 감성의 협력, 그리고 참된 영성을 추구하는 것, 바로 이런 것들이다.[106]

---

102) 『기독교 강요』 4.15.19.

103) 『기독교 강요』 4.12.1.

104) 참고. 『기독교 강요』 4.14.22.

105) 『기독교 강요』 4.18.16.

106) *La forme des prières*을 작성하기 전인 1542년에, *OS* 2, 13에서 칼빈은 예전적인 삶을 다음과 같이 기술했다. "하나님을 향한 선한 애정은 생기가 없지도, 조잡하지도 않고, 마음이 바르게 감동을 받고 지성이 바르게 조명될 때 성령으로부터 발생하는 살아 있는 운동이다."

기고자 약력소개 •───────────────────────────────

이승구 교수　총신대학교 졸업, 서울대학교 대학원 졸업, 합동신학원 졸업, 영국 The Universoty of St. Andrews 신학부 신학 석사(M. Phil.), 신학 박사(Ph. D.) 학위를 취득했고, 미국 Yale University Divinity School 연구원(research Fellow), 미국 칼빈 대학교 헨리 미터 센터, 화란 자유대학교, 미국 St. Olaf College 방문 교수, 한국 웨스트민스터 신학원, 국제신학 대학원 대학교 조직신학 교수 역임했다. 현재 합동신학대학원대학교 조직신학 교수이다. 저서로는 『기독교 세계관이란 무엇인가?』(SFC), 『개혁신학에의 한 탐구』(웨신출판부), 『개혁신학 탐구』(하나), 『21세기 개혁신학의 방향』(SFC), 『전환기의 개혁신학』(이레서원), 『코넬리우스 반틸』(살림), 『광장의 신학』(합신출판부), 『우리 사회 속의 기독교』(나눔과 섬김), 『교회란 무엇인가? 교회론 강설』(나눔과 섬김) 등이 있고, 번역서로는 헤르만 바빙크의 『개혁주의 신론』, 코넬리우스 반틸의 『조직신학 서론』과 『개혁신앙과 현대 사상』, 게할더스 보스의 『성경신학』, 『예수의 자기계시』, 『바울의 종말론』, 래드의 『개혁주의 종말론 강의: 마지막에 될 일들』, 아더 홈즈의 『기독교 세계관』, 로버트 웨버의 『기독교 문화관』, 케이뜨 안델의 『기독교와 철학』, 폴 헬름의 『하나님의 섭리』등이 있다.

최윤배 교수　한국항공대학교 항공전자공학(B.E.)과와 연세대학교 대학원 전자공학(M.E.)을 전공, 장로회신학대학교 신학대학원(M.Div.), 대학원(Th.M.)을 마치고, 네덜란드 Kampen 개혁신학대학교에서 독토란두스(Drs.) 학위를 받고, 네덜란드 Apeldoorn 기독교개혁신학대학교에서 "De verhouding tussen Pneumatologie en Christologie bij Martin Bucer en Johannes Calvijn,"(마르틴 부써와 요한 칼빈에게 있어서 성령론과 기독론의 관계, 1996)라는 논문으로 신학박사(Dr. Theol.) 학위를 취득했다. 최근 저서로서는 『성령론 입문』(장로회신학대학교출판부, 2009) 등이 있고, 현재 장로회신학대학교 신학과 조직신학 교수이며, 한국칼빈학회 명예회장, 한국복음주의조직신학회 회장이다.

주종훈 교수　총신대학교 신학과(B.A), 총신신학대학원(M.Div), 미국 풀러신학대학원(Fuller Theological Seminary) 신학석사(M.A.) 및 박사(Ph. D. 예배학 전공). 논문 "Communion with God: Liturgical Resources in the Theology and Practice of Matthew Henry's English Presbyterian Worship"(Ph. D. Dissertation, Fuller Theological Seminary, 2010)으로 박사학위를 받았고, Robert Johnston의 『허무한 아름다움』(Useless Beauty, IVP)등 번역서가 있다. 현재 풀러신학대학원 목회학박사과정 겸임논문지도교수 및 충현 선교 교회 부목사로 사역하고 있다.

송영목 교수　고신대 신학과 (B.A), 신대원 (M.Div), 포쳅스트룸대학교 (Th.M) 그리고 요하네스버그대학교 (Ph.D), 저술로는 『신약해석학』(2006), 『요한계시록은 어떤 책인가?』(2007), 『요한계시록의 신학』(2007), 『신약신학』(2008), 『헬라어강독의 원리와 실제』(2008), 『앎과 삶의 중심이신 그리스도』(2010), 『신약과 구약의 대화』(2010), 『신약 전체 단권 주석』등이 있으며, 칼빈의 신약 이해에 관심이 많으며, 신약의 구약 사용과 요한계시록을 연구하며 현재 고신대 신학과 교수이다.

이우제 교수　숭실대 영어영문학과 졸업 (B.A), 총신대학교 신학대학원 졸업 (M.Div), 캐나다 딘델 신학대학원 졸업 (Diploma), 미국 칼빈 신학 대학원 졸업 (Th. M), 남아공 스텔런보쉬 대학교 졸업 (Th. D) 저서로는 『삼인 삼색 설교학』(두란노)이 있다. 현재 백석대학교 기독교학부 교수이다.

Robert Letham 교수　미국의 웨스트민스터 신학교(Th.M), 종교학석사(MAR) 스코틀랜드 에버딘 대학교 철학박사(Ph.D), 엠마누엘 윌밍턴 델라웨어 장로교회 에서 17년 동안 목회했으며 런던 바이블 칼리지(현재 런던 신학교)에서 학생들을 가르쳤고 미국 웨스트민스터 신학교에서 외래교수, 리폼드 신학교 외래교수로 재직한바 있다. 저서에는 『웨스트민스터 총회의 역사』 (The History of Westminster Assembly, P & R, 2010); 『서방교회의 눈으로 본 동방 정교회, 개혁주의 관점』(Through Western Eyes: Eastern Orthodoxy, A Reformed Perspective, Mentor, 2007); 『삼위일체론』(The Holy Trinity, P & R, 2004); 『주님의 만찬』(The Lord's Supper, P & R, 2001); 『그리스도의 사역』(The Work of Christ, IVP, 2000)등이 있고, 현재 웨일즈 복음주의 신학대학(Wales Evangelical School of Theology)에서 조직신학 교수이다.

김재윤 박사　서울대학교 인문대학 철학과 (B. A), 고려신학대학원(M.Div), 네덜란드 깜뻔 신학대학 신학석사 (Doctorandus), 네덜란드 깜뻔 신학대학에서 삼위일체론과 구원론의 관계성에 대한 논문으로 신학박사 학위를 받았다.(Th.D) 관심분야는 삼위일체론과 성경해석학, 구원론이며, 현재 울산교회 부목사로 섬기고 있다.

이신열 교수　뉴욕주립대학교(State Univ. of New York at Binghamton) 화학과(B.A.), 펜실바니아 비블리칼신학대학원 (Biblical Theological Seminary, M.Div.), 그리고 네덜란드 Apeldoorn 기독개혁신학대학교에서 신학석사(Drs.) 학위를 받고 동교에서 "Grace and Power in Pentecostal and Charismatic Theology"라는 논문으로 신학박사(Th.D.) 학위를 받았다. 번역서로는 『과학의 영혼』(피어시 & 택스턴 공저)"이 있다. 백석대학교 기독교학부 조교수를 역임했으며, 현재 고신대학교 신학과 교의학 교수이며 모든민족교회 협동목사이다.

황대우 교수　고신대학교 신학과(Th. B.), 신학대학원(M. Div.) 그리고 대학원 신학과(Th. M.)를 거쳐 네덜란드 Apeldoorn 기독개혁신학대학교에서 "Het mystieke lichaam van Christus. De ecclesiologie van Martin Buceren Johannes Calvijn"(2002)라는 논문으로 신학박사(Th. D.) 학위를 받았다. 저서로는『삶, 나 아닌 남을 위하여』, 『라틴어: 문법과 구문론』, 『칼빈과 개혁주의』가 있다. 현재 진주 북부교회 부목사이며 고신대학교강사, 부산외국어대학교 겸임교수이다.

김진홍 박사　서울대학교 인문대학 서양사학과(문학사) 졸업, 서울대학교 대학원 서양사학과 수료, 고려신학대학원 (M. Div.) 졸업 후 화란 개혁교회 캄펜신학교(자유파) (독투란두스 Drs. = 신학석사에 해당), 화란 개혁교회 캄펜신학교(자유파) 신학박사를 취득했다. 현재 온생명교회 기관목사이며 웨스트민스터신학교와 고신대 강사이다.